英国高等教育
管理机制改革研究

新公共管理的视角

高耀丽 ◎ 著

上海财经大学出版社
上海学术·经济学出版中心

图书在版编目(CIP)数据

英国高等教育管理机制改革研究:新公共管理的视角/高耀丽著.
—上海:上海财经大学出版社,2023.9
ISBN 978-7-5642-4132-2/F·4132

Ⅰ.①英… Ⅱ.①高… Ⅲ.①高等教育-教育改革-研究-中国 Ⅳ.①G649.561

中国国家版本馆 CIP 数据核字(2023)第 034667 号

□ 策划编辑　王永长
□ 责任编辑　杨　闯
□ 封面设计　张克瑶

英国高等教育管理机制改革研究
新公共管理的视角
高耀丽　著

上海财经大学出版社出版发行
(上海市中山北一路 369 号　邮编 200083)
网　　址:http://www.sufep.com
电子邮箱:webmaster@sufep.com
全国新华书店经销
上海华教印务有限公司印刷装订
2023 年 9 月第 1 版　2023 年 9 月第 1 次印刷

710mm×1000mm　1/16　15.5 印张(插页:2)　237 千字
定价:78.00 元

前　言

20世纪80年代,一场在世界范围内产生广泛影响的新公共管理运动拉开了帷幕。经过40余年的发展,西方发达国家在新公共管理思想影响下所进行的改革对各个领域都产生了巨大影响,英国高等教育也是其中之一。高等教育管理改革大多是通过管理机制的调整得以实现。因此,从新公共管理的视角来考察英国高等教育管理机制改革,我们可以更加清楚地了解新公共管理的思想是如何在英国政府的推动下渗入英国高等教育管理改革中的,也可以了解英国政府在高等教育管理领域采用了哪些管理机制、这些管理机制是如何运作及其对英国高等院校造成了哪些影响。

英国高等教育在世界上享有很高的声誉,有鉴于此,高耀丽在攻读博士学位期间选取"英国高等教育管理机制改革"作为博士学位论文题目,从新公共管理视角切入,对英国高等教育管理机制进行系统的研究。博士毕业后,她继续研究英国高等教育的改革进展,发表了多篇关于英国高等教育方面的论文。《英国高等教育管理机制改革研究——新公共管理的视角》这本著作,就是她在博士学位论文的基础上认真增补和修订而成。

作者通过对新公共管理理论的梳理,总结提炼出英国政府在运用新公共管理理念改革公共部门时采用的两大机制:市场运行机制和多元监控机制。前者包括市场竞争机制、市场选择机制和市场交易机制;后者包括公共问责机制、质量保障机制和绩效管理机制。该书以上述两大管理机制为分析框架,对英国高等教育管理机制改革历程及现状进行了系统考察,深入英国高等院校内部,具体分析了高等教育管理机制改革对高等院校产生的影响。

众所周知,英国是实行两党制的国家,工党和保守党作为英国的两个主要执政党,在意识形态上差异很大,其执政理念也有所不同。新公共管理是20世纪70年代末期英国保守党上台执政之后对公共部门管理进行改革的理论、政策和操作方式的总称,其基本主张主要源自保守党的执政理念。自1997年工党接替保守党执掌政权以后，政府在保守党时期根据新公共管理思想出台的一系列政策制度及其对英国高等教育的影响是否因政党交替而受到削弱或有所变更？2010年保守党重新执掌政权后是否沿袭之前出台的政策制度？作者通过深入研究，得出了英国两个主要政党在公共部门治理方面达成了一种"共识"，新公共管理影响下的英国高等教育管理机制改革的方向和趋势并没有因为政党交替而发生实质性变化的研究结论。

《英国高等教育管理机制改革研究——新公共管理的视角》一书最让人感兴趣的部分是对英国高等教育公共问责机制的探讨。公共问责机制指为了监督高等院校对各种资金的使用情况及使用效果，资金提供者要求高校对资金的使用情况做出说明、解释，并承担相应的责任。通过这一机制的运用使得高等院校对每一笔资源的使用都有明确记录，从而确保资源不被浪费，并在运用中取得好的效果。问责与经济、效率、效能、经费的价值、绩效、管理运行、预算、评估等都有关联。英国高等教育的问责机制相当健全，如在资金使用方面，他们运用成本透明核算法清楚地说明每所高校的各类资金使用情况；在教学与科研质量方面，有教学评估与审核、科研评估与知识转化评估等，为公众提供大量公开发表的关于高等院校教学、科研与知识转化方面的信息和报告；在办学绩效方面，有绩效评估审核机制，每年由高等教育统计署等机构根据相关统计数据，公开发表关于高等院校的办学绩效情况报告。

总之，作者从新公共管理视角对英国高等教育管理机制改革的考察，丰富和深化了人们对英国高等教育改革的认识，具有明显而实在的学术积累意义。当然，由于资料的可获得性、文化的差异性等原因，本书的研究难免会有不足之处，如管理机制改革对高等院校的影响需要进一步的考察。与此同时，英国高等教育有着极为丰富的研究资料，在网络发达的今天也还存在着进一步搜集资料、补充内容的空间。希望作者今后能以此为起点，不断深化相关探讨，为英国高等教育研究做出新的努力和贡献。

眭依凡

于浙江大学教育学院

2023年7月15日

目录
Contents

第一章 导论/1
  一、问题的提出/1
  二、主要概念的界定/3
    （一）英国高等教育/3
    （二）管理机制与管理体制/5
    （三）新公共管理/7
  三、研究视角与研究方法/9
    （一）研究视角/9
    （二）研究方法/9
  四、研究创新与不足之处/11

第二章 新公共管理的兴起与基本主张/13
  一、新公共管理兴起背景分析/13
    （一）现实背景/13
    （二）理论背景/15
  二、新公共管理理论渊源探析/17
    （一）经济新自由主义理论/18
    （二）新保守主义/23
    （三）私营部门的管理理论/25

三、新公共管理的基本主张/26
　　（一）研究者对新公共管理基本主张的概括/26
　　（二）新公共管理中的两大管理机制/28
四、新公共管理面临的批评/33
　　（一）对新公共管理的理论基础的批评/33
　　（二）对新公共管理的价值取向的批评/34
　　（三）对新公共管理所采用的具体措施的批评/34

第三章　新公共管理引入英国高等教育的动因分析/36
一、英国高等教育大众化/37
　　（一）战后英国高等教育扩张的原因分析/37
　　（二）从精英化走向大众化：英国高等教育规模扩张/39
　　（三）高等教育规模扩张所带来的管理方面的变化/42
二、英国高等教育的经费短缺/43
　　（一）高等教育规模不断扩张与英国经济发展的持续低落/43
　　（二）五年一次拨款制度的终结与高等教育财政支出的削减/44
三、英国政府与高等院校之间关系的变化/48
　　（一）英国高等院校的"自治"传统与政府对其干预的加强/48
　　（二）政府与大学之间信任关系的变化/50
四、政党之间的共识政治保证了新公共管理的持续引入/52
　　（一）第二次世界大战后英国福利制度形成/52
　　（二）20世纪80年代之后新公共管理的持续引入/54

第四章　英国高等教育市场运行机制的确立/57
一、高等教育的产品属性/58
　　（一）高等院校所提供的产品/58
　　（二）物品的分类及其提供/60
　　（三）高等教育的产品属性及其资源提供/63

二、英国高等教育拨款机构的变迁/64
　（一）大学与多科技术学院拨款机构分设时期(1919—1992)/65
　（二）一元制下的高等院校拨款机构时期(1992—　)/69
三、英国高等教育的市场竞争机制/71
　（一）教学经费拨款中竞争机制的运用/72
　（二）科研经费拨款中竞争机制的运用/81
　（三）市场竞争主体的多元化与市场准入制度改革/87
四、英国高等教育的市场交易机制/92
　（一）高等教育与工商业之间的合作/93
　（二）高等院校招收全额成本的留学生/99
　（三）英国国内高等教育学费制度改革/105

第五章　英国高等教育多元监控机制的建构/110
一、公共问责机制/111
　（一）问责的含义及其分类/111
　（二）英国高等院校的利益相关者及其利益诉求/113
　（三）公共问责实现路径之一：成本透明核算/116
　（四）公共问责实现路径之二：财政备忘录与单一会话问责制度/127
　（五）公共问责实现路径之三：风险管理与风险评估/129
二、质量保障机制/134
　（一）教学质量保障机制/134
　（二）科研质量保障机制/148
　（三）知识转化评估机制/158
三、绩效管理机制/165
　（一）绩效管理的含义/166
　（二）绩效指标与绩效指标体系的设计/167
　（三）收集与绩效指标相关的数据/172
　（四）依据基准进行绩效评估/173

第六章　英国高等教育管理机制改革对高等院校的影响/177

一、市场机制作用下的英国高等院校/178

（一）高等院校对市场需求的回应及其结果/178

（二）竞争加大了高等院校之间的差距/181

（三）学术资本主义：凸显知识的交易价值/183

二、多元监控机制对英国高等院校的影响/184

（一）高等院校办学质量不断提高/184

（二）公共问责对英国高等院校的影响/185

（三）多元监控机制下高等院校的强制性责任/188

（四）外部监控促使高校内部评估机制的形成/190

（五）高等院校工作人员压力与负担的加重/192

三、高等院校中商业文化与学术文化的冲突和调适/195

（一）英国高等院校中商业文化的渗透/195

（二）高等院校中商业文化与学术文化之间的冲突和调适/198

第七章　英国高等教育管理机制改革的特点与启示/203

一、英国高等教育管理机制改革的特点/203

（一）冲突、妥协与平衡：英国高等教育管理机制改革的发展历程/204

（二）集权中的权力下放：英国政府与高校以及高校内部关系的调整/206

（三）企业化管理方法在英国高等院校管理中得到广泛运用/207

二、对我国高等教育管理机制改革的思考/209

（一）改革资源配置机制，提高高等教育资源的配置效率和使用效率/209

（二）完善公共问责机制，增强高校的责任感和信息透明度/212

（三）充分利用市场机制和监控机制，调整我国政府与高校之间的关系/218

附录一　第二次世界大战之后英国执政政党及首相/221

附录二　图表索引/223

参考文献/225

第一章 导 论

一、问题的提出

20世纪70年代末80年代初,随着英国首相撒切尔夫人(Margaret Hilda Thatcher)和美国总统里根(Ronald Wilson Reagan)分别上台执政,一场日后在世界范围内产生广泛影响的新公共管理运动拉开了帷幕。20世纪90年代初期,新公共管理理论和思想被引介到我国。经过十数年的努力,国内学界对新公共管理的研究已经从简单描述、分析以及翻译国外论著,发展到依据该理论,并结合我国的实际情况不,对我国各个管理领域面临的具体问题进行剖析并提出相应对策的阶段。随着新公共管理逐渐在我国成为一门显学,运用新公共管理理论及思想来探讨国内教育问题的研究者也越来越多。然而,综观教育研究领域中对新公共管理的研究,可以看到已有研究对新公共管理的理论与实践问题的探讨还不够深入,尤其对新公共管理在其他国家教育或高等教育领域中所发挥的作用、产生的影响未做详细透彻的分析和探究。

作为20世纪80年代以来主导西方公共部门管理改革的一种理论,新公共管理虽然在世界范围内产生了巨大影响,但它毕竟是产生于西方国家公共部门管理改革的理论与实践。西方国家与中国在国情、制度等方面有着显著差异,因此,新公共管理在中国语境的适用性还需做进一步考察。更为重要的是,该理论很大程度上是针对并适用于政府部门改革的,而高等教育自身的特殊性使其对新公共管理的运用与其它政府部门相比存在一定的差异。为此,考察新公共管理思想对西方国家的高等教育改革发挥了怎样的作用,这种作用是通过何种方式或机制体现出来的,其作用对这些国家的高等教育管理实践会产生何种影响等,是我们判断新公共管理思想是否适用于我国高等教育改革的前提。

作为新公共管理思想的发源国之一,英国四十余年来的高等教育管理改革深受新公共管理思想的影响。高等教育管理方面的改革大多是通过管理机制的调整和改革得以实现。因此,从新公共管理的视角来考察英国高等教育管理机制改革,可以更加清楚地了解新公共管理思想是如何在英国政府的推动下渗入英国高等教育管理改革,并对英国高等教育发挥作用的。依据上述思路,本书所关注和探究的问题为:在新公共管理思想影响下,英国政府在高等教育管理领域采用了哪些管理机制,这些管理机制是如何运作的,以及新管理机制的运行给英国高等院校造成了哪些影响。

在英国,新公共管理是20世纪70年代末期保守党上台执政之后对公共部门管理进行改革的理论、政策和操作方式的总称,其基本主张主要源于保守党的执政理念。1997年5月,工党首相布莱尔(Anthony Charles Lynton Blair)接替保守党执政。2010年5月,卡梅伦(David William Donald Cameron)带领保守党重新夺回被工党垄断13年的执政党地位。作为英国的两个主要执政党,工党和保守党在意识形态上差异很大,其执政理念也有所不同。那么,自1997年工党接替保守党执掌政权以后,政府在保守党时期根据新公共管理思想出台的一系列政策制度及其对英国高等教育的影响是否因政党交替而受到削弱或有所变更? 2010年保守党重新执掌政权后是否沿袭了之前出台的政策制度?

研究表明,工党执政后在公共部门治理方面与保守党达成了一种"共识"。正如诺曼·弗林(Norman Flynn)所言,"从20世纪90年代中期以来,工党关于公共部门的治理基调接近于保守党的主张:他们都认为为了保持低税收需要控制公共支出;私人供应与国有服务、国家福利相结合的混合经济是很重要的,同时应该追求效率和绩效。一种新的共识出现了,它即使没有比战后那次共识更有价值,至少也一样有价值"。[①] 如在布莱尔政府执政期间,建立了比较完善的政府绩效评估与改进机制,通过引进"全面绩效评估"和"地方公共服务协议",提高地方政府的绩效责任。事实上,梅杰政府、布莱尔政府以及随后的布朗政府实

---

① [英]诺曼·弗林.公共部门管理[M].鲁锡环,译.北京:中国青年出版社,2004:49.

际上在经济、政府管理尤其是公共管理方面延续了撒切尔夫人的政策。[①] 在高等教育领域,新工党也基本上延续了此前保守党所提出的教育改革政策,在此基础上又提出了一些新政策,这些新政策虽然与工党的意识形态紧密相关,强调公平、重视社会弱势群体,但并未撼动保守党时期新公共管理思想在高等教育管理方面产生的影响,不但延续了保守党政府对高等教育所持的基本理念,甚至还有加强的趋势。保守党政府执政期间提出的改革措施,如国家标准、教育评估体系、对高等教育的问责、市场运行机制、学费制度改革、教育产品的商品化等在工党执政期间仍然继续得以实施和加强。

2010年5月,保守党重新执政。英国政府在高等教育领域进一步推进市场化改革。同年底,英国下议院通过了高等教育学费上涨的议案,教学与科研拨款更强调竞争性和绩效,大学与工商业界的联系愈加密切,强调促进私立高等院校发展、实施高等教育市场准入制度等。由此可见,新公共管理思想在英国高等教育领域并没有因为政党交替而发生实质性变化,它对英国高等教育管理的渗透和影响长达四十余年,并且影响还在不断扩大。

二、主要概念的界定

本书涉及的主要概念有英国高等教育、管理机制与管理体制、新公共管理等。通过界定概念可以更清晰地把握研究的边界。

(一)英国高等教育

直到20世纪60年代,英国的高等教育几乎还是专门指一小部分大学。与许多其他国家的大学相比,英国大学具有以下两个典型特征:一是社会和学术上的精英主义;二是大学高度独立。[②] 这与英国数百年来大学发展的历史密切相关,从牛津大学、剑桥大学的成立开始,这些学院制的古典大学就一直处于英国整个高等教育金字塔的顶端。19世纪初期,英国工业革命的发展急需一些满足社会和经济发展的新型人才,而固守传统的"老大学"不肯也不可能完成这一使命,经过激烈辩论和斗争之后,英国建立了一批近代大学和地方性的学院(这些

---

① 易红郡.战后英国高等教育政策研究[M].长沙:湖南师范大学出版社,2012:72.
② David Elliott. Internationalizing British Higher Education: Policy Perspectives[A]. Peter Scott. The Globalization of Higher Education[C]. Buckingham: Open University Press, 1998: 35.

学院在成立相当长时间之后,分别于20世纪初期和中期升格为大学)。然而,在注重人文教育的年代里,培养"通识人才"或者说"绅士"的大学的地位一直处于培养科学技术人才的学院之上。

自20世纪60年代以来,英国国内对高等教育的定义发生了重大转变。罗宾斯报告中对"高等教育"的界定是最早为人们所接受的定义,该报告指出,"从总体上说,我们聚焦于大不列颠的所有大学以及教育部和苏格兰教育处管辖下的学院;这些学院能开设教师培训课程或获得普通教育高级证书(GCEA-Level)和普通级证书(GCEO-Level)必需的继续教育系统课程以及具有同等水平的课程"。① 此概念是从高等教育的类型而非职能方面进行界定的。该定义将大学与学院都纳入高等教育的范围之内。随着第二次世界大战之后人力资本理论的盛行,英国国内也接受了教育不再是纯粹的消费而是一种投资的观念。与此同时,罗宾斯报告还提出了"罗宾斯原则",即高等教育的课程应该向所有能力上和成绩上合格的、并希望接受高等教育的人开放。② 这些因素共同促成了英国高等教育的大发展:一方面英国成立了十余所新大学;另一方面,在1966年将90多所专业职业学校与技术专科学校合并为30多所多科技术学院。这样一来,英国高等教育分为两部分:由大学构成的"自治"部分和由大学以外的各种学院构成的"公共部分",高等教育的二元制(binary system)③正式形成。直到1992年取消二元制,高等教育一直是由招收大多数全日制学生的大学和招收大多数非全日制学生的多科技术学院两部分组成。

1997年,英国政府发布狄林报告(Dearing Report: Higher Education in the Learning Society),该报告对"高等教育"进行了重新定义:一是所有义务教育阶段后的高层次教育,即16岁以后的教育;二是所有成人教育,包括18岁以后学习者参加的继续教育、普通高等教育与成人教育;三是所有超出高级中学教育水平的教育,包括国家通用职业资格三级和以上的教育。④ 这一定义所涉及的高

---

① Committee on higher education. Robbins Report[R]. London: H. M. Stationery Office, 1963: 6.
② 金含芬. 英国教育改革[C]. 北京:人民教育出版社,1993:281.
③ 关于英国高等教育体制的"binary system",国内有各种不同的译法,关于此问题可以参见:张建新. 英国高等教育从二元制到一元制变迁的研究[D]. 北京:北京大学,2004:13—15. 本书一般用"二元制"的译法,但有时会与"双轨制"互用。
④ 张建新. 英国高等教育从二元制到一元制变迁的研究[D]. 北京:北京大学,2004:13.

等教育的范围更加广泛,几乎包括了所有的中学后教育,也即人们通常所说的"第三级教育"。21世纪以来,英国出现了大量不接受公共资金资助的私立高等院校,到2017年,私立高等院校增至813家,成为英国高等教育不可缺少的一个组成部分。

综上所述,英国"高等教育"这个术语的含义随着高等教育的发展也在不断地发生着变化。高等教育所包含的范围从最初仅指大学教育转变到把非大学机构的教育也涵盖在内,以至到今天几乎包括了所有的中学后教育。随着私立高等院校的发展,英国高等教育的类型越来越多元化,也越来越复杂化。本书中的英国高等教育包括18岁以后学习者参加的公立和私立高等教育机构。

(二)管理机制与管理体制

《辞海》中对机制和体制的解释分别为:机制原指机器的构造和动作原理,生物学和医学通过类比借用此词。生物学和医学在研究一种生物的功能(例如光合作用或肌肉收缩)时,常说分析它的机制,这就是说了解它的内在工作方式,包括有关生物结构组成部分的相互关系,以及其间发生的各种变化过程的物理、化学性质和相互联系。阐明一种生物功能的机制,意味着对它的认识从现象的描述到本质的说明。体制是指:第一,国家机关、企业和事业单位机构设置、与领导隶属关系和管理权限划分等方面的体系、制度、方法和形式等的总称,如政治体制、经济体制等;第二,诗文的体裁,格局,也指绘画等艺术作品的体裁风格。[①]

在《现代汉语词典》中,机制有以下四层含义:第一,机器的构造和工作原理,如计算机的机制;第二,有机体的构造、功能和相互关系,如动脉硬化的机制;第三,指某些自然现象的物理、化学规律,如优选法中优化对象的机制;第四,泛指一个工作系统的组织或部分之间相互作用的过程和方式,如市场机制、竞争机制。体制则是指:第一,国家机关、企业、事业单位等的组织制度,如学校体制、领导体制;第二,文体的格局、体裁。[②]

从《辞海》和《现代汉语词典》对两个概念的解释可知,体制主要偏向于组织制度,一般而言是静态的,主要是指组织或系统中的制度规定、权限划分和隶属关系;而机制由有机体喻指一般事物,重在强调事物内部各部分的机理(即相互

---

① 夏征农.辞海(缩印本)[Z].上海:上海辞书出版社,2002:746,1658.
② 中国社会科学院语言研究所词典编辑室.现代汉语词典[Z].北京:商务印书馆,2002:582,1241.

关系),以及它们相互作用的过程和运行方式,一般来说是动态的。虽然这两者之间存在着上述差别,但是机制与体制之间又有着密切的联系,体制是对组织或系统中的各种关系的划定和各种制度的制定,而机制是这一基础上的组织或系统的具体运行过程和运行方式。因此,没有离开体制而运行的机制,同时也不存在缺乏运行机制的体制。

在机制与体制概念界定与关系分析的基础上,我们来看一下其他研究者对与高等教育管理体制、机制相关的几个概念的界定,即学校管理机制、教育管理机制、高等教育管理机制、高等教育体制和高等教育管理体制。

安文铸认为,学校管理机制是指学校管理系统主体要素间的结构关系和运行方式。它直接揭示了学校管理工作的运转状态。[①] 将学校管理系统换作教育管理系统,即可推导出教育管理机制的概念,即教育管理系统主体要素间的结构关系和运行方式。它直接揭示了教育管理工作的运转状态。

田凌晖将教育管理机制界定为:维护教育系统在相互作用、影响和制约的过程中形成的动态平衡,并促进教育系统内外部资源得到充分、有效利用的一系列途径与方法的体系。[②] 高等教育系统作为教育系统的子系统,上述两种概念的界定在高等教育管理机制中也同样适用。

高等教育体制是指关于高等教育事业基本组织制度的总称,其基本内容是通过相关机构的设置、隶属关系的确定、职责与权限的划分,对高等学校与政府、社会三者之间的基本关系做出基本规定或进行宏观调整,从而为高等教育事业的发展提供基本的制度保障。一般包括以下五个方面:一是高等教育办学体制,二是高等教育管理体制,三是高等教育投资体制,四是高等教育招生与毕业生就业体制,五是高等学校内部管理体制。其中,高等教育管理体制是指关于中央与地方、中央教育行政部门与其他业务部门、政府与学校在高等教育事业发展中有关管理职责、权限的基本规定。高等学校内部管理体制是关于高等学校内部领导、劳动、人事及分配方面的原则规定。[③]

李翼在《教育管理辞典》中将高等教育管理体制界定为:高等教育管理机构

---

① 安文铸.学校管理辞典[Z].北京:中国科学技术出版社,1991:82.
② 田凌晖.利益关系的调整与重塑——新公共管理影响下的教育管理机制研究[D].上海:华东师范大学,2005:11.
③ 国家高级教育行政学院.中国高等教育体制改革世纪报告[M].北京:人民教育出版社,2001:2.

的设置和管理权限的划分等一整套领导管理制度。[①]

由上述定义可以看出,高等教育管理机制与高等教育管理体制作为机制和体制的种概念,它们之间的关系类似于机制与体制之间的关系。综合上述所有分析,本书将高等教育管理机制界定为高等教育系统中各组成要素之间的相互关系以及它们相互作用的过程和方式,它直接揭示了高等教育管理工作的内在机理和运转状态。

(三)新公共管理

对于20世纪80年代以来西方国家所进行的公共部门改革,不同的研究者提出了不同的名称,如"新公共管理"(Hood,1991)、"以市场为本的公共行政"(Lan and Rosenbloom,1992)、"企业型政府"(Osborne and Gaebler,1992)、后官僚制典范(Barzelay,1992)、"新管理主义"(Pollitt,1993)等。[②] 尽管这些名称不同,但其描述的现象基本相同,实质内容也没有明显差异。在上述所有名称中,"新公共管理"一词较为常用,因此,本书主要采用"新公共管理"这一名称,但有时也会与"新管理主义"互换使用。

新公共管理究竟是源于正式理论体系的一种规范性理论,还是产生于实践的一组操作方式,抑或两者兼而有之,学术界对此存在着一定的争议,就目前收集到的文献来看,主要有以下三类代表性观点:

第一,新公共管理是一种实践。一类有代表性的观点认为,新公共管理运动"一般是指20世纪70年代末80年代初首先由英国撒切尔内阁和美国里根政府开始的对公共部门组织和管理的彻底改革,其措施主要包括严格的成本控制、权力分散化、加强一线管理、运用市场机制和强化服务质量"。[③] 一般来说,这种界定方式都是描述性的。持这种观点的研究者在界定新公共管理时,一般是先考察新公共管理的实践活动,再总结出几条一般性结论,假定这些改革措施不仅适用于最初开展新公共管理运动的环境,而且可以推广到其他环境中。

第二,新公共管理是一种规范性理论。英国新公共管理研究专家简·莱恩

[①] 李翼.教育管理辞典[Z].2版.海口:海南出版社,2002:175.
[②] Owen E. Hughes. Public Management and Administration:An Introduction[M]. 3rd ed. 北京:中国人民大学出版社,2004:4.
[③] 黄文秀.新公共管理运动对高校内部行政管理的借鉴意义[J].浙江师范大学学报:社会科学版,2004(2):76.

(Jan-Eric Lane)认为,"新公共管理是一种规范性理论,研究分析政府应该如何使用新的工具来履行它的职能,这种新的工具就是合同制。……它提出了公共产品和公共服务提供的新模式,其宗旨是提高效率"。[1] 毫无疑问,简·莱恩在《新公共管理》一书中确实对新公共管理的一个方面——合同制,从理论上进行了系统研究,但是他对新公共管理的理解有些偏狭。从我们对新公共管理的理论渊源的梳理来看,合同制仅仅是新公共管理的一种工具,除此之外,它还有很多内容。

第三,新公共管理既是一种实践,又是一种理论。一类有代表性的观点认为:新公共管理既是一种实践,又是一种理论。从实践上讲,它是政府针对现实问题而采取的行动和政府管理的新理念、新方法和新模式,旨在克服政府面临的危机,提高政府的效能和合法性。从理论上讲,它是对传统公共行政模式的再考量,对行政(administration)与管理(management)概念的再认识,对公共部门的抨击的回应,对经济理论变革、私营部门变革和技术变革的再审视,是以国家和社会之间关系的调整和政府自身管理手段、过程、模式的重塑为主线,以解决新时代政府管理社会和管理自身事物问题为宗旨,以经济、效率和效能为基本价值的管理理论和心智的努力。[2]

上述三种概念的界定都有一定道理,然而,相对而言,前两种观点各有其不足之处。作为20世纪80年代以来西方国家为了解决公共部门中出现的诸多问题而推行的公共管理改革,其影响范围之广、涉及领域之多是前所未有的。在改革中,公共部门中出现了一些新的管理方式。在这些改革实践的背后有着相关理论的支持,从对新公共管理的理论渊源的梳理中我们可以很清楚地了解到这一点。这些理论在改革之前就一直存在着,并不断地得到完善,直到撒切尔夫人和里根总统上台执政,才将这些理论转化为政策和操作实践。正如安东尼·吉登斯(Anthony Giddens)所言:"理论之体必须有政策骨架的支撑,不仅仅是从理论上认可其所作所为,而且要提出具有明确的方向感和目的感的政治框架。"[3]由此可以看出,新公共管理既不是纯粹的操作实践,也不是纯粹的理论体系,而

---

[1] [英]简·莱恩.新公共管理[M].赵成根,等译.北京:中国青年出版社,2004:256—257.
[2] 曹堂哲.新公共管理面临的挑战、批评和替代模式[J].北京行政学院学报,2003(2):23—27.
[3] [英]安东尼·吉登斯.第三条道路:社会民主主义的复兴[M].郑戈,译.北京:北京大学出版社,生活·读书·新知三联书店,2000:3.

是理论和实践的一种有机结合。在理论和实践相结合的过程中,执政党所出台的各项相关政策是将理论转化为实践的重要中介。因此,综合上述分析,本书认为,新公共管理就是指 20 世纪 80 年代之后西方部分发达国家对公共部门进行改革时依据的理论、出台的政策以及具体操作方式的总称。

三、研究视角与研究方法

本书采用新公共管理分析视角对英国高等教育管理机制改革进行研究。具体研究方法包括文献法、历史分析法、实地调研法、比较分析法等。

（一）研究视角

选择一种理论视角就是为研究确定了一个切入点。本书所选择的研究视角是新公共管理。在对新公共管理基本主张的归纳中,提出新公共管理的两大机制,即市场运行机制与多元监控机制,因此,本书对英国高等教育管理机制改革的探讨就从这两个方面入手,通过对英国高等教育管理自 20 世纪 80 年代以来所发生的变化进行梳理,考察新公共管理的这两大机制是如何一步步地渗透到高等教育中的。任何一种管理机制都有一个不断发展完善的过程,通过历史梳理可以更清晰地了解它们发展完善的过程,方能更好地从中吸取经验和教训。值得注意的是,新公共管理在高等教育领域中的渗透并非一帆风顺,尤其在有着悠久自治传统的英国大学中更是如此。在理论的实际运用中,在政府强制实施的外部规制与高等院校自身的内部规制之间产生了一系列冲突。为了解决冲突,必须有一方或双方进行妥协,在冲突与妥协的过程中使得所形成的管理机制更加完善,更能满足国家与大学双方的需要。

（二）研究方法

研究方法既是研究赖以进行的工具,又是研究得以发展的基础。[①] 本书所采用的具体研究方法有以下四种。

1. 文献法

文献研读与分析是开展任何一项研究的基础性工作,因而在确定选题和写作的过程中都需要运用文献分析的方法。

文献资料根据其内容的加工方式,可以大致分为一级文献、二级文献和三级

---

① 眭依凡.大学校长的教育理念与治校[M].北京:人民教育出版社,2001:10.

文献。一级文献又称第一手资料,是指原始文献,如报刊文章、会议文献、档案材料等;二级文献是将分散的一级文献加以整理组织,使之成为系统的文献,以便查找利用,如索引、文摘等;三级文献是在利用二级文献的基础上,通过对一级文献内容的整理分析编写出来的成果,如专题综述、评述等。[①] 为了尽可能地采用第一手资料来开展研究,笔者浏览了大量与英国高等教育相关的网站以及部分大学的网站,从中寻找有用资料。

本书的文献主要来源于以下三个渠道:一是通过互联网收集英国高等教育方面的法规、文件、报告和数据等;二是从各类图书馆收集专著,包括中文和英文;三是从中外学术期刊中收集学术论文。为确保研究的效度与信度,在文献阅读和分析过程中,将从这三个渠道收集的资料以及一级、二级和三级文献之间相同的内容,进行对照和比较,从而证实所获信息的真实性和准确性。

2. 历史分析法

探讨事情的历史发展过程不仅对我们理解、讨论和判断现实问题是十分必要的,而且历史还能预示什么可能什么不可能,为我们的决策提供启示。在英国,新公共管理的实施自 20 世纪 80 年代以来已经经历了 40 余年,在这 40 多年里,英国高等教育管理机制在新公共管理的影响下发生了哪些改革?这些改革对大学自身会产生什么影响?通过对这 40 余年的历史发展进程进行研究,可以看到他们在改革过程中采取的一些措施为什么会失败,之后又进行了什么样的调整,这些新的调整是否取得了预期的效果,如果有,它与原来的措施相比有什么优点等。通过这种历史追踪,可以使我们在运用新公共管理的一些理论或方法时,可以知晓哪些可用,哪些还需要进一步做出调整,从而在改革过程中少走弯路。

3. 实地调研法

2007 年 9 月—10 月,笔者赴英国进行实地调研,走访英国高等教育质量保障署,深入了解英国高等教育质量保障制度的实施以及成效;调研英国伦敦政治经济学院、伦敦大学亚非学院,通过与相关院系领导和教师访谈了解新公共管理机制对高校的影响。通过实地调研,直观感受新公共管理对英国高等教育管理机制和高等院校的形塑。

---

① 李方. 现代教育研究方法[M]. 广州:广东高等教育出版社,2004:173.

4. 比较分析法

本书对英国高等教育管理机制改革的研究,最终目的是希冀对我国高等教育管理机制改革和发展思路有所借鉴和启示。然而,要想对我国的高等教育改革与发展有所借鉴,必须对英国新公共管理视野下的高等教育管理机制改革进行透彻的研究分析。同时,我们并不赞同"因为英国如此,所以中国也应如此"的简单思维方式,毕竟英国高等教育管理机制的任何改革都与英国国情密切相关,因此,在做比较借鉴时,本书结合我国高等教育的实际情况,对我国高等教育管理机制改革提出对策建议。

四、研究创新与不足之处

本书采用新公共管理这一分析视角,对英国自20世纪80年代以来高等教育管理机制改革进行了研究。通过对新公共管理基本主张的分析,我们认为,在英国政府运用新公共管理理念改革公共部门时,两大机制——市场运行机制和多元监控机制——发挥了关键性作用。以这两大管理机制作为分析架构,对英国高等教育的管理机制改革历程进行梳理,对改革现状加以分析,进而从宏观管理层面进入微观管理层面,考察高等教育管理机制变革对高等院校所产生的影响。本书的学术价值主要体现在以下两个方面:

第一,采用了一种新的分析视角,即从新公共管理的视角来研究英国高等教育管理机制,这为英国高等教育管理机制改革研究提供了新的思路和研究路径。

第二,本书最重要的任务之一就是对英国近四十多年来高等教育管理机制的变迁及其对高等院校的影响进行完整系统地阐述和分析,全景式地展现新公共管理在英国高等教育领域的运用,为我国研究者今后从事该领域的研究奠定了一定的基础。

学术创新主要表现在两个方面:一是在对新公共管理基本主张的归纳中,总结了新公共管理的两大机制,即市场运行机制与多元监控机制,并结合这两大管理机制对20世纪80年代以来英国高等教育管理机制改革进行研究,展现了四十多年来英国高等教育管理机制的改革,系统考察了新公共管理的这两大机制是如何逐步渗透到高等教育中,以及改革为高等院校带来的影响。第二,本书深入地分析了英国高等教育的多元监控机制。英国高等教育管理部门通过公共问责机制、质量保证机制和绩效管理机制,在对高等院校放权的同时加强对高等教育质量和绩效等的监控。成本透明核算体系、科研评估、教学卓越框架、知识转化框架、绩效管理等改革举措能为我国高等教育相关领域的改革提供借鉴。

本书仍然存在一些不足,如在英国高等教育管理机制改革对高等院校产生的影响这一部分,没有对不同类型的院校分别加以分析;在借鉴部分,对于具体结合我国高等教育的实际情况进行阐述和比较,并提出相应建议方面还比较薄弱。本书已经对英国管理机制改革的过程及其产生的影响进行了较为详细的解析,不同研究者可以在阅读与思考过程中结合我国国情获得不同的启示。此外,英国是由四个不同部分组成的,即英格兰、苏格兰、威尔士和北爱尔兰,在这些不同的区域,高等教育管理机制存在着一定的差异,本书主要关注的是共性部分,虽然有时也注意到其差异,但未能对它做更多的研究。

有部分问题虽然已被涉及但还未充分展开,另一些问题由于篇幅和时间的限制未能谈及,这也为进一步研究提供了机会。后续研究主要涉及两个方面内容。

第一,高等教育管理机制改革对英国高等院校产生的具体影响需要继续进行研究。高等教育管理机制变革对高等院校的影响涉及多个方面,对不同类型的院校所产生的影响差异较大,比如,科研经费拨款机制改革对于研究型大学与一般大学的影响就有显著差别。因此,要深入洞悉管理机制改革对英国高等院校的影响,还需要对不同类型院校内部的变化做细致深入的探究。

第二,英国只是运用新公共管理进行高等教育管理机制改革的国家之一,要更深入地了解新公共管理对高等教育管理机制改革的作用和影响,以利于更好地解析和说明我国高等教育管理机制改革方面的问题,需要对其他国家,如美国的相关情况进行研究,才能在比较中得出更普遍、更具有说服力的结论。这个庞大的研究计划需要关注这一研究课题的学人共同努力。

第二章　新公共管理的兴起与基本主张

20世纪80年代以来,以英、美为代表的西方发达国家对公共部门管理进行了一系列改革。曾经支配了20世纪大部分时期的传统公共行政的基本原理与模式,受到了新的理论与实践的挑战。20世纪90年代初期,这些不同国家的改革实践形成了一种新的公共部门管理模式。随后,此模式开始在全球范围内传播,并影响了世界上许多国家的公共部门改革。

一、新公共管理兴起背景分析

英国是新公共管理运动的主要发源国之一。1979年保守党领袖撒切尔夫人上台执政拉开了英国公共部门改革的序幕。然而,在此之前,不管是英国的社会现实条件还是理论上的探讨,都为撒切尔夫人的改革做好了充分准备。下面,我们从现实和理论两个方面来分析英国新公共管理运动兴起的背景。

(一)现实背景

1.英国经济、政治形势的不断恶化

1945年7月,以艾德礼(Clement Richard Attlee)为领袖的工党以绝对优势获得了英国大选的胜利。在凯恩斯(John Maynard Keynes)的需求管理理论的指导下,工党开始推行以计划经济为主体的"社会主义"改革政策,以推进英国战后的恢复与重建,与此同时,履行其大选时的承诺,着手建立"福利国家"。此后,工党与保守党就实行"混合经济"和"福利国家"达成了一定的共识,由此开始了英国长达三十多年的福利国家时期。在政策实施的初期,确实发挥了很大作用,英国经济得到了快速恢复和发展,民众的生活水平和社会福利也有了很大提高。

然而,到20世纪60年代后期,英国发生了经济危机,经济形势每况愈下,当时在任的首相威尔逊(James Harold Wilson)不得不屈服于要求英镑贬值的压力。而且,此时工会的力量得到了空前加强,政府与工会之间的关系也越来越紧张,由于劳资冲突所造成的罢工又为经济发展蒙上了一层阴影。

为了扭转经济衰退的局势,保守党希思政府(1970—1974)打破"共识政治",抛弃传统的国家干预经济的做法,让企业自由竞争。希思(Edward Richard George Heath)在上任之初宣布了国内政策的三个重点:改革政府机构,通过削减公共开支等措施搞好经济,对劳资关系进行重大改革。[①] 然而,这些措施并没有带来英国经济的复苏。更加不幸的是,英国此时又遇上了对其经济发展造成致命影响的石油危机,短短一年内,国际年均油价约翻了4倍。经济衰退袭击了整个西方资本主义国家,石油危机使得英国的经济发展更是雪上加霜,通货膨胀日益严重。石油危机也致使国内劳资冲突升级,失业人数增加。这一切使希思在大选中失利,工党领袖威尔逊重新登台执政,他对保守党所采用的经济和社会政策进行批评,并采用工党一贯的政策来试图控制英国经济和社会问题的继续恶化。但是英国国内的问题已经到了积重难返的阶段,凯恩斯主义已被证明无能为力。1976年3月,威尔逊辞职。詹姆斯·卡拉汉(Leonard James Callaghan)继任。面对国内形势的压力,卡拉汉着手采取"更彻底的货币政策",大规模削减政府开支,并适当提高失业率。此举使英国失业人口上升到150万。[②] 然而,由于当时人们对货币主义的了解还很少,上述举措遭到了工党内部和外界人士的激烈反对。之后,一些有识之士开始加大力度宣传货币主义思想,并以此来剖析英国的时局。这在一定程度上为1979年保守党竞选胜利奠定了舆论基础。因此,持续的经济停滞、恶性通货膨胀、劳资冲突,尤其是工党政府不能就危机治理和经济复苏达成有效的国家共识,是英国人最终转向激进的保守主义——撒切尔主义的背景。

2. 福利国家制度下公共部门自身存在的问题

第二次世界大战之后,英国工党和保守党在凯恩斯主义的指导下形成了一

---

① [英]阿伦·斯克德,克里斯·库克. 战后英国政治史[M]. 王子珍,秦新民,译. 北京:世界知识出版社,1985:233.

② [英]肯尼斯·哈里斯. 撒切尔首相传[M]. 冯义华,郑芮,译. 北京:职工教育出版社,1989:76—77.

种"共识政治",在此基础上逐步构建了福利国家制度。福利国家的总原则是政府既应该又必须承担起为所有公民提供过得去的最低生活水准的责任。具体来说,主要表现在以下三个方面:第一,充分就业。国家应维持较高而稳定的就业水平。第二,普遍社会服务。它意味着由公共部门提供一系列普遍的社会服务,尤其是教育、收入保障、医疗和住房以及一些个人的社会服务,以满足在充满复杂变化的社会中公民的一些基本需求。社会服务的普遍性是福利国家制度的一个重要原则,它暗示国家服务是针对所有公民,而不仅仅针对低收入人口。第三,社会援助。应有一个建立在收入或资产调查基础之上的援助设施的"安全网",以满足特殊需要和减少贫困。充分就业、普遍社会服务和社会援助,这三个方面具体地表达了"维持"作为一种社会权利的最低生活水平的集体责任的观念。[①] 在这样的制度下,英国公共部门的规模不断膨胀,开支也不断增长。自 1900 年以来,英国中央政府的经费支出占 GDP 的百分比分别是:1900 年为 9.7%,1930 年为 15.6%,1950 年为 26.9%,1975 年为 34.0%;社会福利支出,包括转移支付、住房、教育和社会保险的支出,占 GDP 的百分比分别为:1900 年为 0.7%,1930 年为 5.6%,1950 年为 10.7%,1975 年为 15.0%。[②] 到 1975 年,中央政府与社会福利支出合起来占 GDP 的百分比就达到了将近一半。与此同时,官僚体制自身的特点使得公共部门的服务效率相对较低。在英国经济持续低迷的情况下,人们就公共部门的规模、开支、政府管理的范围以及管理方法中存在的问题进行了反思与抨击,并且呼吁公共部门进行改革。

(二)理论背景

当凯恩斯主义在西方资本主义国家大行行道时,一批自由主义知识分子并没有放弃自己的立场,而是针对凯恩斯主义的理论及其可能带来的后果进行探讨和研究,同时积极提出改革对策。这些"反对派"的理论即是在 20 世纪 80 年代重新成为主流意识形态的经济新自由主义思潮。

第二次世界大战之后,自由主义知识分子的第一个大本营是 1947 年成立的"朝圣山学会"。这是一个由 38 名自由主义知识分子组成的小组,其中大多数是

---

① [加]R. 米什拉.资本主义社会的福利国家[M].郑秉文,译.北京:法律出版社,2003:21—22.
② [挪/荷]K. A. 埃里亚森,简·克伊曼.公共组织管理——当代欧洲的经验和教训[C].2 版.王满船,等译.北京:国家行政学院出版社,2003:16.

世界级的顶尖学者,如卡尔·波普尔(Karl Popper)、路德维希·冯·米塞斯(Ludwig Heinrich Edler Von Mises)、米尔顿·弗里德曼(Milton Friedman)、乔治·斯蒂格勒(George Joseph Stigler)、哈耶克(Friedrich August Von Hayek)等,他们在瑞士莱芒湖畔朝圣山上的公园旅馆中进行研讨,主张建立一个自由的经济和社会秩序。该学会成立的目的除了交流思想、阐明见解之外,还有很重要的一条就是对公众见解施以直接影响。此外,该学会还坚守一条重要原则:保持自己的独立性,不受议会和政党政治的左右。之后的五十多年里,该学会不仅经受了时间的考验,而且取得了丰硕的成果。正如该学会当时的主席艾德温·J.弗尔纳(Edwin J. Feulner)于 1998 年所做的总结:"正如我们所知……事实证明了学会创建者们的料想。今天,国家主义信誉大失。'大政府'将渐渐被视为问题之所在,而非济世良方。"①

经济事务研究所(The Institute of Economic Affairs, IEA)是英国经济新自由主义的一个主要堡垒,也是经哈耶克建议而成立的市场经济智囊团。研究所于 1955 年创建,其目的是"为各高校、学派、新闻界、广播电台输送知识分子并以此推广他们在经济理论、市场理论及其实践应用等方面所做出的权威性研究"。② 该研究所通过一套出色的出版政策、众多的专题讨论、会议以及其他各种对公众产生影响的手段,来宣传新自由主义的理论和思想。20 世纪 70 年代,该所率先在英国举办专题讲座,对新政治经济学进行讨论。上述种种努力,为英国此后的政策转向奠定了一定的理论和舆论基础。

撒切尔夫人一开始并不是保守党右翼的成员,其思想的转变,正是受到了"经济事务研究所"宣扬的理论的影响。为此,不得不提的一个重要人物是基思·约瑟夫(Keith Joseph)。约瑟夫与撒切尔夫人同是希思政府内阁的成员,并且两人私交甚好。约瑟夫不仅是一位出色的政治家,而且是一位学者。在他的交际圈内,有一些新自由主义经济理论的代表人物和信奉者,英国著名的货币主义理论家之一、伦敦经济学院经济学教授沃尔特(Walter Bagehot)就是其中一员。在其朋友的影响下,约瑟夫成了经济事务研究所的常客,并接受了弗里德曼

---

① [德]格尔哈德·帕普克. 知识、自由与秩序[M]. 黄水源,等译. 北京:中国社会科学出版社,2001:64.

② [德]格尔哈德·帕普克. 知识、自由与秩序[M]. 黄水源,等译. 北京:中国社会科学出版社,2001:65.

提出的货币主义理论,1974年9月,即大选的前一月,约瑟夫在普雷顿发表了当时最著名的演讲——《通货膨胀错在政府》。在演讲中,他对凯恩斯主义、政府盲目增加就业机会、扩大公共支出和滥印钞票引起的通货膨胀等进行了抨击,第一次提出货币主义的政策主张。这一演讲被保守党右翼视为"历史性事件,是对战后形成的总体构架的'最后的、最深思熟虑'的攻击"[1],正是这次演讲促使了保守党内部的分裂。在约瑟夫的提议下,保守党于1974年成立了政策研究中心(CPS),约瑟夫自任主席,撒切尔夫人追随约瑟夫担任中心的总干事。在与约瑟夫交往的过程中,撒切尔夫人的思想也在发生变化,在此后的一段时间里,她经常和右翼的一些经济学家和学者进行交流,并且关系密切。总而言之,新自由主义经济理论在英国的传播和撒切尔夫人及其内阁主要成员对这些新自由主义经济理论的认同与接纳,是保守党在20世纪80年代所进行的激进改革的重要理论前提。

二、新公共管理理论渊源探析

关于新公共管理的理论渊源,学界的一般看法是它有两大理论渊源:新自由主义经济学理论与私营部门的管理理论。譬如,罗伯特·罗茨(Robert Rhodes)认为,新公共管理的两个重要理论基础是管理主义和新制度经济学。管理主义指的是把私人部门的管理手段引入公共部门。新制度经济学指的是把激励结构(例如市场竞争)引入公共服务中。他还认为,1988年之前,管理主义在英国占据主导地位;1988年之后,新制度经济学的观点变得更为突出。[2] 欧文·E. 休斯(Owen E. Hughes)则在其著作中写道:有人认为,传统的公共行政模式基于两种理论,即官僚制理论和政治行政两分法。而新公共管理的理论基础也有两方面:它们分别是经济学理论和私营部门管理。[3] 虽然他们的具体表述不同,但所指对象是相同的。新制度经济学和经济学理论即是指20世纪下半叶以来盛行的经济新自由主义思潮,它包括不同的流派和学说;而管理主义和私营部门管理则是指在私营部门中得以成功运用的管理技术和手段,这些管理技术和手段现

---

[1] 毛锐. 撒切尔政府私有化政策研究[M]. 北京:中国社会科学出版社,2005:59.
[2] 俞可平. 治理与善治[M]. 北京:社会科学文献出版社,2000:89.
[3] [澳]欧文·E. 休斯. 公共管理导论[M]. 张成福,马子博,等译. 北京:中国人民大学出版社,2001:77.

在则被引入公共部门管理之中。

然而,就英国而言,20世纪80年代所进行的公共行政变革,是以撒切尔夫人为代表的"新右派"来推行的,其改革体现和贯彻了"新右派"的思想。新右派思潮有两个重要组成部分:其一是前面提到的经济上的新自由主义,其二是作为保守党自身意识形态的新保守主义[①]。前者是古典经济自由主义政治经济学的复兴和发展,强调个人自由、市场机制、法治等古典自由主义的核心内容,代表人物为哈耶克、弗里德曼等;后者则是传统保守主义核心观念的重申,突出传统、社会整合、国家权威等传统托利主义的内容,代表人物有罗杰·斯克拉顿(Roger Scruton)、莫里斯·考林(Maurice Cowling)等人。[②] 从英国20世纪80年代以来的改革过程来看,新公共管理运动的推行与上述三种理论或思潮密不可分,缺少了其中任何一个都不可能推动公共部门的变革,因此,英国新公共管理的理论基础应该有三个方面组成:经济新自由主义理论、新保守主义和私营部门的管理理论。

(一)经济新自由主义理论

新自由主义理论有狭义与广义之分。[③] 狭义的新自由主义主要是指以哈耶克为代表的新自由主义;广义的新自由主义并不是一个单一的理论流派,而是由众多学派组成,如伦敦学派、货币主义学派、供给学派、理性预期学派、公共选择学派等。这些学派在20世纪50年代末60年代初(甚至更早)就已经出现,但这个时代是凯恩斯主义凯旋行进的年代,新自由主义影响并不大,直到70年代末80年代初,随着新保守主义在政治上的胜利,新自由主义才开始发挥作用。本书所取的是它的广义含义,并在下文中对其各个理论流派的主要思想做简要介绍。

---

① 关于新自由主义与新保守主义之间的关系,学界有两种不同的看法:一是将新自由主义等同于新保守主义。何秉孟认为,新自由主义的一个重要特征是把反对国家干预上升到了一个新的系统化和理论化高度,是对凯恩斯革命的反革命。也正是在这个意义上,西方学者又称其为"新保守主义"。二是认为新自由主义与新保守主义是两种不同的理论思潮。在中国《欧洲》杂志社举办的研讨会上对此做了特别辩明;与会者认为"新自由主义主要是一种经济学理论的概念;新保守主义则范围更广泛些,更多的是一种政治学以至伦理学理论的概念"。本书赞同第二种观点,并将此区分作为探讨新公共管理对英国高等教育管理改革产生影响的一个重要理论前提。

② [英]罗杰·斯克拉顿.保守主义的含义[M].王皖强,译.北京:中央编译出版社,2005:中译本序,17.

③ 何秉孟.新自由主义评析[C].北京:社会科学文献出版社,2004:8.

1. 货币主义学派

"货币主义"(Monetarism)一词虽然是美国罗切斯特大学管理研究院的经济学教授卡尔·布鲁纳(Karl Brunner)于1968年首创,但货币主义学派最著名的代表人物应属米尔顿·弗里德曼(Milton Friedman)。货币主义经济理论否定了凯恩斯主义,重新肯定了亚当·斯密(Adam Smith)和大卫·李嘉图(David Ricardo)的自由主义经济思想。主张有限政府,反对大政府。他们认为政府对经济活动的干预越少越好,市场自有一套运行机制对其进行调节,政府所起的作用只是保障经济活动的顺利运行。货币主义最突出的贡献是对通货膨胀与货币量之间关系的认识,据此提出的货币主义政策成为20世纪80年代初期英美等国解决通货膨胀的主要措施。弗里德曼认为:"通货膨胀主要是一种货币现象,是由货币量比产量增加更快造成的。货币量的作用为主,产量的作用为辅。"[1]因此,医治通货膨胀的方法只有一种,即放慢货币增长率。他认为,美国20世纪60年代以后的货币加速增加所导致的通货膨胀是由以下三个原因引起的:第一,政府开支迅速增加;第二,政府的充分就业政策;第三,联邦储备系统执行的错误政策。[2] 就英国而言,通货膨胀主要是由前两个原因导致的。由此,控制并放慢货币增长率的一个主要方面就是减少政府开支。这剂药方所带来的副作用则是造成较高的失业率。

2. 供给学派

供给学派正是从批评凯恩斯主义的需求管理入手而提出自己的理论的。凯恩斯主义的理论主要是针对资本主义经济中所谓的"有效需求不足",因此需要政府来扩大需求,把潜在的生产能力最大限度地转变为现实的生产能力。在凯恩斯看来,经济萧条与通货膨胀是不会同时发生的。然而,20世纪70年代以来,西方经济中出现了"经济低速增长"与"通货膨胀"同时并存的"滞胀"局面。凯恩斯主义的"需求管理"对此无能为力。于是,决定经济运行与经济增长的另一重要因素——供给受到了经济学家的重视,并形成了供给学派。学派的主要代表人物有阿瑟·拉弗(Arthur Betz Laffer)、罗伯特·蒙德尔(Robert Mun-

---

[1] [美]米尔顿·弗里德曼,罗斯·弗里德曼.自由选择:个人声明[M].胡骑,席学媛,安强,译.北京:商务印书馆,1982:275.

[2] [美]米尔顿·弗里德曼,罗斯·弗里德曼.自由选择:个人声明[M].胡骑,席学媛,安强,译.北京:商务印书馆,1982:276.

dell)、马丁·费尔德斯坦(Martin Feldstein)等人。供给学派的政策基点不是"需求管理"而是"供给管理",其政策核心不是扩大政府的公共支出,而是削减边际税率,刺激人们投资和工作的积极性,两者都带有强烈的反凯恩斯主义色彩。① 供给学派认为政府能同时达到两项目标——降低通货膨胀和促进经济增长,为此政府应采取以下政策措施:第一,实行坚定的货币紧缩政策,以达到货币数量的增长与经济的长期潜在增长相一致,从而降低通货膨胀率,为此,需要逐步恢复金本位制;第二,通过大幅度地和持续地削减个人所得税税率和企业税的边际税率,来诱导人们多做工作和对企业增加资本投资从而促进经济高速增长;第三,停止政府对经济的调节性干预,更多地依靠自由市场经济的内在动力;第四,放慢政府开支的增长,以制止全国的税收负担相对于国民生产总值的比率继续上升。②

3. 伦敦学派

伦敦学派形成于 20 世纪 20、30 年代,其主要特点是坚持和维护新古典经济学的自由主义传统。埃德温·坎南(Edwin Cannan)是该学派的创立者,学派的核心人物则是弗里德里希·冯·哈耶克,他一生著作等身,研究领域涉及社会学、政治学、法学、哲学,以及使他获得诺贝尔奖荣誉的经济学。为论述方便,我们在此主要阐述哈耶克的理论。哈耶克是一个坚定的反凯恩斯主义者,无论是在凯恩斯思想处于形成时期的 20 世纪 30、40 年代,还是在凯恩斯主义凯旋行进的 50、60 年代,他都始终如一地对凯恩斯的理论与政策进行批评和批判,并在批判的过程中不断完善自己的市场经济理论。

哈耶克将社会秩序分为两类:自发秩序和计划秩序。前者是指那些由人之行为所引发的体系;后者是指那些源自人之计划的系统。③ 在哈耶克看来,计划经济不可能使各种资源得到合理的配置,只有自发的市场机制才是合理配置资源的最佳方式。他所依据的重要理论基础是信息分散理论。众所周知,经济领域最基本的问题是资源配置问题,资源配置的决策必须依赖有关的信息和知识。信息分散理论认为,这些信息和知识都是分散在千百万人的手中,中央计划当局

---

① 尹伯成,华桂宏.供给学派[M].武汉:武汉出版社,1996:79.
② 傅殷才.新保守主义经济学[M].北京:中国经济出版社,1994:182—184.
③ [德]格尔哈德·帕普克.知识、自由与秩序[M].黄水源,等译.北京:中国社会科学出版社,2001:112.

不可能拥有或收集到全面的信息,因而难以做出计划,对资源进行正确的配置。因此,有效配置资源的信息则需通过市场过程进行交换和传递,而在市场机制中交流信息的媒介就是价格体系。由此可知,哈耶克把"价格体系看成是一个信息交流网络,竞争则是一个信息发现的过程,个人借助于信息不断地试探并进行纠正,来改善自己的处境。分散决策的市场过程的最大好处就在于,每个人都只考虑了与自己有关的信息,追求个人的利益,结果却使信息在市场中扩散,培育了市场秩序,促进了资源的合理配置"。[①] 正是由于哈耶克认为自由市场经济的效率高于计划经济,他才极力反对凯恩斯的政府干预经济活动的理论与政策。

值得注意的是,对于 20 世纪 70 年代西方资本主义国家普遍面临的"滞胀"问题,哈耶克根据其货币理论提出解决问题的办法是将"货币非国有化"。这是哈耶克极端的经济自由主义思想的重要体现。

4. 理性预期学派

理性预期学派与上述三种学派一样,都是在批评凯恩斯经济学的缺陷的过程中来宣扬并形成自己的理论和政策主张的。学派的主要代表人物有约翰·穆思(John Muth)和卢卡斯(Robert E. Lucas,Jr.)等。该学派在新古典经济学对作为理性的经济人的理性经济行为分析的基础上,沿此分析思路对理性经济行为进行了更进一步的分析。约翰·穆思认为,理性预期是指经济活动当事者的预期由于相同的信息背景,趋向于理论预测的结果。[②] 正是由于经济活动当事者具有理性预期功能,能对政府的一切经济政策做出理性预期,才使得政府的需求管理政策失去效用,因为这一政策没有顾及企业和消费者方面的理性预期的影响。根据这一假定,在政策主张上,理性预期学派反对政府对经济活动进行任何干预,从而任由经济自由发展。理性预期学派认为预期的形成本身就是经济行为的一部分,因此应该像应用各种经济学原理去分析市场行为那样来分析预期的形成,在此,预期的形成第一次成为经济分析的对象,从而拓宽了经济学研究的领域。

5. 公共选择学派

公共选择学派创始于 20 世纪 50 年代,该学派人才济济,但最有影响也是最

---

① 谭力文.伦敦学派[M].武汉:武汉出版社,1996:118—119.
② 杨玉生.理性预期学派[M].武汉:武汉出版社,1996:6.

主要的代表人物是詹姆斯·布坎南(James M. Buchanan, Jr.)。公共选择是一种政治过程,是指"人们选择通过民主政治过程来决定公共物品的需求、供给与产量,是把个人私人选择转化为集体选择的一种过程或机制,是对资源配置的非市场决策"。① 公共选择学派从个人主义方法论、经济人行为的理性原则与政治作为交换过程入手,来研究政治决策过程。在以个人作为基本分析单位时,经济学假定个人在市场中的私人经济活动是理性的。所谓理性,是指经济活动的个人在决策之前要经过仔细计算,力求一个于己最有利的结果,或者说追求最大效用。公共选择学派把这一假定推广到公共选择活动中,认为理性的公共选择者同样追求的是最大个人效用。同时他们还认为,政治过程和经济过程一样,其基础是交易行为,是"集团之间或组成集团的个体之间出于自利动机而进行的一系列交易过程"。② 政府人员的自利动机与理性决定了政府部门有一种内在的自我扩张和超支倾向,从而导致政府规模日益扩大、财政赤字不断增加。另外,寻租赖以存在的前提是政府权力对市场交易活动的介入,因此,政府的干预会导致寻租行为的产生,而这又会造成社会资源的浪费。面对上述问题,公共选择的理论家们一般断定,"最好的"结果应是市场力量的作用最大化,政府的作用则相应减少。由此,公共选择学派开出的药方就是:以市场选择代替投票程序或政府的独断,也就是用市场的自由交易取代政府的干预。③

综上所述,新自由主义的基本主张体现在以下几个方面:第一,反对国家的全面干预,提倡"小政府"或"有限政府"。针对凯恩斯式的政府对国家经济与社会的全面干预,新自由主义认为政府的过分干预会妨碍经济的发展,提倡政府从经济和社会领域撤退。1979 年之后保守党政府提出"收缩政府的管辖范围"(rolling back the frontiers of the state),并开始逐步削减公共开支。第二,崇尚市场统治。新自由主义者认为市场是刺激经济增长的最好办法,是唯一使每个人最可能在社会中得到他所希望的东西的一种制度。此外,市场机制在提高效率、满足人类欲望和分配资源方面有着政府不可比拟的优势。第三,推行私有化。将国有企业或公共事业私人化,这包括银行、主要产业、铁路、征税公路、学

---

① 文建东. 公共选择学派[M]. 武汉:武汉出版社,1996:9.
② 汪翔,钱南. 公共选择理论导论[M]. 上海:上海人民出版社,1993:58.
③ 王皖强. 新右派思潮及其在英国的传播和影响[J]. 求索,2001(2):129—132.

校医院甚至于供水。新自由主义者认为只有将其私有化才能提高效率。第四,坚持健全的财政原则。其主要内容是,量入为出,开支力求节省,社会福利要大力削减;税收力求其小,要增加企业家的利润,刺激他们的投资积极性;收支平衡,减少政府的财政赤字。总之,新自由主义的基本主张可以用"五个更少"来概括:更少的政府支出,更少的税收,更少的财政赤字,更少的货币扩张,更少的政府干预。

(二)新保守主义

英国是保守主义的发源地。早在1594年,理查德·胡克(Richard hooker)出版的《论教会体制的法则》就突出而明确地提出了保守主义的主要信念。[①] 但作为一种成体系的政治思想,保守主义则脱胎于对1789年法国大革命的谴责。其中,埃德蒙·伯克(Edmund Burke)于1790年发表的《法国革命感想录》被公认是现代保守主义基本原则的源头。

新保守主义基本上是对18、19世纪传统保守主义的重新阐发。在英国,致力于发展和普及新保守主义的最著名的组织是"索尔兹伯里小组"(Salisbury Group)。该小组于1977年成立,并于1982年出版了自己的杂志《索尔兹伯里评论》(*The Salisbury Review*)。罗杰·斯克拉顿和约翰·凯西(John Casey)是索尔兹伯里小组的重要成员,同时也是英国新保守主义的最重要的代表人物。罗杰·斯克拉顿的代表作《保守主义的含义》对新保守主义的思想进行了最系统的阐述。

新保守主义者和新自由主义者一样,都承认个人应拥有自由,但在个人自由的重要性上存在着分歧。斯克拉顿指出,保守主义与自由主义的主要区别在于:自由主义者认为个人的自由是绝对的,并把国家当作实现个人自由目的的手段,要求国家只在实现自由目标所需要的最低限度内干预社会生活。[②] 保守主义者则认为,个人自由的价值并非绝对的,而是必须服从于一个更高的价值取向,即社会秩序。在新保守主义者看来,社会秩序是比个人自由更为重要的主题。柯灵(M. Cowling)指出:"自由只能在建立于传统和权威基础上的秩序中才能找

[①] 王皖强. 现代英国保守主义的嬗变[J]. 史学集刊,2001(1):76—81.
[②] [英]罗杰·斯克拉顿. 保守主义的含义[M]. 王皖强,译. 北京:中央编译出版社,2005:31.

到。"①斯克拉顿引用皮尔(Robert Peel)的《塔姆沃斯宣言》称:保守主义者的目标就在于"维护秩序和建设良好的政府"。他还提出,保守主义直接起源于这样一种观念:即个人从属于某种持续的、已在的社会秩序,这一事实在决定人们何去何从时是最最重要的。② 正是由于保守主义者对社会秩序的看法,才使得保守主义者反对任何形式的激进变革,主张社会改良,提倡传统的力量,其最终目的也在于维护社会秩序。因此"回归传统"是新保守主义的重要信条之一。然而,并不是所有的传统都是新保守主义者所支持和拥护的,它必须符合以下三个条件才是有价值的:第一,它们必须具有成功的历史;第二,它们必须拥有参与者的忠诚,能够使参与者在深层次上确定自己是什么以及应当是什么的观念;第三,它们必须是指向某种持久的事物。③ 这样一来,酷刑、犯罪与革命的传统就被排除在保守主义者所支持和拥护的传统之外。

在新保守主义者看来,为了捍卫社会秩序,除了维护传统之外,更重要的是政府必须拥有权威。新保守主义者认为,对于国家权威来说,国家权力是必不可少的,保守主义者将与任何反对国家权力的势力针锋相对,谋求确立和强化国家权力,并且与任何暗示保守主义者拥护自由主义理想或所谓"最弱意义上的国家"(minimal state)的说法势不两立。④ 保守主义者在谋求强化国家权力的时候,始终通过完备的法律体系来运作,因此,宪法以及支撑着宪法的制度始终是保守主义思想的核心。由此可知,既定的政府权威才是绝对的,是政治效忠的"最终目标",而不是实现其他目标的手段。因此,关于国家与公民之间的关系,新保守主义者是这样认为的:国家与公民的关系不是、也不可能是契约性的,国家对于其臣民拥有权威、责任和家长式的绝对权力。

总而言之,与新自由主义者更加关注经济相比,新保守主义者对政治更加重视。然而,在一些经济理念上,新保守主义者与新自由主义者则是一致的,比如,对私有财产的维护方面,斯克拉顿认为:"私有财产发端于人类社会意识深处的直觉。人类绝对而根深蒂固地离不开私有财产。"⑤鉴于此,新保守主义者和新

---

① 王皖强.斯克拉顿的新保守主义政治哲学[J].学海,2001(2):108-114.
② [英]罗杰·斯克拉顿.保守主义的含义[M].王皖强,译.北京:中央编译出版社,2005:7.
③ [英]罗杰·斯克拉顿.保守主义的含义[M].王皖强,译.北京:中央编译出版社,2005:28.
④ [英]罗杰·斯克拉顿.保守主义的含义[M].王皖强,译.北京:中央编译出版社,2005:19.
⑤ [英]罗杰·斯克拉顿.保守主义的含义[M].王皖强,译.北京:中央编译出版社,2005:81.

自由主义者都反对凯恩斯主义所提倡的公有制和国有化。保守主义者认为公有制和国有化会使公民养成财政上的依赖性。其理由是:"每当国家把一个行业国有化,就消除了自利的固有引导作用,成千上万的人凭借中央权力的不情愿的施予,无法看清自身的一无是处,国家就确实培养了公民在财政上的依赖性。"[①]另外,关于市场机制,保守主义者从来都不反对。斯克拉顿还认为,传统的秩序与自由的市场完全是同一社会进程的不同方面,两者之间的冲突必然是可以解决的,如果试图破坏其中的一个,势必会摧毁另一个。

(三)私营部门的管理理论

私营部门追求利润最大化的特性决定了其改革的灵活性以及对环境变化的敏感性。新公共管理者认为,公共部门和私营部门的管理虽有差异,但两者在本质上是相似的,而且私营部门的管理在创新能力、经济、效率、质量、服务水平等方面均优越于公共部门的管理,因而这也是"公共部门一直都在借鉴私营部门的做法"[②]的原因所在。在新公共管理改革中,公共部门将私营部门的管理理论、模式、原则、方法和技术运用到了公共部门管理中,例如,对结果的重视与结果控制、项目预算、成本核算、绩效评估、战略管理、顾客至上、合同雇佣制、绩效工资制等。下面我们仅就其中几个方面进行简单阐述。

第一,对结果的重视。私营部门对于结果的重视是理所当然的,因为任何一个没有产出和结果的公司根本就没有业务可做。而传统的行政模式因其过于关注结构和过程而忽略了结果,因而受到了众多批评。私营部门衡量和改进其结果的一个有效工具就是绩效评估。在1979年撒切尔夫人执政之初,为了提高公共部门的效率,减少资源浪费,实现投入资金的价值,所进行的第一个行政改革项目就是"雷诺评审",这一改革在公共部门中引入了绩效评估这一做法。后来,随着绩效管理理念的兴起,绩效评估逐渐被纳入绩效管理体系中,并被视为绩效管理体系的一个核心要素。

第二,战略计划和战略管理。"战略"一词源于军事术语,后来被借用到公司企业的管理中。根据战略规划发展的不同阶段,海克斯(Hax)和马吉鲁夫(Ma-

---

① [英]罗杰·斯克拉顿.保守主义的含义[M].王皖强,译.北京:中央编译出版社,2005:93.
② [澳]欧文·E.休斯.公共管理导论[M].张成福,马子博,等译.北京:中国人民大学出版社,2001:86.

jluf)把它分为三种类型:企业战略计划、公司战略计划和战略管理。这三者的共同点表现在:都认可组织的任务,强调实施某些环境监测,明确一系列目标并通过制订战略计划来实现这些目标。① 相对于战略计划而言,战略管理更加综合、完备,不仅注重计划的制订,更侧重于计划所产生的结果。战略计划和战略管理通过组织所处的外界环境对组织加以考察,旨在描述其清晰的目标和目的,这一做法试图脱离常规的管理任务,以一种系统的方法审视组织变化前景的长期情况。与只关注具体过程的内部管理相比,战略计划和管理更强调对更长远目标以及组织的整体目标的关注。

为公共部门所借鉴的私营部门的管理理论与方法还有很多,如招标/投标制度、弹性的管理方式、灵活的人事管理制度、全面质量管理等,在此不再详述。若后面论文中需要,我们会进一步加以阐述。

三、新公共管理的基本主张

虽然西方国家的新公共管理运动在 20 世纪 70 年代末期已经拉开帷幕,并在之后进行了一系列的行政改革,但直到 90 年代人们才开始对新公共管理的基本要点或特征进行概括。

(一)研究者对新公共管理基本主张的概括

对新公共管理的基本主张进行概括的学者有很多,在此,我们仅列举几种有代表性的学者的观点。克里斯托夫·胡德(Christopher Hood)于 1991 年在一篇论文中首次提出"新公共管理"(New Public Management)一词,并通过观察英国公共部门改革所发生的变化,将新公共管理概括为以下七个要点:一是公共政策领域的专业化管理,这就要求由公共管理者管理并承担责任;二是明确的标准和绩效测量,这需要确立目标,设定绩效标准并进行严格的绩效考核;三是注重产出控制,用项目与绩效预算取代传统的预算,关注成果而非过程或程序;四是撤分与重组部门,实行分权化管理;五是在公共部门中引入竞争机制,以降低成本、提高服务水平;六是吸纳私营部门行之有效的管理方式、方法和技术,注重弹性管理和组织激励手段的运用;七是强调资源的有效利用和开发,用更少的钱

---

① [澳]欧文·E.休斯.公共管理导论[M].张成福,马子博,等译.北京:中国人民大学出版社,2001:177—179.

办更多的事。① 在做出这一概括之后,他又进一步将新公共管理的核心信念描述为将焦点放在管理、绩效评价与效率而非政策上;将公共官僚机构分解为许多附属代理机构,各机构之间根据使用付费的原则进行互动;利用准市场(quasi-market)和签约外包(contracting-out)来塑造竞争环境;削减成本,以及一种强调产出目标、限期合约、金钱诱因以及自由空间的管理形态。②

英国学者温森特·怀特(Wincent White)认为,"管理主义"强调职业化的管理、明确的绩效标准和绩效评估;以结果而不是以程序的正确性来评估管理水平;看重金钱的价值;对消费者而非公民的需要保持敏感,强调公共服务的针对性而非普遍性。③

赫尔米斯(Holmes)和桑德(Shand)则将新公共管理总结为以下几点:一种更具战略性的或以结果取向的(效率、有效性和服务质量)决策方法;用分权式的管理环境取代高度集权的科层结构。在分权体制下,关于资源配置和服务供给的决定更接近于供给的核心问题,有更多相关信息可供使用;分权式的管理环境也为顾客和其他利益集团的反馈提供了机会;灵活地寻求能够带来更加有效的政策成果的可行方案,以替代直接的公共供给;将注意力放在权威与责任的一致性上并将其视为改善绩效的关键,其中包括采取诸如公开签订绩效合同等机制;在公共部门组织内部和公共部门组织之间营建竞争环境;其核心目的是强化"引导"政府快捷灵活地以最低成本来对外部变化和不同的利益需求做出回应的战略能力;通过要求汇报结果及其全部成本等措施来增强责任感和透明度;在整个服务领域内健全预算和管理制度,以支持和鼓励这些变革。④

经济合作与发展组织1999年度公共管理发展报告《转变中的治理》则把新公共管理的特征归纳为如下八个方面:一是转移权威,提供灵活性;二是保证绩效、控制和责任制;三是发展竞争和选择;四是提供灵活性;五是改善人力资源管

---

① [澳]欧文·E.休斯.公共管理导论[M].张成福,马子博,等译.北京:中国人民大学出版社,2001:72—73.
② 田凌辉.利益关系的调整与重塑——新公共管理影响下的教育管理机制研究[D].上海:华东师范大学,2005:8.
③ 赵景来.新公共管理若干问题研究综述[J].国家行政学院学报,2001(5):72—77.
④ [美]戴维·G.马希尔森.新公共管理及其批评家(上)[J].张庆东,译.北京行政学院学报,2001(1):90—96.

理；六是优化信息技术；七是改善管制质量；八是加强中央指导职能。①

德勒(Schedler,K)和普勒(Proeller,I)在《新公共管理：来自中欧的视角》一书中将新公共管理的特点概括为：第一，组织结构重组，目标在于分权、责任授权、政治和管理角色分离；第二，管理工具，特点为产出导向，强调效率与公共部门企业家精神，例如在公共部门中推广绩效合约和绩效工资；第三，预算改革，特点是采用私人部门财政工具，例如进行成本核算、平衡表、增长核算；第四，参与，特点是强调公民参与；第五，顾客导向和质量管理，目的是获得服务合法性，提升服务质量，谋求政府机构的再次改造；第六，市场化、私有化，特点是削减公共部门的规模，通过竞争和市场合作提升效率，例如实施私有化、合同外包等。他们认为，新公管理就像一个购物篮，政府和专家可以从里面选择适合其国家文化的改革建议以及管理工具。②

(二)新公共管理中的两大管理机制

通过分析上述学者对新公共管理的主要观点和特征的概括，新公共管理的基本主张大致可以归纳为以下两个方面：第一，在公共部门中引入市场运行机制，主要包括市场竞争机制、市场选择机制和市场交易机制，其最终目的在于提高公共部门的效率与业绩，促进公共服务和产品提供的灵活性，从而降低公共服务和产品提供的成本；第二，建立对公共部门活动结果的多元监控机制，主要包括公共问责机制、质量保障机制和绩效管理机制。

新公共管理的基本主张是前述理论渊源中所述理论的实践化，也是三种理论观点的结合。新自由主义强调市场与效率，并主张在公共部门中引入市场机制，期望达到"经济、效率与效能"的目标；但是引入市场机制，势必会打破当前的状态，任何改革都是一种利益的调整，既得利益者不可能轻易放弃，如果没有一个强大的政府，要在公共部门中推行市场机制是不可能的，因此，国家政府拥有强大的权力是引入市场机制的一个重要前提。而新保守主义强调的正是秩序、等级、精英政治和国家权威等思想。这样一来，看似矛盾的新保守主义与新自由主义就巧妙地结合起来了。安德鲁·甘布尔(Andrew Gamble)把上述两者的结

---

① 赵景来.新公共管理若干问题研究综述[J].国家行政学院学报,2001(5):72—77.
② 娄成武,董鹏.多维视角下的新公共管理[J].中国行政管理,2016(7):77—82.

合称为"自由的市场,强大的国家"。① 与此同时,不管是新自由主义的市场主张,还是新保守主义的监控需要,在具体操作过程中,都需要从私营部门中借鉴或移植其相应的理论和成功的操作方式。

1. 公共部门中的市场运行机制

在市场运行过程中,有三个因素在发挥作用:服务或产品的提供者、服务或产品的消费者(使用者)以及存在于这两者之间的交易关系。因此,在公共部门中建立市场运作机制,须从上述三个方面着手:引入市场竞争机制,使服务提供者之间能够进行竞争;确立市场选择机制,使消费者或使用者手中握有资源可以进行选择,以促进服务提供者之间的竞争,提高服务质量;运用市场交易机制,通过使用者付费制度,把私人资本引入公共服务中,从而增加公共部门的资金来源,使其经费来源渠道多元化。

(1)引入市场竞争机制。新公共管理者认为,通过竞争可以打破政府部门对工作的传统垄断,使公共部门提高效率、降低成本,并且保证所提供的公共服务与产品的质量。多个竞争主体的存在是开展竞争的前提。在完全市场经济条件下,竞争主体主要是由私人部门或个人组成,但是自市场机制引入公共部门之后,竞争主体的范围得到了很大拓展,不仅存在私与私之间的竞争,而且存在着公与私、公与公之间的竞争。那么如何在公共部门实现竞争,西方政府所采用的具体方式主要有竞争性投标(competitive bidding)和竞争性标杆(competitive benchmarking)。前者是指迫使组织为提供由公共部门承担费用的产品和服务进行竞争,包括两种情况:公与私竞争(谓之为"签约外包"或"外购");公与公竞争,即只允许公共组织参加投标。后者是指对公共组织的绩效加以测量与比较。并以"业绩卡""绩效一览表"及其他形式的积分板来公布结果。这样做可以使公共组织之间产生心理上的竞争,迎合了公共雇员的自豪感与优越感,并以此作为财政奖励的基础。② 戴维·奥斯本(David Osborne)指出:"在由很多相似单位组成的组织中,如包含很多地方单位的服务组织或包含很多学校的学区,竞争性标

---

① 毛锐.撒切尔政府私有化政策研究[M].北京:中国社会科学出版社,2005:54.
② [美]戴维·奥斯本等.政府改革手册:战略与工具[M].谭功荣,译.北京:中国人民大学出版社,2004:175.

杆的作用最佳。……该工具的威力在于将类似组织的绩效差别予以曝光。"①

(2)确立市场选择机制。市场竞争机制是在各个服务主体之间展开,而市场选择机制则要求服务主体对服务客体负责,得到服务客体的认可。确立市场选择机制的一个重要前提是社会或公民手中握有可供交换资源。正如戴维·奥斯本所说,"使公益服务提供者对他们的顾客需要做出灵敏反应的最好办法是把资源放在顾客手中让其挑选"。② 如果说,多元竞争主体的存在,使顾客"用脚投票"成为可能,而社会、公民手中握有资源,则直接使"用脚投票"成为现实。③ 这种市场选择机制用奥斯本的话来说就是"竞争性顾客选择",即让顾客选择服务提供者并允许资金跟随顾客,迫使服务提供者为争取顾客和资金而展开竞争。④ 在公共部门改革过程中,实现竞争性顾客选择体制一般采用以下四种基本工具:第一,竞争性公共选择制度(competitive public choice system),即鼓励顾客选择不同的公共提供者并允许资金跟随顾客流向提供者;第二,代金券制度(voucher system)或补偿项目(reimbursement program),即给予指定的顾客自己从所选择的任何提供者那里购买服务的资源,或对顾客所选择的提供者进行补偿;第三,顾客信息系统(customer information system),即为顾客提供关于每个提供者的质量和成本的信息,以便让他们做出可靠的决策;第四,经纪人制度(system of broker),类似于私人部门中的房地产代理商或股票经纪人,他们帮助顾客整理信息并做出优质决策。⑤

(3)运用市场交易机制。等价交换是市场交易的基本原则。在纯私人物品的交易过程中,消费者依据价格来购买产品和服务是理所当然的事情;在纯公共物品的交易过程中,一般来说是由政府拿纳税人交纳的税金即财政资金购买产品或服务。这在新公共管理者看来,政府作为公共产品和服务的购买者,而公共部门作为公共产品和服务的提供者,两者之间是一种买卖关系,或者说是契约关

---

① [美]戴维·奥斯本等.改革政府:企业精神如何改革着公共部门[M].上海市政协编译组,东方编译所,编译.上海:上海译文出版社,1996:195.

② [美]戴维·奥斯本,等.政府改革手册:战略与工具[M].谭功荣,译.北京:中国人民大学出版社,2004:163.

③ 卓越.公共部门绩效管理[M].福州:福建人民出版社,2004:23—24.

④ [美]戴维·奥斯本,等.政府改革手册:战略与工具[M].谭功荣,译.北京:中国人民大学出版社,2004:259.

⑤ 卓越.公共部门绩效管理[M].福州:福建人民出版社,2004:267—268.

系。除了上述两种产品之外,还有介于两者之间的准公共物品,这种物品的交易所采用的主要方式是使用者付费,它可以"避开供给连带性和消费不可分性的障碍,通过价格机制部分地收回成本"。[1]

在公共部门中建立市场运行机制的初衷在于打破政府对公共产品和服务提供的垄断,促进服务提供者之间的竞争,并在某些领域使私人资源参与公共服务的提供,从而提高公共部门的效率、降低产品和服务成本、广泛吸纳社会资源,缓解政府的财政危机。

2.公共部门的多元监控机制

在传统公共治理中,英国公共服务主体的资源主要来自政府财政拨款(虽然财政收入来源于纳税人所交的税款,但这些资源并没有掌握在公民或消费者手中),公共部门在提供产品或服务的过程中只需向上负责,很少考虑公民的需求。随着英国福利国家制度的完善,公共部门的规模越来越庞大,公共财政浪费现象严重,服务效率并不太高,因此,纳税人对其所交税款的具体花费情况要求知情权的呼声越来越强烈。在此情况下,新公共管理者借鉴私营部门的做法,在公共部门中提倡"以顾客为导向"的理念,迫使公共产品或服务的提供者面向顾客。

"顾客导向"的理念促使了公共问责制度的诞生,也即公共产品或服务的提供者要对其顾客负责。在公共问责制度中的顾客也是公共产品或服务提供者的利益相关者。这些利益相关者要对其投入的资源所产生的效果进行监督。由于利益相关者性质不同,他们对公共部门进行监督时所采取的机制也将有很大差别,从而使得公共产品或服务的提供者要在多元监控机制的作用下,保证其所提供的产品和服务的质量。

在公共服务提供者所需要负责的顾客中,政府作为一个特殊的"顾客"而出现。而在公共部门改革过程中,政府在提供公共服务或产品中所扮演的角色也发生了相当大的转变。在传统公共治理中政府提供公共产品或服务主要通过以下三种方式:第一,由政府机关或者公共企业在系统内进行生产;第二,通过征收税费,提供预算经费;第三,由政府机关进行公共管制。[2] 但是由于政府在微观经济和社会领域管理中存在着"失效"现象,因此,新公共管理理论提出政府应将

---

[1] 卓越.公共部门绩效管理[M].福州:福建人民出版社,2004:24.
[2] [英]简·莱恩.新公共管理[M].赵成根,等译.北京:中国青年出版社,2004:4.

"掌舵"和"划桨"分离,政府应该成为"掌舵者"而非"划桨者"。政府如何掌舵？从"掌舵"到"划桨"的过程中,合同成为一个非常重要的工具。通过投标、签约外包等形式,由公共部门、私人部门或非营利部门来从事公共产品和服务的提供,政府则从公共产品和服务的直接提供者转变为产品和服务的购买者。由此,政府也可以被看作是公共产品和服务提供者需要进行服务的"顾客",因此代表纳税人利益的政府对其所提供的资源,也会要求产品和服务的提供者证明其资源使用情况和使用效果。

然而,政府角色的特殊性决定了它并非一般顾客,在公共部门引入市场机制的条件下,政府将微观管理领域放手给市场,而保留其掌舵者的角色,从而对公共产品或服务的提供者所提供的产品或服务的质量进行评估和监督,同时,还要对公共部门的绩效进行审核,并根据公共产品或服务提供者的质量和绩效来对其实施奖惩。由此政府在公共部门中运用质量保证和绩效管理机制,以确保在公共经费紧缩的情况下公共部门所提供产品或服务的质量及其绩效。

英国公共部门的绩效管理实践大体上经历了三个阶段：第一阶段,撒切尔夫人执政时期(20世纪70年代至80年代末),进行了大规模的公共部门绩效管理运动,其中包括"雷诺评审""部长管理信息系统""财务管理新方案"和"下一步行动"等措施；第二阶段,梅杰首相执政时期(20世纪90年代初至1996年),梅杰政府颁布了《公民宪章》,采取了"竞争求质量运动""基本支出评审"和"持续与变革"等措施；第三阶段,布莱尔首相执政时期(1997年至2007年),布莱尔政府继续了保守党的绩效管理改革,采取了"全面支出评审"和"现代化政府"等措施。

在绩效管理发展过程中,其侧重点是不断发生变化的,从最初的关注降低公共部门的运营成本,节省公共开支,到关注效率,即投入与产出的比率或运作绩效,然后又发展到重视行政产出所带来的社会效果,把质量和顾客放在首位,重视产品绩效(质量)和服务绩效(顾客满意)。[①] 有研究者对英国政府的绩效评估制度的发展特点总结如下：第一,评估的侧重点从经济、效率到效益、质量；第二,评估主体从公共组织扩展到社会公众；第三,评估主题从评判到发展；第四,评估的价值标准多元化；第五,评估被纳入绩效管理体系。[②]

---

① 卓越.公共部门绩效管理[M].福州：福建人民出版社,2004：27.
② 王雁红.英国政府绩效评估发展的回顾与反思[J].唯实,2005(6)：48—49.

四、新公共管理面临的批评

自西方国家公共部门改革以来,新公共管理所受到的批评与赞扬几乎是同样多的,在某些时候,批评甚至要多于赞扬。具体来说,对新公共管理的批评主要集中在以下三个方面:对其理论基础的批评,对其价值取向的批评,对其所采用的具体措施的批评。

(一)对新公共管理的理论基础的批评

1. 批评新公共管理的经济学基础

从我们对新公共管理的理论渊源的梳理可以看出,新公共管理的理论基础之一就是新自由主义经济学,如货币主义学派、公共选择学派、理性预期学派、伦敦学派等。对经济学基础的批评主要集中于两个方面:一是认为经济学自身是一种有缺陷的社会科学,因而它在公共部门中的运用也是有缺陷的。这种批评自经济学产生以来就已经出现,是在更大范围内对经济学和经济学家的批判。二是认为经济学作为经济体系和私营部门的基础,具有很强的解释力,但"它在政府部门中的运用则完全是一种拙劣的构想"。[①] 蒙柔(K. R. Monroe)认为,在本质上生存于政治环境之中的公共部门运用经济手段将存在局限性,而且,现在所运用的某些经济理性主义也存在问题。[②] 这主要是由于公共服务不同于一般消费品的提供,消费者的公民地位增加了公共服务交易的复杂性。

2. 批评新公共管理忽视公共部门与私营部门之间的区别

新公共管理的另一个理论渊源是私营部门的管理理论。新公共管理者认为,公共部门与私营部门之间虽然有一些差异,但它们在本质上是相通的,因此,私营部门的一些成功的管理理论、经验、技术与方法等都可以被公共部门所借鉴。而其批评者则认为,公共部门与私营部门相比,有其特殊性,其中最重要的一点就是公共部门的目标是多元而又模糊的,因而在确定目标和测量结果方面都非常困难,而私营部门的目标相对而言要简单很多,追求利润或者说经济利益的最大化是私营部门的终极目标。因此,一些在私营部门中能够成功运作的管

[①] [澳]欧文·E. 休斯. 公共管理导论[M]. 张成福,马子博,等译. 北京:中国人民大学出版社,2001:85.

[②] [澳]欧文·E. 休斯. 公共管理导论[M]. 张成福,马子博,等译. 北京:中国人民大学出版社,2001:85.

理方式在公共部门可能很难取得效果。

3. 批评新公共管理没有扎实的理论准备

批评者认为,新公共管理并没有什么新东西,而是一组新旧改革思想的拼凑。我国有学者指出,新公共管理与以往的公共行政改革相比,缺乏相应的理论准备,只是为解决政府所面临的现实问题而做出的"本能反应"。其具体观点如下:①新公共管理的实干家似乎更多的是要对由20世纪70年代经济全面萧条所产生的财政危机、公共服务危机、公民信任危机负责,表现出了对政府面临问题的"本能反应"。……他们对公共行政知识系统的重视无法与以往相比。……作为这次改革基础的纲领或文献,《下一步计划》《重塑政府》及其翻版《国家绩效评价》等均未就政府重组提出明确的理论观点,行政规范被一系列口号所取代。其全部要旨是"顾客导向""改善服务""为质量而竞争"或"掌舵而非划桨"、"顾客至上"、"减少繁文缛节"、"向雇员授权"、建立"企业家组织"。珀森(Person)和安德斯(Anders)等人认为,新公共管理作为一种学术理论,并不是一个获得良好定义的概念体系,它经常被视为在公共部门中引入商业部门管理手段的一系列名词集合。②

(二)对新公共管理的价值取向的批评

新公共管理各项政策措施所追求的主要目标是具有经济价值的目标,如经济、效率和效益。并且在公共部门中引入私营企业理论的同时,也将一些商业和企业的价值观念引入其中,从而错置了公共管理的优先性价值。批评者认为,现代社会公共管理的主要价值取向及其优先顺序分别为:公共性、合法性和效率。公共性应该是公共管理的首要价值取向,它主要体现在以下两个方面:一是以公益为目标;二是要求民主参与价值在治理过程中得到实现。③ 虽然效率也是公共管理所追求的价值之一,但是公共管理中的效率与经济组织中所追求的经济效率还是有区别的。

(三)对新公共管理所采用的具体措施的批评

新公共管理的具体措施包括市场导向、私有化、民营化、分权、放松管制、战

---

① 黄健荣,杨占营. 新公共管理批判及公共管理的价值根源[J]. 中国行政管理,2004(2):64—70.
② 娄成武,董鹏. 多维视角下的新公共管理[J]. 中国行政管理,2016(7):77—82.
③ 黄健荣,杨占营. 新公共管理批判及公共管理的价值根源[J]. 中国行政管理,2004(2):64—70.

略管理、结果控制、绩效评估、顾客导向等,这些措施虽然能给政府带来活力,摆脱政府面临的财政危机和不可治理危机,但是也由于自身缺陷,受到众多的指责。如对于顾客导向,登哈特(Robert B. Denhardt)指出,这会导致政府对每个分散的个体(即顾客)的短期自我利益做出回应,而不是支持一些通过深思熟虑的过程(公民)公开界定下来的公共利益。并且,在政府中强调"顾客关系"会形成一种不适当地准予特权的气候。此外,许多公共服务(如教育、环境质量和治安等)有着集体的共同利益,而不仅仅与单个顾客有关。① 又如,对于结果控制,罗伯特·罗茨认为,在一个跨组织的网络中,没有一个行为者可以对结果负责;并且,在许多人都有贡献但是无法辨认出贡献究竟是谁的情况下,存在着"多头管理问题"。因此,新公共管理虽然可能适合线性的官僚制,但是不适合管理跨组织的网络。② 还有人认为中央与地方、政府内部的分权虽然增加了政府的自主性和灵活性,但是带来了分离主义、中央政府的"空壳化"、部门保护主义等,这在一定程度上又增加了公共开支。

上述批评并没有阻止西方国家依据新公共管理进行进一步改革的步伐,一些批评者也提出了新公共管理的替代模式,如登哈特夫妇提出的新公共服务、彼得斯(B. Guy Peters)提出的参与式国家以及治理理论等,然而,这些理论在现实的政府改革中并没有从根本上撼动新公共管理的地位。值得注意的是,上述对新公共管理的批评并非无中生有,而是从另一个角度帮助新公共管理者认识到其理论和实践的不足之处,因此,这些批评及替代理论的出现,为新公共管理的倡导者和实施者更加客观、冷静地去完善新公共管理的模式发挥了相当重要的作用。

---

① [美]罗伯特·B. 登哈特. 公共组织理论[M]. 3版. 扶松茂,丁力,译. 北京:中国人民大学出版社,2003:162—163.
② 俞可平. 治理与善治[M]. 北京:社会科学文献出版社,2000:100.

第三章　新公共管理引入英国高等教育的动因分析

20世纪70年代之前,英国大学一直保持着自中世纪以来就存在的自治传统,政府为大学提供大量的资金,但又很少干预大学内部的事务,而是通过大学拨款委员会从中调节。政府对大学的信任、拨款委员会的中介作用、大学的自治与学术自由一度成为其他国家羡慕和效仿的对象。然而,20世纪70年代中期之后,由于种种原因,英国高等教育所面临的社会环境发生了巨大变化。正如玛丽·亨克尔(Mary Henkel)在其专著的开篇所述:"对于英国高等教育和国家而言,20世纪的最后25年是一个重大的转变时期。高等教育与政府之间的关系发生了变化,与之一道发生变化的还有高等教育的整体结构、管理以及它的资源基础和规模。"[1]这些变化使得英国高等教育由拨款委员会作为中介缓冲机构的管理体制及其具体管理机制也在逐渐发生变化,政府力量与市场力量开始向高等教育领域渗透。与此同时,高等教育作为英国公共福利事业的一个重要组成部分,在政府执政理念发生转变的过程中也深受影响。因此,在英国政府依据新公共管理思想对公共部门进行改革时,这一改革指导思想同时也被引入高等教育管理,成为高等教育中遇到的诸多问题的解决方案。

从事物发展的逻辑来看,任何一种变革的产生,都必须有两个方面的动因起作用,一是内部动因,二是外部动因,这两方面相辅相成,共同促使事物的变化。英国高等教育管理改革也不例外。具体来说,促使新公共管理思想引入英国高

---

[1] Mary Henkel. Academic Identities and Policy Change in Higher Education[M]. London: Jessica Kingsley Publishers, 2000: 13.

等教育管理的动因主要有：第一，英国社会整体环境的变化，如英国经济的持续恶化、政府管理变革等，这些为高等教育管理改革提供了社会和舆论背景；第二，高等教育自身条件的变化以及高等院校与政府之间关系的变化。前者是变化的外因，后者是变化的内因。根据内外因辩证关系原理，内因是事物发展的根据，外因是事物发展的条件，外因要通过内因才能起作用。然而，事物的内外动因并不是截然分开的，它们之间有着千丝万缕的联系。在第二章中我们已经对英国整体社会与经济的发展变化以及新公共管理产生的背景等都做了较为详细的阐述，此处不再详述。本章主要探究其内部动因，即高等教育自身有哪些方面的变化、高等院校与政府之间关系的何种变化导致了新公共管理思想的侵入与渗透，以及政党之间的更迭如何保证新公共管理的相关举措能够在高等教育中持续发挥作用。具体而言，主要动因有以下四个方面：第一，英国高等教育大众化所带来的种种问题和挑战；第二，政府拨款方式的变更及拨款减少所导致的英国高等院校资源短缺；第三，英国政府与高等院校之间信任关系的变化；第四，政党之间的共识政治保证了新公共管理能够持续引入高等教育。

一、英国高等教育大众化

（一）战后英国高等教育扩张的原因分析

战后英国高等教育的扩张是由多重因素造成的，这些因素之间相互影响，共同促成了英国高等教育的大发展。

1. 英国第二次世界大战后适龄人口的增长与民众对高等教育需求的增加

高等教育的政策会根据潜在的学生人数进行及时调整。"统计潜在学生人数必须考虑两个方面的因素：一是达到入学年龄的学生群体的数量，二是学生需求与政府、高校及就业所提供的激励之间的结合。"[①]这两个条件缺一不可。例如，1938年达到入学年龄的青年人数有908 000人，与1965年的18岁青年的人数相差无几（见表3—1），然而1938年并没有出现高等教育的大发展，其中最主要的原因是由于当时并不具备第二个条件。但是第二次世界大战之后的情况正好符合了上述两个条件。一方面，第二次世界大战后在世界范围内出现了一个

---

① Maurice Kogan and Stephen Hanney. Reforming Higher Education[M]. London：Jessica Kingsley Publishers，2000：49.

人口生育高峰,英国也不例外,这些新出生的人口到 20 世纪 60 年代中期正好处于入学年龄,1965 年英国 18 岁青年的人数达到了 963 000 人;另一方面,战后英国经济与工业的发展,需要更多受过高等教育的科学技术人才,因此政府、高校以及就业岗位需求的激励使得民众对接受高等教育的有效需求不断增加。

表 3—1　　　　英国 18 岁青年的人数(1938—1980 年)[①]　　　　(单位:千人)

年　份	人　数	年　份	人　数
1938	908	1970	724
1955	642	1975	782
1960	654	1980	901
1965	963		

2. 民粹主义与平等主义思潮对高等教育发展的影响

自 19 世纪以来,在世界范围内出现了三次民粹主义思潮。第一次是在 19 世纪下半叶,几乎在北美和东欧同时兴起;第二次是在 20 世纪六七十年代,民粹主义思想盛行于世界各地;第三次是在 20 世纪八九十年代,民粹主义再度出现在东西两半球,尤其在东欧和北美。作为一种社会思潮,民粹主义的基本含义是它的极端平民化倾向,即极端强调平民群众的价值和理想,把平民化和大众化作为所有政治运动和政治制度合法性的最终来源,以此来评判社会历史的发展。它反对精英主义,忽视或者否定政治精英在社会历史发展中的重要作用。[②] 民粹主义思想不仅仅局限于政治领域,而且不断地向经济、生态、教育等领域扩展。在该思潮的影响下,高等教育要走向大众的呼声也越来越高。

与民粹主义思潮紧密联系的另一社会思潮是平等主义。在现代社会中,对平等的追求既是一种政治理想,也是一项社会原则。教育机会均等则是实现其他一切社会平等的前提和基础。然而,在 20 世纪 60 年代,英国接受全日制高等教育的人大多数是中上层社会子女,体力劳动者出身的青年所能接受的主要是非全日制高等教育。[③] 而要消除这种差别,使更多的下层社会子女能够接受全日制高等教育,就必须增加全日制高等院校的数量并扩大招生规模。平等主义

---

① 王承绪,徐辉. 战后英国教育研究[M]. 南昌:江西教育出版社,1992:286.
② 俞可平. 权利政治与公益政治[M]. 北京:社会科学文献出版社,2005:264.
③ 王承绪,徐辉. 战后英国教育研究[M]. 南昌:江西教育出版社,1992:285.

思潮在《罗宾斯报告》中得到了充分体现。该报告提出了追求平等的"罗宾斯原则":"高等教育的课程应该向所有能力上和成绩上合格的、并希望接受高等教育的人开放。"并且还指出,"良好的社会希望其公民不仅仅有成为优秀生产者的均等机会,而且有使其成为良好公民的均等机会"。① 在此后的相当长时间里,这一原则成为英国高等教育发展的指导思想。

3. 人力资本理论:教育是投资而不仅仅是消费

1960年,舒尔茨(Thodore W. Schults)在美国经济学会作了以"人力资本投资"为题的会长就职演说。他认为不应该把教育仅仅看作是一项消费,而应该看作是生产性投资;教育不仅能提高个人的选择消费能力,而且能够提供为经济增长所必需的劳动力类型。②

人力资本理论的观点在罗宾斯报告中也得到了充分体现。该报告指出,"假如一连串的核爆炸只摧毁了世界上的物质财富而保留下了受过教育的公民的话,无需多久就可以恢复到原来的水平;但是,如果被消灭的是受过教育的公民的话,那么即使建筑物和机器原封不动地保留下来,要恢复到原来的水平则可能要花比欧洲中世纪更长的时间。"因此,"讨论这个问题,首先必须把教育开支看作是一种投资。将资源用于青年人的培训可看作是与直接物质生产部门的投资一样的投资方式。仅从提高未来的生产率这一点考虑,一个忽视教育的社会正如一个忽视物质积累的社会同样愚昧。古典经济学家——他们是教育的伟大的支持者——在发明'人力资本'一词时完全考虑到了这一点"。③

人力资本理论所提出的教育能够促进经济增长的观点,为国家大力资助教育发展提供了有力的理论依据。英国政府在罗宾斯报告发表后不到24小时就宣布接受该报告提出的至1973年的发展目标,并同意为实现这一目标给大学拨款委员会提供经费,其中包括6.5亿英镑的基建费用。④ 这一举动为英国高等教育的扩张奠定了坚实的物质基础。

(二)从精英化走向大众化:英国高等教育规模扩张

在20世纪后半叶,英国高等教育经历了两次大的规模扩张,第一次发生在

---

① 金含芬. 英国教育改革[M]. 北京:人民教育出版社,1994:281.
② 顾明远,薛理银. 比较教育导论——教育与国家发展[M]. 北京:人民教育出版社,1996:177.
③ 金含芬. 英国教育改革[M]. 北京:人民教育出版社,1994:284.
④ 王承绪,徐辉. 战后英国教育研究[M]. 南昌:江西教育出版社,1992:283.

20世纪60年代中后期,第二次则发生在20世纪80年代末和90年代初。单从英国高等教育的毛入学率来看,1945年仅有3%,经过20世纪60年代的大发展之后,到1970年,毛入学率已经达到了15%。从1970年到1985年间高等教育的毛入学率基本上没有太大变化,从1985年又开始了第二次扩张,到1992年,毛入学率已经达到了31%。[①] 根据马丁·特罗(Martin Trow)的高等教育发展的三阶段理论,即高等教育毛入学率在15%以下为精英教育,15%~50%为大众教育,50%以上为普及教育。[②] 在第一次大扩张期间,英国高等教育就从精英教育阶段进入了大众化教育阶段。在第二次扩张期间,英国高等教育的入学人数又有了一次相当大的飞跃。高等教育的两次大扩张为英国高等教育带来的最明显的变化是:大学与学院的数量以及学生人数都有了显著增加。

1. 大学与学院数量的增加

15世纪前,英国仅有6所大学,此后大学数量增长缓慢,到1963年《罗宾斯报告》发表时,英国只有24所大学。在多种因素的共同作用下,20世纪60年代,英国兴建了10所"新"大学,这些大学从一开始就有权自己决定组织结构、课程设置、教学方法和考试制度。此外,为了调解"精英型高等教育"与"大众型高等教育"之间的矛盾,在高等教育中推行双轨制(1992年取消双轨制,恢复一元制,并将部分多科技术学院升格为大学),在大学之外,大力发展以职业培训为主的多科技术学院和教育学院。经过20世纪60年代和八九十年代的高等教育扩张,到2000年,大学与学院的数量增长到了166所,其中大学有112所、学院有54所(见表3—2)。

表3—2　　　　　2000年英国大学与学院数量及其分布表[③]

	大　学	学　院	总　计
英格兰	88*	42	130

---

① Maurice Kogan, Stephen Hanney. Reforming Higher Education[M]. London: Jessica Kingsley Publishers, 2000: 13.

② 马丁·特罗在划分高等教育发展阶段时,所依据的量化指标是高等教育的毛入学率。需要注意的是,高等教育系统的发展除了规模变化之外,还伴随着其他质性特征的变化,如观念、功能、入学标准、学校管理和课程等。

③ HEFCE. Higher Education in the United Kingdom[R]. London: Northavon House, Coldharbour Lane, BRISTOL, 2001/56: 3.

续表

	大　学	学　院	总　计
北爱尔兰	2	2	4
苏格兰	13	6	19
威尔士	9**	4	13
总计	112	54	166

注：* 包括伦敦大学的 16 所学校和学院。** 威尔士的格拉摩根（Glamorgan）加上威尔士大学的 8 所分校。

2. 学生人数的增加

在大学和学院数量增加的同时，英国高等教育的学生人数也有了大规模的增长。如表 3—3 所示，1965—1966 年度学生人数为 42.9 万人，经过五年的发展，到 1970—1971 年度，学生人数就达到了 62.1 万人，在第一次扩张期间，学生人数增长了将近 20 万人。此后学生人数一直在缓慢增长，到第二次大扩张期间，学生人数又有了一个大的飞跃，从 1985—1986 年度到 1995—1996 年度，学生人数从 93.7 万人增加到 172.0 万人，十年增长了 78.3 万人。虽然 20 世纪 60 年代以来，大学与学院的数量大量增加，但在学生数量如此快速增加的情况下，大多数大学的规模在不断膨胀，大学内部的机构设置越来越多，越来越复杂。

表 3—3　英国高等教育学生人数一览表（1965/66—1995/96）[①]　（单位：千人）

	1965/66	1970/71	1975/76	1980/81	1985/86	1990/91	1995/96
大学							
全日制	173	235	269	307	310	370	1 108
非全日制	13	43	82	101	120	154	612
总计	186	278	351	408	430	524	1 720
多科技术学院及其他学院							
全日制	133	221	246	228	289	377	
非全日制	110	121	137	191	216	274	
总计	243	343	383	419	507	652	
所有高等教育							
总计	429	621	734	827	937	1 175	1 720

① Maurice Kogan, Stephen Hanney. Reforming Higher Education[M]. London: Jessica Kingsley Publishers, 2000: 50.

(三) 高等教育规模扩张所带来的管理方面的变化

由上述分析可知,英国高等教育的规模扩张主要表现在两个方面:一是大学与学院数量的增加使得高等教育的整体规模扩大;二是学生人数增长使得高等院校规模的扩大。这两方面分别从宏观和微观上带来了英国高等教育管理的变化。

首先,从宏观层面上来看,英国高等教育的整体规模迅速扩大,由此所带来的后果之一就是政府公共财政无力满足所有大学与学院日益增加的支出,资源短缺成为大学与学院面临的首要问题(这一点我们在后文还会进一步详细阐述)。先前的高等教育管理机制以及拨款机制已经无法适应高等教育所发生的变化,要解决这一问题,管理机制的变革势在必行。

其次,从微观层面上来看,随着学生人数的增长,大多数英国大学的规模迅速扩大。虽然还有少数大学的规模相对较小,例如,到 2002—2003 学年,阿伯泰邓迪大学的学生人数还不足 4 500 名,但是多数大学的学生人数都在万人以上,如利兹和曼彻斯特大学有 32 000 多名学生。[①] 这些大学都属于克拉克·克尔(Clark Kerr)所说的"巨型大学"的类型。"巨型大学"这一名称是由克拉克·克尔针对第二次世界大战后美国高等院校的发展而提出的。在谈到巨型大学的内部管理时,克尔指出:"无论在什么地方,行政管理(通过环境力量而不是通过选择)已成为大学的一个更为显著的特征,这是普遍规律。由于机构变大了,所以行政管理作为一种特殊职能变得更为程式化和更为独立出来了;由于机构变得更为复杂,行政管理的作用在使大学整体化方面变得更加重要了;由于学校同过去的外部世界的关系更密切化了,行政管理就承受了这些关系所带来的负担。大学,管理上的革命仍在进行着。"[②] 就英国而言,高等教育的规模扩张使得英国大学与学院的组织规模变大、组织机构复杂性增强、组织与外部社会的联系更加密切,这一切都要求大学内部的管理方式发生变革以适应大学内部与外部环境所发生的变化。与此同时,自 20 世纪 80 年代以来被英国政府部门所极力宣扬的新公共管理的理论与方法为大学要进行的管理改革提供了新的工具。

---

① HEFCE. Higher education in the United Kingdom[R]. London: Northavon House, Coldharbour Lane, BRISTOL, 2005/10:3.

② [美]克拉克·克尔. 大学的功用[M]. 陈学飞,等译. 南昌:江西教育出版社,1993:18.

二、英国高等教育的经费短缺

经费短缺是英国高等教育管理机制及其管理方式发生变革的最为关键的动因。在这一外在压力之下，政府及高等教育管理部门该如何鼓励高校获取更多的经费，高等院校自身如何获得更多的资金，以及高等院校应该如何更大限度地利用现有资源取得更大的效益，这些是英国整个高等教育系统必须面临并要尽力解决的问题。

（一）高等教育规模不断扩张与英国经济发展的持续低落

在20世纪60年代高等教育大发展时期，英国高等教育的规模扩张是伴随着"公共资金不断加大对高等教育的投入、公共资金在大学收入中所占比例不断增加而进行的"。[1] 而这也正如本杰明·莱文（Benjamin Levin）所言："我们很难想象任何重大的教育改革不伴随着大量资金的注入。没有财政的润滑剂，要想移动教育齿轮，这架机器就会产生巨大的噪音。"[2] 因而，在规模扩张的过程中，高等院校逐渐形成了对政府拨款的严重依赖，到20世纪70年代中期，中央政府拨款在大学经费中所占的比例已经达到了80%。[3]

在人力资本理论盛行时期，高等教育被视为一种投资而不是消费，因此政府在资助高等教育方面有很高的积极性，期望高等教育的发展能够带来英国经济的快速增长。然而，20世纪70年代中后期发生的石油危机，使包括英国在内的西方发达国家的经济发展陷入了"滞胀"，几乎处于停滞状态，英国财政处于前所未有的压力之下。人力资本理论也失去了原有的吸引力，政府不再把高等教育看成是一种投资，而是一种消费。在高等教育领域，这种公共财政的紧缺状态尤为紧迫，一方面是高等教育大众化带来的对公共财政的巨大需求，另一方面是财政收入减少带来的资金供给不足。从此，资源短缺问题开始困扰英国整个高等教育。

（二）五年一次拨款制度的终结与高等教育财政支出的削减

加雷斯·威廉斯（Gareth L. Williams）将各个国家的高等教育经费分配模

---

[1] 孙贵聪.西方高等教育管理中的管理主义述评[J].比较教育研究,2003(10):67—71.
[2] [加]本杰明·莱文.教育改革——从启动到成果[M].洪成文,译.北京:教育科学出版社,2003:15.
[3] [美]伯顿·克拉克.高等教育新论——多学科的研究[M].张继平,张民选,译.杭州:浙江教育出版社,2001:88.

式分为三种：官僚控制模式、学院控制模式和市场模式。① 20 世纪 70 年代中期之前的英国大学的经费分配模式属于学院控制模式。政府通过大学拨款委员会(University Grants Committee)，以每五年一次的总项拨款办法把经费付给大学。这些费用由大学独立支配，政府不再干预，也即大学对自己的经费使用拥有法律上的完全自治权。然而，20 世纪 70 年代的石油危机使英国经济发展陷入困境，政府自身也遇到了财政危机，再加上高等教育自身的种种变化，五年一次总项拨款制度终于在 1976 年彻底崩溃。

从 1979 年开始，政府与大学拨款委员会的关系发生了变化：从根据罗宾斯建议以具有适当资格的投考者的需求为基础，转变到根据财政部给大学拨款委员会年度拨款总量作为付款限额不再追加的现金拨款制。② 1979 年，英国政府开始着手根据货币主义思想制订高等教育收缩计划。并在 1981 年执行了经费削减政策，要求三年之内大学的拨款总额要削减 17%。

政府对高等教育总体经费的缩减，势必带来各所高等院校所获拨款的减少，如何确定各所高校经费削减的比例，是英国大学拨款委员会所面临的难题。大学拨款委员会既要执行政府所制订的政策，同时又要在一定程度上保护大学的发展和利益，为此颇费思量。他们曾经考虑过几种方案，如停办一些大学，各校均等削减，和若干所大学签订教学合同和科研合同，不要求所有大学都同时进行科研和教学等，但这些方案都被否决了。最后大学拨款委员会依据英国经济对不同学科的需求程度，来确定所要保护的学科，主要有以下几类：工程、医学的若干部分，数学、计算机科学、商业研究、自然科学、生物学的较多计算的部分。这样一来，文科和社会科学就受到了很大损失，大学拨款委员会指出，为维持 1 名医科学生，就要牺牲 6 名文科或社会科学学生，要维持 1 名科学和技术学生，要牺牲 2 名和 3 名文科或社会科学学生。③

大学拨款委员会根据所拟定的经费削减原则，对不同大学经费削减情况进行了大致估算，并于 1982 年宣布了 42 所大学于 1980—1984 年间预期经费削减比例，部分大学的预期经费削减情况如表 3—4 所示。通过表 3—4 可以看出，由

---

① [美]伯顿·克拉克.高等教育新论——多学科的研究[M].张继平,张民选,译.杭州:浙江教育出版社,2001:82—99.
② 王承绪.英国教育[M].长春:吉林教育出版社,2000:521.
③ 王承绪.英国教育[M].长春:吉林教育出版社,2000:523.

于各个学校学科设置的不同,部分大学的经费不但没有被削减,而且有一定比例的上升,如布鲁纳尔大学上升了 0.4%,伯明翰大学上升了 0.3%,等等。总体来说,经费削减最多的大学主要集中在 20 世纪 60 年代成立的新大学和由高级技术学院转变而来的技术大学,如萨尔福德预期削减经费达 30.2%,阿斯顿大学预期削减 22.1%,等等。

表 3—4　　　　英国大学 1980—1984 年预期削减经费情况[①]

大　学	创办年代	1982 年学生数(人)	1975—1979 年失业或临时工作人数占比(%)	1980—1984 年预期削减经费比例(%)	附　注
牛津	1249	9 069	9.1	−2.7	
剑桥	1284	9 707	9.0	−2.0	
圣·安德鲁斯	1411	3 221	14.6	7.4	
格拉斯哥	1451	11 546	7.3	−3.2	
阿伯丁	1495	4 998	8.7	−3.9	
爱丁堡	1583	11 329	13.3	+0.1	
达勒姆	1832	4 072	11.8	−3.8	
伦敦	1836	45 767（校内生）20 353（校外生）	14.4	−3.5	
曼彻斯特	1851	16 089	12.0	+0.2	
纽卡斯尔	1852	7 635	11.0	−4.1	
伯明翰	1880	8 741	9.6	+0.3	
威尔士	1893	16 643	15.3	−6.9	
利物浦	1903	8 171	8.0	−2.1	
利兹	1904	10 822	11.2	−1.7	
谢菲尔德	1905	7 734	10.4	−1.7	
布里斯托尔	1909	7 165	12.8	−3.9	
雷丁	1926	6 627	16.3	−5.2	
诺丁汉	1948	5 902	14.7	−3.6	

① 王承绪.英国教育[M].长春:吉林教育出版社,2000:523−524.

续表

大　学	创办年代	1982年学生数(人)	1975—1979年失业或临时工作人数占比(%)	1980—1984年预期削减经费比例(%)	附　注
南安普顿	1952	6 130	11.1	−0.5	
赫尔	1954	5 625	13.5	−17.2	
埃克塞特	1955	5 081	12.9	−1.9	
莱斯特	1957	4 928	16.7	−3.2	
苏萨克斯	1961	4 704	21.3	−4.6	新大学
基尔	1962	2 489	16.9	−16.8	新大学
东英吉利	1963	4 739	25.6	−3.2	新大学
约克	1963	2 894	14.1	−0.3	新大学
埃塞克斯	1964	3 165	17.2	−4.0	新大学
兰开斯特	1964	4 126	18.0	−6.9	新大学
斯特拉斯	1964	6 794	8.3	−4.3	新大学
肯特	1965	4 689	19.3	−7.3	新大学
沃里克	1965	5 555	20.0	−1.1	新大学
阿斯顿	1966	5 114	4.9	−22.1	技术大学
巴斯	1966	3 000	7.4	−3.2	技术大学
布拉德福	1966	4 288	10.0	−19.0	技术大学
布鲁纳尔	1966	4 357	7.6	+0.4	技术大学
伦敦市	1966	3 185	7.5	−5.2	技术大学
滕地	1967	3 251	8.7	−0.4	技术大学
萨尔福德	1967	4 000	7.5	−30.2	技术大学
斯特林	1967	2 716	18.7	−18.2	新大学

短时间内大规模的经费削减使不少大学陷入了经济异常困难时期，大学为了求得生存不得不收缩院校规模，并通过其他途径获取经费来源，因此有学者把20世纪80年代初期称为英国高等教育的收缩时期。政府在削减高等教育经费的同时，通过出台一系列政策与措施鼓励大学与工商业合作，通过与工商业签订科研合同以及为工商业提供咨询赚取大学发展的经费；另外，还出台了留学生全额成本收费制度，鼓励大学大力招收海外留学生，为大学增加现金收入等。

在 20 世纪 80 年代初大规模削减经费之后，英国政府并没有停止继续削减经费的步伐，财政支出在高等教育总体经费中所占的比例一直保持着下滑状态，具体情况如图 3—1 所示。

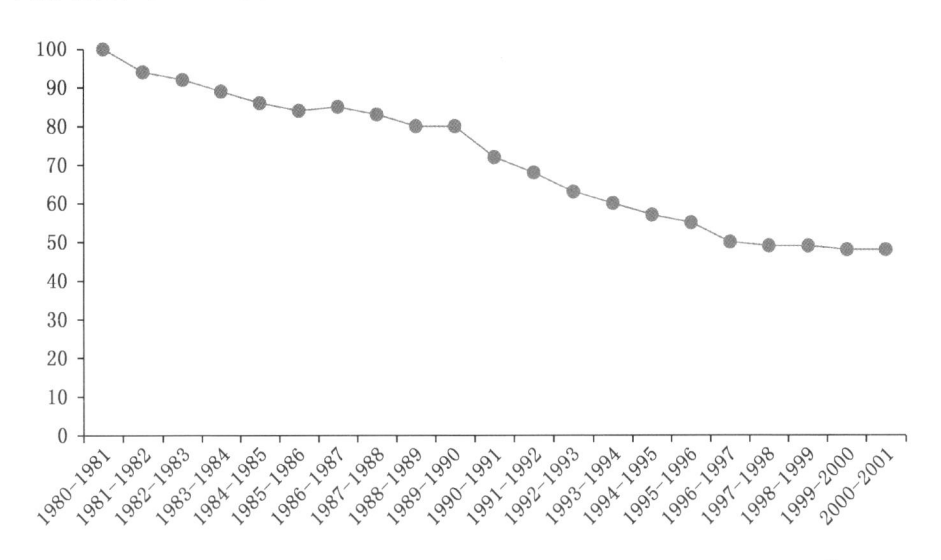

图 3—1　从 1980/1981 年到 2000/2001 年间的高等教育公共经费指数图[①]

一方面，高等教育从政府中获得的总体拨款的减少，迫使高等教育行政管理部门对资源配置机制进行改革，从而使有限的资源产生更大的收益；另一方面，高等教育总体资源的短缺，进而导致的高等院校从政府部门所获取的资源也在减少，在此情况下，高等院校必须在资源管理方面更加严格，并且采取各种改革措施促使高校用更少的资金获得最大的收益，与此同时，多数高校也在国家政策允许的范围内，利用大学的知识资源赚取大学发展所需要的资金，从而弥补财政拨款的不足。上述种种因素使得英国高等教育中的市场因素日益增多。

三、英国政府与高等院校之间关系的变化

（一）英国高等院校的"自治"传统与政府对其干预的加强

自中世纪大学产生以来，英国大学一直保持着自治传统。大学经过皇家特许成为特许法人团体，拥有处理内部事务的权力，不允许外部力量对其进行干

---

① 张建新.英国高等教育从二元制到一元制变迁的研究[D].北京：北京大学，2004：143.

预。在此情况下,捐赠和学费构成了大学的主要财政基础。然而,依靠私人捐赠和学费维持办学,对一些高等院校来说,偶尔出现财政困难是不可避免的。19世纪后期,曼彻斯特欧文斯学院和阿伯里思威斯大学学院就曾因经费困难要求政府予以资助,但这一请求被政府拒绝,理由是政府从未考虑过资助高等教育发展的政策。然而,1881年的以阿伯丹勋爵(Lord Aberdare)为主席的政府委员会发表了题为"威尔士的中级教育和高等教育"的报告后,考虑到威尔士的特殊情况,政府分别为威尔士的两所大学学院提供了4 000英镑的年度拨款资助。这成为政府开创资助高等教育发展的先例。① 之后,又有一些学院相继获得了政府的资助。第一次世界大战期间,战争使得大学的财政收入陷入困境,因此,从1919年开始,大学普遍开始接受政府拨款,但依然保持自治地位。② 虽然大学仍然保持着自治地位,但这是政府与大学关系发生转变的一个转折点。

与此同时,政府还于当年建立了大学拨款委员会,负责调查英国所有大学的财政需要,并向政府提供拨款方面的建议。大学拨款委员会自此成了政府与大学之间的一个缓冲器,使大学一方面能够从政府那里获得发展所需的经费,同时又能保持其学术自由和大学自治。这种模式后来曾被很多国家所效仿。随着政府拨款的增加,政府对大学的要求也越来越多,对大学的干预也在不断增强。然而,需要注意的是:一直到20世纪70年代末期,政府通过大学拨款委员会所提出的对大学的建议和要求,并没有强制要求大学采纳和执行。正如加雷斯·威廉斯所言:"由于几乎没有人对大学所建议的支出和其实际支出之间的情况进行认真监督,因此,很难准确地说出大学拨款委员会的建议被采纳的情况。实际上,即使授权给审计员和审计长审计大学的账目,他们所关心的也只是是否违反法律的问题,而不会去比较大学宣布的支出和实际支出之间的异同。"③

在大学之外,英国还有一种与大学不同的高等教育机构,也即多科技术学院和其他学院,他们与政府之间的关系与大学与政府之间的关系存在着很大差异。19世纪下半叶,英国高等教育领域涌现了大量的新型高等院校。这些学院在最初创建时,没有一所是政府创办的,而是由富商投资,或者是由公众捐办的。这

---

① 徐辉,郑继伟.英国教育史[M].长春:吉林人民出版社,1993:274—275.
② 贺国庆等.外国高等教育史[M].北京:人民教育出版社,2003:380.
③ [美]伯顿·克拉克.高等教育新论——多学科的研究[M].张继平,张民选,译.杭州:浙江教育出版社,2001:89.

些学院的出现主要是为了满足当地工商业的发展,因此绝大多数城市学院都偏重工业和科学领域。然后逐步发展、扩大,最后成为一所独立大学。有研究者对这类大学的发展模式进行了如下概括:"先是通过私人的赞助建成一个地区性的学院或技术学校,然后兼并当地的医学院或任何开设高等文科课程的大学附属机构,最后在市政府支持下形成一个大学学院,最终升格为独立的大学"。[①] 现在被称为红墙大学的高等院校大多数脱胎于这类城市学院。当这些城市学院升格为大学之后,就由中央政府负责。但这只是城市学院中的一小部分,大部分的学院由地方当局管理。

从20世纪60年代开始,英国高等教育进入了大发展时期,为了解决英国精英高等教育与大众化高等教育之间的矛盾,建立了高等教育的二元体制。在二元体制下,非大学的学院基本上受地方当局领导,其经费主要来自地方当局,并接受陛下督学处的质量监督;多科技术学院和其他学院与大学不同,它们无权授予学位,学生只能攻读全国学位授予委员会的学位或伦敦大学的校外学位。由此可知,与大学相比,多科技术学院与其他学院所受到的外部规制要严格得多。

然而,自英国高等教育大发展以来,政府对大学的干预也在逐渐加强,而对大学的干预主要通过财政拨款得以实现,从下面的这段政府与大学的对话可以清晰地看到,英国政府为了使高等教育的发展满足国家需要而对大学招生进行的干预,大学为了获得经费不得不做出妥协与让步。

20世纪60和70年代

政府:你们要扩招!

大学:不,我们不要!

政府:是的,你们一定要扩招,否则,我们将把所有的钱都给高级技术学院(CATs)和新大学!

大学:好的,我们扩招!

1981—1988年

政府:你们要停止扩招!

大学:不,我们不能停止!

政府:是的,你们会停止的,否则我们将根据超计划的招生数对你们处以罚

[①] 贺国庆,等.外国高等教育史[M].北京:人民教育出版社,2003:382.

金!

大学:好的,我们停止扩招。

1988—1992年

政府:你们要扩招!

大学:不,我们不要!

政府:会的,你们会扩招的,否则,我们将所有多余的钱都给多科技学院。

大学:好的,我们扩招。

1992年—

政府:你们要停止扩招!

大学:不,我们可能不会!

政府:会的,你们会停止的,否则……①

由这段对话可以看出,英国政府自20世纪60年代高等教育大发展以来,就逐渐采用拨款这一宏观管理手段对大学进行干预,迫使大学根据国家对高等教育发展规模的要求而扩大招生或者是停止扩大招生,大学迫于经费方面的压力对政府的要求只有服从。这仅仅是政府对大学进行干预的一个方面,在20世纪80年代之后,为了提高高等教育在国家经济发展和提高国家竞争力方面发挥更大的作用,政府通过各种方式对大学的干预越来越多。我们将在本书后面几章对其进行详细阐述。

(二)政府与大学之间信任关系的变化

英国大学的自治传统使得学术权力在英国高等教育发展过程中起着相当重要的作用,同时,大学拨款委员会的存在使得政府与大学之间很少有直接接触。英国政府也几乎不去过问大学内部的事宜,政府与大学之间"维持着一个君子协定,这个协定基于这样一种互信,即自治的大学拥有自己的标准,能够保证获得国家维持其军事和经济实力、关键制度和文化所需的先进的知识和教育"。② 这种信任关系在20世纪80年代之前一直都保持得很好。然而,80年代之后,经济全球化的发展和知识经济时代的到来,使得全球及英国国内政治经济环境发

---

① Harold Silver. Higher education and opinion making in twentieth-century England[M]. Portland:WOBURN Press,2003:217.

② 孙贵聪.西方高等教育管理中和管理主义述评[J].比较教育研究,2003(10):67—71.

生了重大变化。任何一个国家要想在新的环境中拥有较强的国际竞争力,都需要大学在其中发挥关键作用,但遗憾的是,英国大学的表现似乎越来越不能满足政府的要求。

在知识经济时代,经济全球化对像英国这样的贸易国家来说是一个历史性机遇,英国的贸易收入占国内生产总值的25%,与美国占10%相比,拥有全球人口1.1%的英国却占世界贸易总额的5%。① 而要想保持其贸易大国的地位,必须在激烈的全球竞争中进一步提高自己的竞争实力,这主要取决于:第一,通过高等教育提高劳动力的素质,使更多的英国人接受高等教育;第二,要发挥大学的科研优势,开发高科技产品,提高工业产品的竞争力,使英国工业在全球范围内保持领先地位。在这样的时代背景下,英国政府需要大学在这两个方面做出贡献。

但是,英国大学的自治与精英传统使得政府的这些期望往往得不到很好的实现。一方面,大学的自治传统使得大学有权决定学校内部的所有事务,政府不得干预,同时,学术人员也有权决定自己所开展的研究,并且,学术人员对于科研成果的应用价值似乎并不是很关注,他们更多的是以"闲逸的好奇"精神追求知识和进行研究。另一方面,大学的精英主义传统也使得大学并不乐于招收更多的学生。由此可以看出,在20世纪80年代后期,国家需要与大学所能提供的产品或服务之间出现了一些不和谐的因素,因此政府与大学之间原来存在的信任关系也被打破了。政府对大学自身的活动及其自我改善的能力产生了怀疑。

在英国政府与大学之间先前的信任关系发生变化之时,恰逢新公共管理思潮在英国政府部门盛行,从而使得新公共管理的理念与具体措施在政府制定高等教育政策时得到充分的应用。与此同时,政府与大学的角色也发生了变化,政府是大学产品和服务的购买者,而大学则是产品和服务的提供者,大学通过提供教学、科研等高等教育服务来获得政府的资助,政府代表纳税人有权对高等院校在效率、效益、经济等责任方面的履行情况进行审核,并促进这种责任的有效履行。同是,为了更好地掌握高等院校的各方面情况,英国政府引入了外部评估与绩效审核、质量保障等管理主义政策,而这正是政府与大学之间不信任关系的结

---

① David Elliott. Internationalizing British Higher Education: Policy Perspectives[A]. Peter Scott. The Globalization of Higher Education[C]. Buckingham: Open University Press, 1998: 36.

果和反映。

四、政党之间的共识政治保证了新公共管理的持续引入

共识政治是指西方国家中具有不同意识形态色彩的各类政党在制定和实施政策方面的"趋同现象"。[①] 英国政党制度的传统特征是两党制,自1945年以来,主要由工党和保守党轮替执政。[②] 工党和保守党各有自己的执政理念,两党在竞选前期就会依据其所持的政治立场和当时的社会总体形势提出各自的竞选纲领,一旦被选举上台执政,就要履行竞选纲领中提出的主张。虽然工党和保守党各持不同的政治主张,但在政治、经济以及医疗、教育政策上出现不断趋同的现象,这种趋同是两党制得以维持的关键和基本条件。第二次世界大战后英国的共识政治分为两个时期,一是第二次世界大战后至20世纪80年代,工党和保守党共同促成了福利制度,这次共识是以保守党向工党靠拢为基础的。二是20世纪80年代之后,将新公共管理持续引入英国政府部门,这次共识是工党向保守党的政策趋同。正是由于共识政治的存在,保证了英国在政党轮替执政期间高等教育政策的一致性。

（一）第二次世界大战后英国福利制度形成

第二次世界大战结束之后,英国政府所面临的中心问题就是如何从战争和经济萧条中走出来。在第二次世界大战中,人们对国家干预的重要性有了进一步的认识。事实上,早在1941年6月,英国政府就曾组织一个由威廉·贝弗里奇爵士(William Beveridge)为主席的委员会来考虑战后的社会发展问题,1942年12月《贝弗里奇报告》发布,该报告为战后建立"新英国"勾画了蓝图,主要是建立一个包罗万象的社会保障体系,让所有英国人——不分阶级、不分贫富——都有权享受福利制度的保护。[③] 1945年大选,工党洞察并顺应了英国人民对"新英国"的期待,从而得到了选民的大力支持,获得大选的胜利。艾德礼首相执政后,主要从两个方面进行改革:一是"福利国家",二是国有化。贝弗里奇设计的

[①] 刘杰.战后英国共识政治研究综述[J].世界历史,2000(1):94—101.

[②] 除了工党和保守党之外,自由民主党是目前英国的第三大政党。该政党成立于1988年,由自由党和社会民主党合并而成。2010年5月大选后,作为第三党与保守党在2010年组建了联合政府,首次成为执政党。在这三大政党之外,还有苏格兰民族党、绿党、英国独立党、英国国家党等政党。

[③] 钱乘旦,许洁明.英国通史[M].上海:上海社会科学院出版社,2017:341.

"福利国家"除了一套综合性的社会保险外,还包括一种能够保证充分就业的经济政策、国民保健服务、儿童补助以及关于住房和教育的"新政"。1944 年,英国议会通过了《1944 年教育法》,该法案明确规定在公办初级学校和中级学校的学生接受免费教育,书本及学习用具也是免费供应。国家的教育经费也有所增加,接受补助的学校除公立学校还包括民办的"受助"学校和"受控"学校。此外还增加大学奖学金、助学金和各种其他津贴,据统计,在大学里的学生可以获得政府发给的各种津贴。[①] 1946 年实施的《国民保险法》和《国民医疗保健法》是福利国家的法律基础,它将保险、医疗等社会保障的覆盖面扩大到全体国民,由国家承担社会保障的一切责任。1948 年,工党政府又颁布了《国民补助法》,作为《国民保险法》的重要补充条例,设立国民救济署,为特殊人群提供帮助。美国教育家卡扎米亚斯(Andreas M. Kazamias)认为,英国《1944 年教育法》和 1946—1948 年颁布的若干其他社会服务实施方案,诸如医疗保健、社会保险、儿童福利和家庭补助等,形成了一种通常称为英国型福利国家的基本结构。[②] 1948 年,艾德礼首相宣称,英国建成了世界上第一个"福利国家"。

1951 年,保守党重新执政,一直持续到 1964 年,在此期间,保守党接受了工党制定的社会立法,也基本上认同工党已经实行的国有化措施。之后工党与保守党交替执政,但各届政府基本上都执行大同小异的内外政策。建立一个全方位的社会保障制度这种共同的思想基础,使保守党和工党在第二次世界大战之后形成了"共识政治"。

经过近 20 年的发展,到 20 世纪 60 年代末,英国经济出现了发展停滞和物价飞涨同时并存的滞胀现象,70 年代,滞胀现象更加严重。凯恩斯经济学说在解决英国面临的经济问题时一再失灵,"福利国家"难以为继。

(二)20 世纪 80 年代之后新公共管理的持续引入

1979 年,撒切尔夫人上台执政,标志着以"福利国家"为基础的共识政治的结束。面对英国经济出现的"滞胀"现象,撒切尔夫人执政后抛弃了凯恩斯的经济学说,而是信奉新自由主义和货币主义,大力推进私有化,削减福利开支,将市场机制逐渐引入公共部门,在公共部门中实施类似私营部门的管理模式,以准市

[①] 闫玲玲. 英国 1944 年教育法述评[D]. 上海:华东师范大学,2006:1-33.
[②] 易红郡. 战后英国高等教育政策研究[M]. 长沙:湖南师范大学出版社,2012:27.

场机制取代传统的政府计划,与此同时,建立严格的问责和监控制度。在高等教育领域,撒切尔夫人通过大幅削减对高等教育的资助,改革高等教育拨款制度,引入竞争机制,对除欧盟国家之外的所有留学生收取全额成本学费等举措。撒切尔夫人推进的一系列教育改革措施在《1998年教育改革法》中以法律形式确定下来,对此后各届政府的教育政策起到了指引作用。

1990年,保守党内冲突爆发导致撒切尔夫人下台,梅杰继任首相。他继续推行撒切尔夫人执政时期的改革;推行英国铁路公司的私有化;继承社会福利制度从"全面性原则"转变为"有选择性原则"的改革思路,并在医院、养老金、失业补助等领域推行;发表了《公民宪章》《竞争求质量》白皮书,通过竞争机制提升公共服务的水平和质量;1991年发表《高等教育的框架》白皮书、1992年出台了《选择与多样化学校的新框架》《继续教育和高等教育法》、1997年发表了《迪尔英报告》[①],这一系列政策和法律基本上体现了《1988年教育改革法》的精神。有研究认为:梅杰基本上是个"撒切尔主义"者,但他不是个强有力的领导人物,现在回过头去看,他实际上是从撒切尔时代向新的"共识政治"过渡的人物,他只是"撒切尔主义"的看守人而已。[②]

1997年5月,布莱尔带领工党赢得了大选。为适应国内外形势变化,改变工党多年来的政治被动局面,争取中等阶级的支持,工党删除了党章的第四条,即生产资料"公有制"条款,将工党改造成为"新工党"。新工党政府改变了传统的消极的福利模式,由社会福利转变为工作福利,即公民应该通过工作享受到社会福利;在社会公共服务方面,通过建立比较完善的政府绩效评估机制,提升地方政府的绩效责任,与此同时,布莱尔政府对以私有制为基础的市场持肯定态度。[③] 布莱尔政府试图在保守党的"撒切尔主义"和老工党的"社会民主主义"之间寻找"第三条道路",但总体来说,布莱尔新政的许多措施是在保守党政府改革的基础上进行的,并且将保守党政府的改革继续向前推进,因此,新一轮"共识政

---

① 1996年2月,梅杰政府任命以迪尔英爵士(Sir Dearing)为主席的全国高等教育调查委员会,负责对英国高等教育进行调查并提出建议,经过一年多的调查,该委员会提出了一系列改革建议。《迪尔英报告》发布之际,正逢保守党下台,工党布莱尔首相于1997年5月上台执政,布莱尔政府继续任命该委员会进行调研,报告完成后于1997年7月发布。《迪尔英报告》指出了英国高等教育面临的主要挑战,并提出了应对挑战的建议,其中很多建议被布莱尔政府采纳。
② 钱乘旦,许洁明.英国通史[M].上海:上海社会科学院出版社,2017:346.
③ 易红郡.战后英国高等教育政策研究[M].长沙:湖南师范大学出版社,2012:188—191.

治"是由工党向保守党靠拢形成的。在高等教育领域,为减轻政府的财政负担,布莱尔政府在1997年7月24日宣布全面引入收费制,在撒切尔夫人对外国留学生收取全成本学费之后,国内学生也开始实施缴费上学,每年收费1 000英镑;2003年《高等学校学费改革草案》决定从2006年起,英国国内学生的大学学费提高到现在的3倍。在收取学费的同时,提供助学贷款以资助学生攻读大学。布莱尔政府发布《我们竞争的未来:建设知识经济》《大学与企业合作兰伯特回顾》《2004—2014年科学与创新投资框架》等报告,增加研发投资,加强大学与企业之间的合作,建立知识经济以增加英国经济的国际竞争力。2007年,戈登·布朗(Gordon Broun)成为首相,他是布莱尔执政期间的财政大臣。2008年,全球金融危机对英国经济造成了严重冲击,财政日益紧张,布朗政府大幅削减对高等教育的财政拨款,同时辅以市场化的措施以增加高校收入,例如,从2012年起继续提高学费标准,鼓励校企合作等。

2011年,英国大选,保守党和自由民主党组建联合政府,保守党领袖卡梅伦出任英国首相,自由民主党领袖克莱格出任副首相。卡梅伦政府执政之后,面对英国的财政赤字,大幅削减公共开支,继续推进高等教育市场化改革。2011年,英国商务、创新和技能部公布了高等教育改革新的白皮书——《高等教育:把学生置于体系中心》(*Higher Education:Students at the Heart of the System*),白皮书提出把学生置于消费者中心地位,欢迎任何新的市场供给主体的参与,以建立一个新的市场监管体系。白皮书以全新的视角,赋予教育行为主体(学生、高等教育机构、教育监管部门)以市场职能,展示了英国高等教育从"象牙塔"到"市场化"的全然不同的图景。市场化把学生推到消费者地位,高校则变为服务质量的提供者。2012年,国内学生的大学学费正式提高为6 000英镑,部分大学可以收取9 000英镑学费。学生通过付费购买教育服务,高校通过服务创造收入。高等教育部门应该更加适应学生的选择,持续改进课程的设计和内容以及学生学术经验的质量,使学生获得物有所值的高等教育。[①] 卡梅伦政府为了建立一个公开竞争的高等教育市场,让已有和新加入市场的高等教育提供者均在同一市场公平竞争,要求各校均进行注册登记。与此同时,加强监管,2014年,卡梅伦政府实施了科研卓越框架,对大学科研进行评估;2015年7月,宣布建构

---

① 戴建兵,钟仁耀.英国高等教育改革新动向:市场中心主义[J].现代大学教育,2012(4):50—55.

"教学卓越框架",以提高英国大学教学质量。在英国公投脱离欧盟后卡梅伦宣布辞职,2016年保守党领袖特蕾莎·梅(Theresa Mary May)就任首相,同年5月,英国颁布《知识经济的成功:教学卓越、社会流动和学生选择》白皮书,实施教学卓越框架,将教学质量与拨款经费挂钩;增加学生的选择机会;2017年4月,通过了《高等教育与研究法案》,通过推行一系列市场化和监管举措,提高高等教育的创新水平和知识转化能力,推动经济发展和社会进步。2019年保守党领袖鲍里斯·约翰逊(Boris Johnson)任职首相,面临脱欧和新冠疫情,约翰逊首相继续推行之前确定的改革,新公共管理对高等教育改革的影响持续深入。

第四章　英国高等教育市场运行机制的确立

在新公共管理思潮的影响下,市场化成为英国公共部门改革的主流。保守党自执政以来,一方面大力削减公共开支,另一方面又通过一系列的改革措施将市场机制引入公共部门的运行过程之中,以此来打破公共部门的垄断地位,增强公共部门与私营部门或公共部门内部之间的竞争,从而降低公共部门的运行成本,提高效率,以求解决英国严重的财政危机并提升其国际竞争力。在此过程中,高等教育也成为此次改革的一个必不可少的组成部分,市场运行机制不断引入其中,并在高等教育中发挥着越来越大的作用。

在教育中引进市场机制,也即把教育推向市场。事实上,最早提出教育市场化概念的是美国芝加哥大学教授、诺贝尔经济学奖得主弗里德曼(Milton Friedman)。他在1955年发表的《政府在教育中的作用》一文中,提出了要解决目前教育中存在的问题,必须实现教育市场化。他认为,19世纪后半叶之后建立起来的公共教育制度,是一种垄断行为,由于缺乏市场竞争,这种公共教育制度显然是失败的。因为政府的这种垄断,最终导致了教育效率低下、资源浪费严重等现象。要改变这种不负责任和效率低下的状况,唯一的出路就是走市场化道路。[①] 前面我们已经分析指出,公共部门中引入市场机制主要从三个方面着手,即市场竞争机制、市场选择机制和市场交易机制。高等教育在不断市场化的过程中,这三个方面也日益明显地体现在英国高等教育管理机制改革的过程中。

在此,需要做一特殊说明的是市场选择机制在高等教育中的运用。高等教

---

① 林荣日.教育经济学[M].2版.上海:复旦大学出版社,2008:270.

育中的选择机制自大学诞生以来就一直存在，学生有权根据自己的能力和具体情况来选择适合自己的高等院校，反之亦然。但这与新公共管理中所说的市场选择机制有所不同。就前面提到的实现市场选择机制的几种工具而言，在高等教育中有明显体现的是竞争性的公共选择制度以及顾客信息系统，由于这两个方面在本书的其他部分会有所涉及，因此，在本章中不再把它作为一项内容进行专门分析，而是放在其他相关部分进行探讨。

在探讨市场竞争机制和市场交易机制在高等教育领域的运用时，我们必须首先对高等教育的产品属性及其提供进行界定。原因在于：物品或服务本身的特性决定着物品或服务供给的条件。换言之，物品和服务所具有的不同性质决定了该物品究竟是该由公共或私营部门提供，还是公私部门都可以提供。随着高等教育的复杂性不断提高，高等教育自身的产品也日益多样化，因此，要在高等教育领域引入市场运行机制，必须先把高等教育自身的产品属性搞清楚。唯此，才能决定高等教育的哪些部分可以由市场提供，而哪些部分必须由公共部门提供。其次，对英国高等教育拨款机构的变迁进行阐述。英国政府主要通过高等教育的公共拨款或公共资助制度的改革将市场竞争机制引入其中，因此，高等教育拨款机构改革及其职责变化就成为本章的重要研究内容之一。

一、高等教育的产品属性

高等教育是一个集体概念，从类型学的角度看，它主要是由各类高等院校组成。高等教育并不会生产产品，其产品是由其组成部分高等院校生产的。因此，当谈到高等教育的产品时，事实上是指高等院校在活动过程中所能提供的产品。从部门属性上来看，高等院校属于非物质生产部门，因此高等院校的发展必须从外部获得资源。为此，它就必须提供能与外界进行资源交换的产品。那么，高等院校究竟能提供些什么产品呢？

(一)高等院校所提供的产品

正如高等教育的职能是随着社会的发展而不断发展一样，高等院校所生产的产品也在随着社会的发展变得越来越丰富。中世纪大学仅仅具有教学这一项职能，教师通过教育和教学进行法律、医学、神学等方面知识的提供，学生则付出一定的学费来购买老师所提供的教学服务，并且，在中世纪大学诞生之初，学费是大学财政的主要来源,有时甚至是唯一来源。因此,最初大学在教育教学活动中所能提供的产品主要是教育和教学服务。在此,需要注意的一点是,就高校直接提供的产品而言,"人才"不属于这个范围。原因在于,"人才"是由教师所提供的教育教学服务与学生的'学习劳动'相结合之后才能形成的。也就是说,教育为"人才"的形成提供了必要条件,但教育并不直接产出"人才"。[①] 但是,高等教育所培养的人才在国家的发展和社会的进步中发挥着越来越大的作用,国家从中也获得了巨大的利益,正由于此,政府在为高等教育提供的资助中有一部分经费是用于支付学生的教育教学的经费支出。因此,当前大多数高校学生所交纳的学费仅是教师提供的教育教学服务成本的一部分。

科学研究,也即对高深知识的探究,成为大学的主要职能则是在洪堡(Wihelm Von Humboldt)建立柏林大学之后。[②] 大学的科学研究在一开始纯粹是为了"闲逸的好奇"的精神追求和对真理的执着,这种活动的"目的是对社会的最令人困扰的问题进行尽可能深刻地思考,甚至思考那些无法想象的问题"。[③] 由此,大学通过科学研究而生产出来的高深知识是为了推动全社会知识的积累与进步,因而这类高深知识是属于全人类的公共产品。与此同时,伴随着教学与科研这两大职能的形成与发展,大学教师在探究和传播高深知识的过程中,不断反思人类社会所遇到的重要问题,对社会不良现象进行批判,并用新的思想和信念引领社会向前发展。大学所具有的这种社会批判和社会引领功能是"通过为社会提供精神产品实现的。这种精神产品通过教育教学活动、社会公共媒体、社会政治组织等向社会传播,它是社会监督与保障体系的组成部分,为全社会和全人类服务"。[④] 从本质上来说,大学教师对不良社会现象的反思与批判也是一种研究,这种研究也是为全人类利益服务的,并推动社会的整体发展。因而这类产品也属于公共产品。

"威斯康星思想"的形成使得为社会服务成为除教学和科学研究之外高等教育的第三大职能。关于大学与社会的关系,在西方大学教育发展史上曾出现过

---

① 戚业国.民间高等教育投资的跨学科研究[M].上海:复旦大学出版社,2001:57.
② 虽然在柏林大学建立之前,德国的哈勒大学和格廷根大学已经有了相当多的研究活动,并且把研究自由看作是大学的根本原则,但是把科学研究确立为大学的一项主要职能则是从柏林大学开始的。
③ [美]约翰·S.布鲁贝克.高等教育哲学[M].徐辉,张民选,译.杭州:浙江教育出版社,2001:14.
④ 戚业国.民间高等教育投资的跨学科研究[M].上海:复旦大学出版社,2001:57.

三种代表性的观点,即"边缘说""依附说"和"距离说"。[①]"边缘说"是指大学应该处于社会特别是经济社会的边缘,超脱于任何社会具体事务之外,为学术而学术,这也就是人们经常所说的"象牙塔"式的大学。"依附说"与"边缘说"相反,认为大学作为社会大系统中的一个子系统,应该积极为社会提供服务,主动参与并解决社会生产和生活中的问题,并进一步推动和引领社会的发展。"距离说"是针对现代大学在社会服务过程中所显露的日益严重的功利化倾向提出来的。它主张大学既要为社会服务,又要与社会保持一定的距离,使得大学不至于在物质利益面前迷失了自我,丧失其社会批判和社会引领功能。后两种观点都强调大学要为社会服务,他们之间的分歧在于对大学采用何种方式才能更好地为社会服务。威斯康星大学校长范·海斯(Charles Van Hise)认为,要全方位、多角度地推行大学教学、科研与社会服务一体化,即为社会提供直接服务,这也是"威斯康星思想"的精髓。这种主张与做法在当时的社会情境下取得了极大的成功,并成为其他大学竞相仿效的对象。但是时过境迁,今天距离"威斯康星思想"的提出已近一百年,社会环境以及大学自身都发生了很大变化,越来越多的人看到大学发展的功利化取向对大学自身发展的威胁,于是呼吁大学与社会保持一定的距离,从而更好地为社会服务。因此,不管是"依附说",还是"距离说",其目的都是要求大学为社会发展服务。大学为社会发展服务的方式多种多样,提供的产品也数不胜数,如通过科学研究解决社会问题、为企业培养专门人才等。这些产品有一个共同的特点,就是可以直接用于市场交换。在知识经济时代,大学所提供的直接用于交换的社会产品的数量越来越多,而这在大多数学校的财政来源中已经占到了相当大的比重。

综上所述,循着高等教育职能发展的线索,我们对高等院校所提供的产品进行了分析。社会发展到今天,高等院校所提供的产品由中世纪大学单一的教育教学服务到现在的多种产品并存,即教育教学服务,通过科学研究而得到的推动知识积累与进步的高深知识和在反思与批判过程中得到的"精神产品",以及直接用于交换的社会产品。

(二)物品的分类及其提供

在探讨高等教育的产品属性之前,我们有必要先对经济学中有关物品的分

---

① 韩延明.大学理念论纲[M].北京:人民教育出版社,2003:449.

类及其提供作一概述。

格里高利·曼昆(N. Gregory Mankiw)根据物品的两种特性,即排他性和竞争性将物品进行分类。排他性是指可以阻止一个人使用一种物品时该物品的特性;竞争性是指一个人使用一种物品会减少其他人使用该物品的特性。由此所得到的分类结果为:私人物品,公共物品,共有资源和自然垄断。[①] 私人物品既有排他性又有竞争性;公共物品既无排他性又无竞争性;共有资源有竞争性而无排他性;而当一种物品有排他性但没有竞争性时,可以将其称为自然垄断。

萨瓦斯(E. S. Savas)依据排他和消费两个特征将物品和服务进行分类。萨瓦斯是这样界定这两个特征的:"如果物品和服务的潜在使用者没有达到潜在供给者提出的条件,他们就可能被拒绝使用该物品或者被排除在该物品的使用者之外,那么,这些物品就具有排他性。一些物品和服务可以被消费者共同和同时使用,其数量和质量并不会因此而减少或降低;其他一些物品却只能被个人而不是共同消费,即如果被一个消费者使用,就不能再被第二个消费者使用。"[②]这样一来,所有的物品都能在由排他性与非排他性、纯粹个人消费品和纯粹共同消费品所构成的方形图中找到其位置。而在这方形图的四角则显示了四种纯粹的物品形式:一是排他完全可行的纯个人消费品,即个人物品(individual goods);二是排他完全可行的纯共同消费品,即可收费物品(tool goods);三是排他完全不可行的纯个人消费品,即共用资源(commom-pool goods);四是排他完全不可行的纯共同消费品,即集体物品(collective goods)。[③] 由萨瓦斯对消费这一特征的表述可以看出,消费实质上是指一种物品的消费是否具有竞争性,如果有竞争性则是纯粹个人消费品;反之,则为纯粹共同消费品。因此,萨瓦斯对物品的分类与曼昆的分类本质上是一样的,只是表述方式不同。

私人物品的提供基本上不存在悬念,因为市场运行最适于既有排他性又有竞争性的私人物品,因此该物品一般由市场提供。可收费物品或自然垄断物品

[①] [美]N. G. 曼昆. 经济学原理(上册)[M]. 2版. 梁小民,译. 北京:生活·读书·新知三联书店,2001:232.

[②] [美]E. S. 萨瓦斯. 民营化与公私部门的伙伴关系[M]. 周志忍,等译. 北京:中国人民大学出版社,2002:46-48.

[③] [美]E. S. 萨瓦斯. 民营化与公私部门的伙伴关系[M]. 周志忍,等译. 北京:中国人民大学出版社,2002:49.

由于具有排他性，也即使用者如果不能付出供应者要求的费用，就可能被拒绝消费。因此，一般来说，这类物品也能够通过市场供应。但在此有一种特殊情况：由于该类物品不存在竞争性，对于某些物品而言，如有线电视、自来水供应等，使用者越多，每个使用者所分担的成本就越少。于是在一般情况下由一个供应者供给最为经济，于是就产生了自然垄断。但在现代经济学家看来，"即使是自然垄断行业也可以引入竞争，即在特定时期内，通过竞争性招标把特许权授予特定的企业"。① 由此可知，由于排他性的存在，可收费物品在任何情况下都可以由市场提供，但是又由于其不具有竞争性，因此会存在一定的自然垄断现象，在这种情况下，基本上是由政府来提供，但通常会收取一定的使用费。然而随着新公共管理改革的进展，这种自然垄断的行业也在某种程度上引入了市场竞争。

既无竞争性又无排他性的公共物品，使得市场在提供过程中由于外部性的存在而出现失灵现象，因此，该类物品一般由公共部门提供。共用资源的非排他性和竞争性使得消费者在使用该资源的过程中，如果管理不善就会产生出现"共有地悲剧"，因此这类物品在传统上是通过集体行动（通常由政府机构或志愿者团体实施）来保护。然而，由于这种方法在某些情况下的效果有限，因此，在西方国家出现了一种不同于传统的新的思路：当把共用资源转变为私人物品并被私人拥有时，在私有制和利润动机的作用下，实现对它的有效维护和管理。但是这种方法只适用于部分共用资源。

物品的类型及其提供者并不是一成不变的，由于多方面因素的影响，物品的性质及其提供者在某种程度上会产生一定的转变。对于这种物品性质或提供者的转化，有两种不同的方法进行审视：② 其一是坚持基本定义，认为物品的性质不会轻易转化，现实中的转化仅仅是出于社会选择，即社会通过政府做出决定，完全或部分利用集体资源来提供某些个人物品和可收费物品（这些物品若由政府提供则被称为福利物品）。其二是认为物品的性质发生了变化。转变的原因在于：一方面，当福利物品被消费时，每个人都在某种程度上受益，因此，它们的消费被认为部分地具有公共性；另一方面，由于所有人都需要这些物品，所以物

---

① ［美］E. S. 萨瓦斯. 民营化与公私部门的伙伴关系［M］. 周志忍，等译. 北京：中国人民大学出版社，2002：53.

② ［美］E. S. 萨瓦斯. 民营化与公私部门的伙伴关系［M］. 周志忍，等译. 北京：中国人民大学出版社，2002：59.

品的排他性消失了,由此导致了更多的共用资源和公共物品。而福利国家正是由于上述物品性质的转化或物品提供者发生的变化而使政府的规模和开支变得越来越庞大。

(三)高等教育的产品属性及其资源提供

关于高等教育的产品属性,学术界曾经有过激烈的争议,争议的焦点集中在高等教育究竟是公共产品还是私人产品。争论的结果是采用一种折中的方式,把高等教育的产品界定为介于公共产品和私人产品之间的准公共产品。对于这种处理不免有"偷懒"之嫌,并且准公共产品的界定对于分析高等教育的相关问题并不能发挥很大作用。在此,为了更准确地分析高等教育各种产品的属性及其资金提供者,我们采用一种对高等教育产品进行细分的方法,对各种不同产品的属性分别进行界定,而不是笼统地说高等教育是公共产品、私人产品还是准公共产品。

高等教育通过科学研究而得到的推动知识积累与进步的高深知识和在反思与批判过程中得到的"精神产品",对于推动社会整体的发展起着重要作用,每一个人都能够免费享用,并且一个人享用并不会减少其他人对该种物品的享用。因此,高等教育的该类产品属于公共产品,其供应由代表纳税人利益的政府提供资源。

对于直接用于交换的社会产品而言,又可以分为两种情况:其一,这种产品既有排他性又有竞争性,因此它完全属于私人产品,例如,现代大学通过将科研成果开发,从而生产出高科技的物质产品,这种物质产品的提供就属于此类情况。这与一般的私人物品没有任何区别,应由市场提供。其二,这种产品只有排他性但不存在竞争性,因此属于可收费物品,这种物品既可以由市场提供,也可以由集体(包括政府和使用此物品的人组成的团体)提供。例如,高等教育提供的特殊技术知识,通过专利制度而使其具有排他性,只有付费者才可能使用这项专利,但是一个人享用这种特殊的技术知识并不会减少其他人享用的数量和质量。此外,属于此类的产品还有大学所提供的知识咨询服务等。

教育教学服务从本质上而言是一种私人物品,这是因为"高校内部的多数教育教学活动是排他的,是针对特定对象的"。[①] 同时,高等教育的机会是有限的,

---

① 戚业国.民间高等教育投资的跨学科研究[M].上海:复旦大学出版社,2001:59.

虽然目前部分国家已经进入了高等教育的普及化阶段，但也不是每个人都能接受高等教育。一个人拥有了高等教育机会就会减少其他人对该机会的拥有，因此它又是竞争性的。但是，对教育教学服务的供应存在两种形式。如前所述，在中世纪大学诞生之初，教育教学服务被看作纯粹的私人产品，由学生来支付所需的费用。现在大量存在的私立高校，其教育教学服务也是由学生或其他消费者支付费用。然而，由于高等教育所培养的人才为整个社会的经济发展起到了相当重要的作用，这使得国家以及每个公民都能从中获益，政府由此从所增加的税收中拿出一部分来为这项服务埋单，从而在一定程度上降低或免除个人所支付的学费。由此可知，教育教学服务虽然是私人物品，但是由于其所产生的外部效果，使得其资源的供应既可以由市场提供，也可以由政府提供，或者是两者共同分担。

二、英国高等教育拨款机构的变迁

英国政府主要通过高等教育公共拨款或公共资助制度的改革将市场竞争机制引入其中，通过改革其拨款制度创设资金市场与消费者市场，使高等院校为教学和科研经费拨款而进行竞争。因此，我们首先对英国高等教育拨款机构的变迁情况进行梳理。

高等教育拨款机构的变迁主要分为两个时期：一是1992年之前，大学与多科技术学院和其他学院的拨款机构分设时期，并以1988年《教育改革法》为分水岭，划为两个阶段；二是一元制下高等院校拨款机构时期。1992年之后，英国高等教育体制由二元制改为一元制，高等教育基金委员会代替了之前的两个分设机构，对高等学校进行教学与科研拨款。1994年，英国成立了7个专门研究理事会，作为英国竞争性研究经费的主要资助机构。之后，英国高等教育的教学与科研拨款由高等教育基金委员会和研究理事会共同进行。2017年，英国《高等教育与科研法案》审议通过，自2018年开始，由高等教育基金委员会与高等教育公平入学办公室合并而成的学生事务办公室成为新的教学拨款机构；原有的7个负责不同专业领域科研工作的研究理事会和英国创新署（Innovate UK）合并后组成的英国科研创新办公室（UKRI）负责科研拨款，同时还承担原来由高等教育基金委员会负责的高等教育领域科研资金的管理职能。[①]

(一)大学与多科技术学院拨款机构分设时期(1919—1992)

1992年之前,英国高等教育体制为二元制,大学与多科技术学院和其他学院的拨款机构分设。1988年《教育改革法》颁布之后,高等院校拨款机构的名称和职责都发生了变化,市场机制开始被引进高等教育领域。

1. 大学拨款机构改革

(1)大学拨款委员会(1919—1989)

1919年英国政府成立了半自治性质的大学拨款委员会,负责向大学分配政府资助的款项。大学拨款委员会作为政府与大学之间的协调机构,在此后几十年里对英国大学的发展起到了重要作用。大学拨款委员会的成员全部由大学教授组成,通常由一名著名学者担任委员会主席。它最初的职责是"调查大不列颠大学教育的财政需要,就议会可能做出的满足这种需要的任何拨款申请向政府提供建议"。[②] 这一职责一直持续到第二次世界大战之后。第二次世界大战之后,政府对大学的资助越来越多,大学拨款委员会原有的职责已经不能满足政府的要求,因此,大学拨款委员会除了履行先前的咨询职责之外,又加上如下条款:收集、检验和提供国内外与大学教育有关的信息;在和大学及其机构协商基础上,协助制定及执行为充分满足国家需要的大学发展计划。[③]

到20世纪70年代中期,中央政府提供的经费已经占到大学收入的80%左右,但在原则上还保留院校的财政原则,即大学对自己的经费使用拥有法律上的完全自治权。在这一时期,大学拨款委员会的主要特点如下:[④]第一,尽管在60年代政府发布的关于大学未来发展的总的指导方针不断增加,然而拨款在相当广泛的限度内仍是无条件的。第二,大学拨款委员会根据各大学提交的关于以后五年的计划报告,以五年总项拨款的方式把经费分配给各大学。第三,随着拨款数额越来越大,拨款委员会也会向各大学提出越来越多的学术建议。除此之外,提供给各大学的拨款可以说是无条件的。第四,在对大学进行经费分配的时

---

① 刘绪,胡小芃.英国学生事务办公室与科研创新办公室概览[J].世界教育信息,2017(5):20—22.
② Brian Salter and Ted Tapper. The state and higher education[M]. the Woburn Press,1994:105.
③ 贺国庆.外国高等教育史[M].北京:人民教育出版社,2003:389.
④ [美]伯顿·克拉克.高等教育新论——多学科的研究[M].张继平,张民选,译.杭州:浙江教育出版社,2001:89—90.

候,大学拨款委员会只是用相当概括的语言对每所大学经费支出的设想加以说明,拨款等级就是以每所大学的经费支出方式为基础确定的。第五,在60年代,大学拨款委员会对基本建设投资实行了严格控制。

自20世纪70年代后期以来,政府与大学拨款委员会之间的关系发生了极大的变化。对于发生这种变化的原因,有人断言:大学拨款委员会在执行政府强行让其做出快速、大幅度削减大学基金的决定时,没有得到政府有效的原则指导,因此,引起了政府的不满。1985年,贾勒特报告建议:政府应对大学拨款委员会的作用、组织结构和人员配备进行一次检查,保守党政府接受了这一建议。之后,政府委托克罗哈姆(Croham)勋爵主持对大学拨款委员会进行的调查。1987年,高等教育白皮书《高等教育——应付新的挑战》发表,白皮书采纳了克罗哈姆报告提出的对大学拨款委员会改革的建议:即让大学基金委员会取代大学拨款委员会。

迈克·沙托克(Michael Shattock)在其著作《大学拨款委员会和英国大学的管理》一书中把大学拨款委员会的历史划分为四个时期:(a)1919—1963年,大学拨款委员会起着政府和大学之间的"缓冲器"的作用;(b)1963—1979年,在后罗宾斯时期,要求大学拨款委员会起着战略家的作用;(c)1979—1983年,大学拨款委员会执行保守党政府的紧缩政策,倍受各方责难;(d)1983—1989年,大学拨款委员会继续执行保守党的紧缩和改组的有争议的政策,岌岌可危。[①]1989年,大学拨款委员会终于完成了其历史使命。

(2)大学基金委员会(1989—1992)

1988年《教育改革法》颁布,使得大学基金委员会(University Funding Committee)的建立在法律上得到确认。大学基金委员会由15名成员组成,均由国务大臣委任,主席则由国务大臣任命。人员组成具体如下:其中6~9名成员是目前正在从事高等教育工作,不仅在工作方面经验丰富而且才能突出。其他成员需要具备工业、商业、金融或其他任何专业的工作经验,并在此方面有工作才能。

1989年4月1日,大学基金委员会正式取代了大学拨款委员会。与大学拨款委员会不同,大学基金委员会是一个独立的权力机构、法人团体,将正式承担

[①] 王承绪.英国教育[M].长春:吉林教育出版社,2000:473.

将资金分配给大学的责任(具体拨款过程见图4-1)。新的大学基金委员会在科研拨款方面继续沿用大学拨款委员会的做法,但在教学拨款方面进行了市场化改革,引入市场竞争机制。

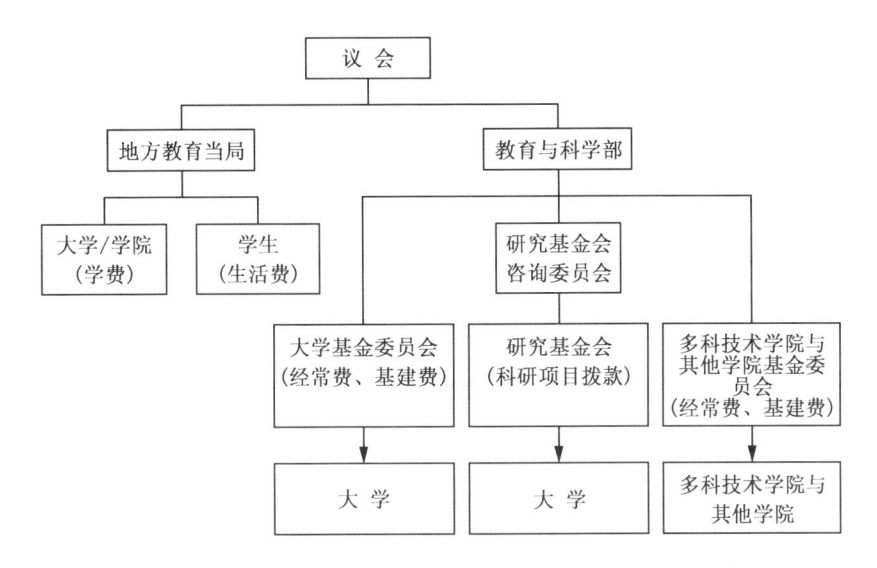

图4-1　1988—1992年英国高等院校财政拨款过程略图[①]

2. 学院拨款机构改革

在大学之外,多科技术学院、高等教育学院等公立高等教育部门采用了一种完全不同的财政拨款制度。在二元制建立之前,这些学院的资金主要来源于两个渠道:一是地方当局,二是"志愿者",主要是建立教师培训机构的宗教团体。二元制建立之后,许多公立院校,特别是多科技术学院成为全国性院校而不是地方院校,这就意味着大多数学生来自资助这类学校的地方当局的领地之外。当这类学生数量较少时,英国通过建立一种补偿制度,使这些学院得到一定补偿,但当部分学院变为全国性院校,其他地方的学生越来越多时,这种制度也就有点不切实际了。为了解决这一问题,他们采用了高级继续教育股份金(Advanced Further Education Pool)制度,这一制度的实质是根据生活在该地区的潜在的学生人数(这反映学生的潜在需求)和该地区工业活动的数量(这反映雇主对学院的毕业生和其他合格人员的潜在需求),确定每个地方当局的入股份额。根据学

[①] 张瑞璠,王承绪.中外教育比较史纲(现代卷)[M].济南:山东教育出版社,1997:140.

生人数,地方当局可以从股份金中提取一定数量的款项。① 股份金制度的建立刺激公立高校为了获取更多的资源而扩大招生人数。但由于他们的每项开支都受到地方当局的严格控制,并且多余的资金必须退回地方当局,因此,该制度难以激励公立高校努力积攒资金。这一弊端引起了人们对股份金制度的批评,因此,英国政府于1980年"冻结"了股份金,建立了另一种拨款制度。

(1)公立院校全国咨询委员会(1982—1989)。随着高级继续教育股份金的冻结和1981年的高等教育公共开支大量削减,政府于1982年采纳了奥克斯委员会的提议,为公立高等院校建立了一个全国性资助机构,即公立院校全国咨询委员会(National Advisory Body)。全国咨询委员会与大学拨款委员会的职能类似,即就高级继续教育股份金的分配向政府提出建议。但其成员的组成和运行与大学拨款委员会很不相同,大学拨款委员会从一开始就是由大学教授控制,而全国咨询委员会的成员则是由地方当局的代表组成。如前所述,大学拨款委员会在分配款项方面经历了几个阶段,而全国咨询委员会从建立开始就决定在分配款项时把综合考虑各种因素。②

(2)多科技术学院与其他学院基金委员会(1989—1992)。与大学基金委员会取代大学拨款委员会一样,1989年4月1日,多科技术学院与其他学院基金委员会取代了公立院校全国咨询委员会,成为多科技术学院与其他学院新的拨款机构。多科技术学院与其他学院基金委员会的人员组成与大学基金委员会的人员组成一样,15名成员中至少有6名来自高等教育系统之外。该基金委员会的任务主要包括以下五个方面:③第一,同由政府提供经常费用的学院就高等教育工作问题签订合同。这些工作,有时需要包括制定新课程、教学上的创新与科研活动等;第二,从政府提供的资金以及由公款购置、学校有权处置的房产中回收的款项中向学校调拨基建费用;第三,根据有关师范教育的规定,规划本系统这方面的教育工作;第四,鼓励各学院在改善行政管理工作中进行合作;第五,有权与仍由地方当局管辖的学院签订某些高等教育方面的合同。

---

① [英]G. L. 威廉斯. 英国高等教育财力资源形式的变化[J]. 侯琪山,沈剑平,译. 华东师范大学学报:教科版,1990(2):25—42.

② [英]G. L. 威廉斯. 英国高等教育财力资源形式的变化[J]. 侯琪山,沈剑平,译. 华东师范大学学报:教育科学版,1990(2):25—42.

③ 吕达,等. 当代外国教育改革著名文献(英国卷·第一册)[M]. 北京:人民教育出版社,2004:115.

(二)一元制下的高等院校拨款机构时期(1992—　)

1.高等教育基金委员会与研究理事会(1992—2018)

1992年3月,英国政府颁布了《1992年继续教育和高等教育法》,部分多科技术学院被改称为大学,英国高等教育从二元制转变为一元制。大学基金委员会和多科技术学院与其他学院基金委员会被撤销,成立高等教育基金委员会,新的基金委员会是一个独立的非政府公共机构,它由四个分机构组成:英格兰高等教育基金委员会(HEFCE:Higher Education Funding Council for England)、威尔士高等教育基金委员会(HEFCW:Higher Education Funding Council for Wales)、苏格兰高等教育基金委员会(SHEFC:Scottish Higher Education Funding Council)和北爱尔兰教育部(DENT:Department of Education,Northern Ireland)。

高等教育基金委员会的职责主要有:第一,制定和执行政策,保证科研项目、计划及各种活动与教育大臣的指示及继续教育和高等教育条例保持一致;第二,为教育大臣提供咨询,提出合理的资金分配原则和意见;第三,帮助高等教育研究机构、大学和学院提升高等教育质量,促进发展并有效地使用资金。基金委员会根据对高等院校教学和科研的评估情况进行拨款(具体拨款过程如图4-2所示),具有一定的合理性和透明度。高等院校可根据自己的需求,决定如何使用这些费用。[①]

1994年,英国依据《科学与技术法案1965》成立了七个研究理事会,负责竞争性科研经费的资助。分别为:艺术与人文科学研究理事会(AHRC)、工程与自然科学研究理事会(EPSRC)、生物技术与生物科学研究理事会(BBSRC)、医学研究理事会(MRC)、经济与社会科学研究理事会(ESRC)、自然环境研究理事会(NERC)、科学与技术设施理事会(STFC)。研究理事会的核心功能主要包括:一是作为公共研究经费的最有效和高效的拨付渠道;二是确保英国从研究能力中获得最大收益;三是对研究进行战略规划。[②]

高等教育基金委员会和研究理事会是英国政府支持基础研究的两个主要经

[①] 张建新.英国高等教育从二元制到一元制变迁的研究[D].北京:北京大学,2004:150.

[②] 张瑞璠,王承绪.中外教育比较史纲(现代卷)[M].济南:山东教育出版社,1997:147.

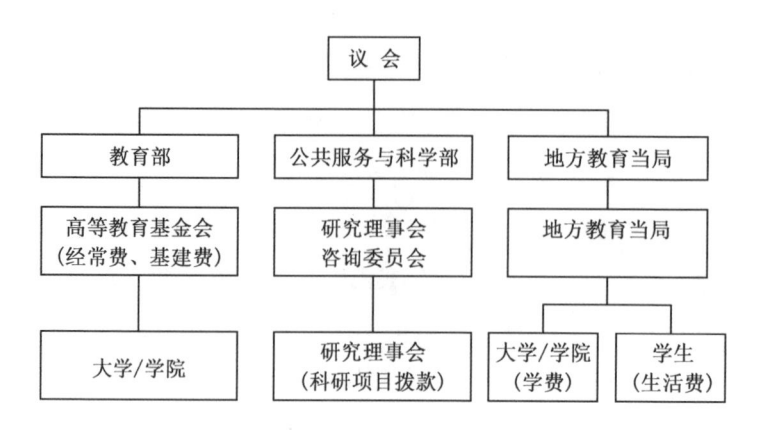

```
                    ┌─────────┐
                    │  议 会   │
                    └────┬────┘
           ┌─────────────┼─────────────┐
    ┌──────┴─────┐ ┌─────┴──────┐ ┌────┴──────┐
    │   教育部   │ │公共服务与科学部│ │ 地方教育当局│
    └──────┬─────┘ └─────┬──────┘ └────┬──────┘
    ┌──────┴─────┐ ┌─────┴──────┐ ┌────┴──────┐
    │高等教育基金会│ │ 研究理事会  │ │ 地方教育当局│
    │(经常费、基建费)│ │ 咨询委员会  │ │            │
    └──────┬─────┘ └─────┬──────┘ └──┬──────┬─┘
    ┌──────┴─────┐ ┌─────┴──────┐ ┌──┴───┐ ┌┴─────┐
    │  大学/学院  │ │ 研究理事会  │ │大学/学院│ │ 学生 │
    │            │ │(科研项目拨款)│ │(学费) │ │(生活费)│
    └────────────┘ └────────────┘ └──────┘ └──────┘
```

图 4—2　1992 年以后英国高等教育拨款过程①

费资助和管理机构。其中高等教育基金委员会的任务是支持大学与科研机构的常规研究经费和基础设施建设,其资助经费投入按研究水平排名分配,不需要有明确的研究任务和计划。而研究理事会则以研究项目或研究计划的形式支持大学和研究机构的研究,其经费投入必须要有明确的任务和计划。这一政府的经费投入支持系统被誉为"双重支撑体系"。②

2.学生事务办公室和英国科研创新署(2018—)

2016 年 5 月,英国原商业、创新和技能部(Department for Business, Innovation and Skills, BIS)发布了题为《知识经济的成功:教学卓越、社会流动和学生选择》的高等教育改革白皮书,英国政府拟通过精简原有负责高等教育和科研管理的附属机构,进一步突出学生作为高等教育消费者的核心地位并提高开展科研工作的管理效率。同年 6 月,BIS 分别发布了关于设立学生事务办公室(Office for Students, OfS)、英国科研创新署(UK Research & Innovation, UKRI)两个新的非政府公共机构的说明书,并提交英国议会讨论。③ 2017 年 4 月,英国议会通过以上述白皮书为主要内容的《高等教育与科研法》,获得皇家许可后颁布。学生事务办公室是由英格兰高等教育基金委员会和高等教育公平入学办公室(OFFA)合并而成。2018 年初,学生事务办公室正式取代高等教育基金委员

---

① 李振兴.英国研究理事会的治理模式研究[J].全球经济科技瞭望,2016(11):52—59.
② 张嵩.英国研究理事会管理模式[J].全球经济科技瞭望,2003(1):60—61.
③ 刘绪,胡小芃.英国学生事务办公室与科研创新办公室概览[J].世界教育信息,2017(5):20—22.

会成为英国新的拨款机构,全面负责各类高等院校的教学、科研、知识转化等拨款。英国科研创新署由原来的 7 个研究理事会、英国创新(Innovate UK)、英格兰研究(Research England)9 个委员会合并而成,作为英国统一的科研和创新管理机构,其核心职能是负责科研与创新资助。

三、英国高等教育的市场竞争机制

从我们对产品属性及其提供者的分析可以看出,高等教育的产品属性及其资源提供方随着社会的发展也出现了一定的转变。在福利国家制度下,英国政府为高等教育提供其发展所需的将近80%的资金,政府不仅为高等教育生产的公共产品提供资金,而且将一些私人物品和可付费物品作为福利物品提供给个人或社会团体。这种做法使高等院校形成了对政府公共资源的依赖,加重了政府的财政负担。

面对这些问题,再加上政府的财政危机,英国政府决定改变原来的做法,减少对高等教育的财政拨款,并在高等院校之间引入市场竞争机制,"政策制定者认为是市场化的竞争,而不是中央集权政府的控制,使得高等教育更加有效"[①]。然而,正如迪恩(M. Dean)所言,在公共机构(包括传统的欧洲高等教育系统在内)的许多领域中并不存在"天然的"市场力量,因此,政府为了引入市场机制就有必要来创造(或者扮演)市场力量。[②] 除此之外,高等教育中的市场并不是单一市场,而是有许多个市场并存,如消费者市场、人才市场、院校市场、技术市场和资金市场等,这就使得高等教育中的市场与一般意义上的市场有着相当大的差异。根据对完全竞争市场的界定[③]来看,高等教育中的市场并不属于"完全竞争市场",因而高等院校间的竞争并不是充分的市场竞争,而是在政府管理或调控下的竞争,即"在这种竞争中,政府保持着制定规则、控制交易的权威与责

[①] [英]玛丽·亨克尔,布瑞达·里特. 国家、高等教育与市场[M]. 谷贤林,等译. 北京:教育科学出版社,2005:29.

[②] [英]玛丽·亨克尔,布瑞达·里特. 国家、高等教育与市场[M]. 谷贤林,等译. 北京:教育科学出版社,2005:22.

[③] "完全竞争市场"具有三个特征:一是市场上有许多买者和许多卖者;二是各个卖者提供的物品大体上是相同的,每一个买者和卖者都是价格接受者;三是企业可以自由地进入或退出市场。由于高等教育的特殊性,其市场并不能完全满足这三个条件,因此,高等教育中的市场又被称为"准市场"或"内部市场"。

任……是一种管理与市场的结合"。① 市场取向的日益盛行反映了政府的这一信念,即在任何领域中,活动效率和效果直接取决于顾客选择范围的大小。如果组织能够进行企业化运作,譬如,愿意冒险和实施物质奖励,他们就会取得成功。因此,政府在高等教育中所起的作用和在其他领域中一样,"限于创造各种条件,使自由竞争能够繁荣发展。活动成果的取得主要取决于市场,而不是政府"。②本章主要探索英国政府如何通过改革教学和科研经费拨款制度,从而在高等院校之间引入市场竞争机制。

(一)教学经费拨款中竞争机制的运用

为了在高等院校之间引入市场竞争机制,1989年成立的大学基金委员会和之后的高等教育基金委员会,对教学拨款制度进行了多次改革,其改革的宗旨就是要通过教学拨款在高等院校之间加强资金和学生人数方面的竞争,以此来降低高等院校的生均成本,使其在政府投入不增加甚至减少的情况下,能够培养更多的学生。在教学经费拨款中建立竞争机制的尝试主要经历了以下五个阶段:

1. 招标制度(Bidding System)(1991—1992)

招投标制度是公共部门在引入竞争机制时最为常用的方式,即迫使组织为提供由公共部门承担费用的产品和服务而进行竞争。政府期望通过竞争使得提供该项产品或服务的成本降低,效率提高。竞争通常有两种情况:其一,公共部门与私人部门之间的竞争,最为常用的方法是"签约外包"或外购,其二,公共部门之间的竞争。在高等教育领域内运用竞争性招标方式时,一般采用的是高等教育内部的竞争,即在高等院校之间进行招标。大学基金委员会在1991年就采用了大学内部招标的手段来鼓励大学之间的竞争。招标的具体操作程序如下:

(1)确定指导价格。大学基金委员会将大学所有学科分为20个学科组③,规定各个学科组当年录取的学额数量,以及每个学科组学额的相应"指导价格"。指导价格的确定经过下述四个阶段:④(a)将英国各大学1987—1988年度上报的

---

① [美]罗伯特·B.登哈特.公共组织理论[M].3版.扶松茂,丁力,译.北京:中国人民大学出版社,2003:161.
② David Eliiott. Internationalizing British Higher Education: Policy Perspectives[A]. Peter Scott. The Globalization of Higher Education[C]. Buckingham:Open University Press,1998:35.
③ 学科组(academic subject group):大学基金委员会在确定招生人数分配时,将大学的各学科分为20个学科组.
④ 张瑞璠,王承绪.中外教育比较史纲(现代卷)[M].济南:山东教育出版社,1997:153.

校级经费总开支使用多重回归的方法分摊到37个系级开支中心,[①]再算出各开支中心每个全日制学生的开支;(b)每个全日制学生的开支中有部分是教学开支,其具体所占比例因学科而异,须根据专家意见确定;(c)各系级开支中心的生均教学开支根据通货膨胀率换算成1989—1990年度的价格;(d)再将37个系级开支中心的生均教学开支换算成20个学科组的生均教学开支,其中4个学科组出于确定指导价格的目的再行划分。

(2)邀请大学根据指导价格投标。大学基金委员会要求英国所有大学就各个学科组的学额进行投标。大学在投标时根据经济和竞争原则提出本校各学科的最高投标学额及相应报价。大学的报价越低,就越可能中标。

(3)评标及经费的分配。大学基金委员会根据各个大学投标的情况,对各个投标者进行评估。在评标过程中,不仅要考虑报价,而且还要考虑其他因素。英国效率小组在《市场检验的政府指南》一书中建议公共机构在考虑成本的同时,应做出四项评估:[②]一是能力评估,即投标者是否有能力(经验、资格和才能)提供服务?该公司为其他客户提供的服务如何?二是技术评估,即该投标是否"符合合同条款中规定的具体要求?"三是质量评估,即投标者能否按照特定质量标准提供服务?它是否具有相关质量认证?四是财政评估,即所有相关成本是否包括在内?低价是否现实?它是否考虑到合同期内将引起大量超支的所有因素?一般来说,大学基金委员会也是根据这几个方面对各个投标者的具体情况加以综合考虑,最后决定把学额以及相应的经费分配给最物有所值的投标者。

招标制度的采纳必然会使大学的总体拨款处于不稳定的状态,而且如果大学降低生均成本,也很可能会影响到大学培养学生的质量,因此,"各大学为了避免相互压价,对自身教学质量及利益造成损害,在投标时大都联合起来统一按指导价格报价,使得大学基金委员会很少收到低于指导价格的报价。"[③]这样一来,招标制度在实施了一年之后由于大学的联合抵制而宣布失败。

2. 基数加发展(Baseline plus Development)(1992—1993)

---

① 系级开支中心(departmental cost centres):大学基金委员会将大学分为37个系科组,称为开支中心,其目的是方便大学上报财务和人员方面的统计报表。
② [美]戴维·奥斯本,等.政府改革手册:战略与工具[M].谭功荣,译.北京:中国人民大学出版社,2004:180.
③ 张瑞璠,王承绪.中外教育比较史纲(现代卷)[M].济南:山东教育出版社,1997:155.

由于招标制度在实际操作中的失败,大学基金委员会又采用了另外一项教学拨款制度,即基数加发展。基数是指大学基金委员会根据大学上年招生的国家资助生人数的数额而确定的每所大学招生的人数。在招生基数之外,设立一定的发展学额,供各大学竞争,1992—1993 学年度大学的竞争性学额总数为 1.8 万名,其中本科生为 1.7 万名,研究生为 1 000 名。①

发展学额的分配依据有二:②一是学费生比例。如果一所大学在某一学科中招收的学费生比例超过该学科的平均水平,就有资格参加该学科发展学额的竞争。并且,大学招收的学费生在其招生总人数中的比例越高,其所获得的发展学额也越多。二是绝对招生数。在其他条件相等的情况下,大学在某一学科的绝对招生数越多,其所获得的发展学额也越多。1992—1993 年度英格兰各大学招生基数拨款总额约为 10.5 亿英镑,发展学额拨款总额为 0.19 亿英镑。③ 虽然发展学额拨款在总拨款中所占的比例非常小,但是对于单个院校或学科而言,由此所获得的资金并不是一笔小数目。此外,大学基金委员会要对各所大学的教学质量进行监督,如果大学达不到委员会要求的质量,大学基金委员会就会取消大学所获得的发展学额。

基数加发展的拨款方法是在吸收了招标制度失败的教训之后采用的一种新的拨款方法,这种方法的优点是在高等教育领域里面引入有限竞争机制,这一方面可以确保大学有固定的教学经费来维持日常的教学工作,保证教学质量;另一方面,又留出一部分资金供大学竞争,从而使得大学为了争取更多的教学经费,不得不与其他大学进行竞争。这一竞争压力,迫使大学自身产生提高效率和质量的动机。

3. 核心加边际(Core plus Margin)(1993—1998)

1991 年英国政府在高等教育白皮书《高等教育的框架》中指出:"资金成本有效利用的关键在于加强在资金方面和学生方面的竞争。这种竞争,可以通过打破大学与多科技术学院和其他学院之间越来越大的人为的障碍,达到预期目的。而目前对大学、多科技术学院和其他学院的教学经费采取不同渠道的拨款

---

① UFC. Recurrent Grant and Student Numbers for Academic year 1992—1993[R]. Circular 4/92.
② 张瑞璠,王承绪. 中外教育比较史纲(现代卷)[M]. 济南:山东教育出版社,1997:156.
③ UFC. Recurrent Grant and Student Numbers for Academic year 1992—1993[R]. Circular 4/92. Table1.

方式,将妨碍高等教育的进一步发展。"①因此,建议对大学、多科技术学院和其他学院的教学经费采取统一拨款,这样将使所有高等院校在平等的基础上对资金和生源展开竞争。自1993年以来,由新成立的高等教育基金委员会负责对大学和多科技术学院与其他学院的教学经常费进行拨款。所采用的拨款方式是核心加边际,其出发点与基数加发展拨款方式基本相同。

核心加边际的拨款方式将教学经常费的拨款分为两个部分,即核心部分和边际部分。在确定各高校核心拨款和边际拨款的数额时,主要依据各高校的国家生均拨款(average unit of council funding),将高校拨款机构的教学拨款总额除以前一年本国和欧共体学生的注册人数,所得的数额即是国家生均拨款。②核心拨款是根据高校上一年的学生人数来确定的,但边际拨款取决于高校以较低的生均成本录取额外学生的数量。在计算国家生均拨款时所使用的"注册人数",既包括通过核心拨款而招收的学生人数,也包括通过边际拨款而招收的学生人数。这样一来,由于边际费用低于国家生均费用,因此通过上述方式来计算的高校的国家生均拨款数额便一年年地往下降,从而使得高校所获得的核心拨款数额每年都会有一定幅度的减少,但是学生人数并没有减少,从而导致生均成本下降。而高等院校想要获得更多的经费,就必须招收更多的学生,这样学生数量就会迅速增加。

1994—1995年度教学经费中的核心拨款大约有16.04亿英镑,另外还有0.66亿英镑用于边际拨款。③需要注意的是,边际拨款部分的学额类型并不是由高校自己确定的,而是由高等教育基金委员会根据国家发展的需要来确定,并且这一部分的款项必须专款专用。下面我们以1994—1995学年为例,来看一下当年所拨发的边际拨款的用途:④700万英镑用于招收部分时间制的学生,并且对招收科学和工程技术学科的学生赋予25%的权重;200万英镑用于鼓励高校进一步发展两年制的副学位(sub-degree)课程;300万英镑用于满足中等初级教师培训所增加的花费;留出1 800万英镑用于高等院校的特别提案,如对学生特殊教育需求的支持等;最后剩下的3 600万英镑作为非固定拨款,依据1994—

---

① 吕达,等.当代外国教育改革著名文献(英国卷·第二册)[M].北京:人民教育出版社,2004:8—9.
② 张瑞璠,王承绪.中外教育比较史纲(现代卷)[M].济南:山东教育出版社,1997:158.
③ HEFCE. Funding for 1994—1995:Council Decisions[R]. Circular C2/94.
④ HEFCE. Funding for 1994—1995:Council Decisions[R]. Circular C2/94.

1995年所获得的教学核心拨款按比例分配给高等院校。

与基数加发展的拨款方式相比,核心加边际拨款使得高校间的竞争更进一步加剧,并且通过边际部分的生均拨款数额的降低,带动国家生均拨款数额的整体下降,从而提高高校教学经费的使用效率。

4. 标准价格加部分学额投标(Standard Price plus Bidding for Additional Student Numbers)(1999—2012)

在核心加边际这一拨款方式运行了几年之后,高等教育基金委员会对这一拨款方式的运用效果进行了广泛调查,并得出如下结论:核心加边际的拨款方式既有优点又有缺点,优点是资金拨款的稳定性可以使高等院校从中受益,缺点是在不同院校的相同教学活动中采用各种各样的拨款水平会对学生的学习经历产生影响。[①] 因此,从1996年开始酝酿采用新的拨款方式来替代原有的拨款方式。这一新的拨款方法从1999年开始正式执行。

新的拨款方法的主要特征有:[②]第一,公开性,拨款所依据的数据将是可审核的和尽可能公开的数据。第二,可预测性,拨款方法及其参数将是可以预测的,因此,高等院校知道采取何种决策,以及环境中发生的哪些变化将会影响它的拨款数额。第三,灵活性,拨款方法足够灵活以至于能尽快对外部的政策变化做出反应,尤其是对基金委员会的政策发展做出积极响应。第四,公正性,对于高等院校之间拨款数额的差异将会给出令人满意的、合理的理由。第五,有效性,拨款方法在与上述原则保持一致的前提下,尽可能地减少给高等院校带来的负担。

新的拨款方式主要依据两个原则:第一,相同或相似的教学活动应该获得大致相同的教学经费;第二,高等院校应为额外的学生人数投标。[③] 这一投标建立在质量、学生与雇主需求以及国家与地区需要的基础上。因此,这种新的拨款方法被称为标准价格与部分学额投标。该方法在保证高校教学经常性费用的同时,引入了更多的竞争成分,使高校通过提升自身的教学质量和满足消费者需求的方式获得更多的教学经费。

---

① HEFCE. Funding Method for Teaching[R]. Consultation Paper CP 1/96.
② HEFCE. Funding Method for Teaching[R]. Consultation Paper CP 1/96.
③ HEFCE. Funding Method for Teaching from 1998—99[R]. Circular 21/96.

(1)标准价格的设定。鉴于以前各个高校相同学科的生均成本不同,从而带来学生学习效果的差异,高等教育基金委员会在新的教学拨款方法中,提出相同或相似的教学活动应该获得大致相同的教学经费。根据教学活动的相似性及其所花费用将所有学科分为四个价格等级,即:临床学科,实验科学、工程和技术学科,艺术和部分实验学科等其他高成本的学科,以课堂教学为主的学科。每一个等级都会设定标准价格。要确定每一类学科的标准价格,必须先计算标准资源,这主要由当年用于教学拨款的资源总量、全部大学生人数、学科设置和学校情况等几个方面的因素决定。其中大学生人数为全日制普通学生数,非全日制学生通过一定比例折算为全日制学生数。此外,还应该把学校的特殊情况需要的额外补助考虑在内,主要包括:高等学校所处地区的物价情况和交通情况、规模比较小的学校、专门学校以及拥有古老建筑的学校等。在进行计算时,要把以上因素全部考虑进去,按不同比例折算为全日制学生数,最后形成加权全日制学生数,将当年国家用于教学的资源,除以全国加权全日制学生数,得到的数值即是教学拨款基准价。① 当前英国每一个加权全日制学生的教学拨款基准价为2 600英镑,②高等教育基金委员会根据四个不同价格等级的生均成本,为每一个价格等级设定权重系数,将教学拨款基准价乘以权重系数,从而得出每个价格等级的标准价格。具体情况如表4—1所示:

表4—1　　　　　　　教学拨款的价格等级及其价格③

价格等级	学科范围	权重系数	费用(英镑)
A	临床学科	4.5	11 700
B	实验科学、工程和技术学科	2.0	5 200
C	艺术和部分实验学科等其他高成本的学科	1.5	3 900
D	以课堂教学为主的学科	1.0	2 600

(2)招标活动的具体运作。额外学生人数的招标活动需要遵循三个原则:第一,注意市场变化。投标的范围与标准应允许院校创新并对市场变化做出回应;第二,透明度,招标过程应该是公开的,并且要有明确的标准;第三,稳定性,鉴于

---

① 范文曜,等.国际视角下的高等教育质量评估与财政拨款[M].北京:教育科学出版社,2004:104.
② HEFCE. Funding Method for Teaching from 1998—99: Additional Decisions[R]. Circular 10/97.
③ HEFCE. Funding Method for Teaching from 1998—99: Additional Decisions[R]. Circular 10/97.

以前招标项目经常发生变化,此次招标的总体范围和标准三年以内不会发生显著变化,每年的招标都将在这个框架内举行。[①] 高等院校既可以单独投标,也可以由几个不同院校联合投标。高等教育基金委员会设置六个评审小组对英国的高等院校进行审核,其中一个小组评审专门学院,一个评审继续教育学院,其他四个评审所有其他高等院校。评审小组由以下几类人员组成:与评审相关的院校中的资深教师、对高等教育感兴趣的外行人员、专门审核员以及委员会邀请的院校代表机构的成员。[②] 高等院校将基于以下五个方面对额外的学生人数进行投标:质量、学生要求、国家政策、地方需要和从某种程度上反映上述四个方面需要的院校使命和战略。高等院校在投标中需要提供以下信息:高等院校的教学质量、学生需求、院校的使命和战略、院校自身对于此项投标所做的投资(如提供与额外招收的学生人数相一致的基础设施等)。此次投标与以前的投标不同,以前竞争额外学额时,主要考虑价格,此次由于标准价格的存在,使得价格不再是投标活动所要考虑的因素,因而使教学质量以及是否能够满足顾客的需求变得越来越重要。

5.高成本学科拨款加定向拨款(2012—)

高等教育基金委员会的教学拨款方法自1998—1999学年开始在总体框架上一直保持稳定。由于英国学费制度的变革以及其他外部环境的变化,致使拨款参数不断增加,拨款模型也变得越来越复杂。因此,从2009—2010学年开始,高等教育基金委员会用了四年时间探索新的拨款方法[③],并在2012—2013学年正式实施新的拨款方法。[④] 虽然2018年高等教育基金委员会与高等教育公平入学办公室合并成为学生事务办公室,但教学拨款继续沿用之前的方法。[⑤]

2012年,英国政府的公共支出以学费贷款的形式转移支付给高校,因此,学费收入占院校经费来源的比重大幅增加,高等教育基金委员会的教学拨款也大

---

① HEFCE. Funding Method for Teaching 1998—1999:Allocation of Additional Student Numbers[R]. Consultation Paper CP 2/97.

② HEFCE. Funding Method for Teaching[R]. Consultation Paper CP 1/96.

③ 任文隆,李国俊.英国高等教育拨款委员会拨款方法详解及启示[J].清华大学教育研究,2014(1):56—62.

④ 如无特殊说明,本部分关于教学拨款的内容主要来自 HEFCE 的报告 Guide to Funding 2017—18:How HEFCE Allocates its Funds. 下文不再一一标注。

⑤ Office for Students. Teaching Funding in the Period from April 2018 to July 2019[EB/OL].(2018—04—15)[2020—06—20]. https://www.officeforstudents.org.uk.

幅减少。2017—2018 学年的教学拨款仅为 13.2 亿英镑[1]，与 2010—2011 学年的 47.19 亿英镑拨款相比，减少近 34 亿英镑。[2] 由于新的拨款方法与之前有较大改变，因此，高等教育基金委员会将 2012—2013 学年至 2014—2015 学年设为过渡期，在新旧政策下的学生分别遵从不同的学费和拨款方法安排。

英国高等教育基金委员会在《2015—2020 年发展规划：为世界领先的高等教育体系创造维持条件》中提出：创建世界一流的高等教育体系，并借此改变生活、增强经济和促进社会富裕。通过不断提高国内学生高等教育成本分担的比例，学费收入已经基本能够覆盖高校的基本教学成本，因此，英国在 2012 年之后的主体教学拨款只资助高成本学科中超出学费的部分。除此之外，还有一部分经费用于定向拨款。2017—2018 学年，英国高成本学科教学拨款为 6.52 亿英镑，定向拨款为 6.08 亿英镑，除此之外，还有国家合作推广项目拨款为 0.6 亿英镑。

(1) 高成本学科教学拨款

首先，根据不同学科的成本高低将其分为五个价格小组（Price Groups），分别为 A 组、B 组、C1 组、C2 组和 D 组。高等教育基金委员会仅对 A 组、B 组和 C1 组提供教学拨款。详见表 4—2。

表 4—2　　2017—2018 学年各价格组每名全日制同等学生（FTE）的高成本学科教学拨款额度（未结合调节系数）

价格组	学　科	拨款额度（英镑）
A 组	医学、牙科和兽医学的临床学习	10 000
B 组	以实验室为基础的科学、工程和技术学科，以及助产学和某些其他医疗专业相关的预注册课程	1 500
C1 组	中成本学科如考古学；设计和创意艺术；信息技术、系统科学与计算机软件工程；媒体研究；护理的预注册课程	250
C2 组	其他基于实验室、工作室或野外工作的中成本学科，如地理、数学、语言或心理学。本价格组还包括课堂教学与工作实践相结合的课程	0
D 组	基于课堂的学科，如人类学、商业或社会科学	0

---

[1] HEFCE. Guide to Funding 2017—18：How HEFCE Allocates its Funds[R]. 2017—04—01.
[2] 张红峰. 英国高等教育基金委员会拨款方法的变迁研究[M]. 中国高教研究，2017(5)：62—67.

一所高校的高成本学科教学拨款主要通过如下三个数据进行计算：一是不同学科价格组中的学生数，包括来自英国和欧盟国家的学生。[①] 学生数据的来源主要有两个途径：第一，高等教育学生早期统计调查，每年12月份由高校提供当年的学生数据；第二，英国高等教育统计署的个性化学生数据记录。二是不同价格组学生的拨款额度，详见表4—2。三是调节系数（scaling factor），主要是用来确保总体拨款额度与高等教育基金会能够提供的经费总额一致。

（2）定向拨款

定向拨款主要针对某类特殊人群或项目下拨的教学经费，主要资助范围如下：残疾学生项目、招收存在退学风险的学生的机构、课程硕士（不包括基于课堂的学科）、在伦敦上学的学生、参加海外高校交换项目的学生、STEM学科的学生、具有世界一流教学水平的专业机构、对从事医学或牙医的教师进行额外的补助等。详见表4—3。

表4—3　　　　2017—2018学年英国高等院校定向拨款经费

序号	类　　别	经费（单位：百万英镑）
1	支持全日制学生学习成功的额外经费	195
2	支持非全日制学生学习成功的额外经费	72
3	残疾学生补助	40
4	课程硕士研究生教育补助	47
5	强化型课程硕士	35
6	全日制本科速成课程	2
7	在伦敦上学的学生补助	65
8	参加伊拉斯谟＋项目和海外学习课程	29
9	成本非常高的STEM学科	24
10	具有世界一流教学水平的专业机构	57
11	对从事医学或牙医的教师的额外补助，包括临床咨询费用等	23
13	护理及相关健康学科的补助	6

---

① 2020年1月31日，英国正式脱离欧盟。随后进入11个月的过渡期，12月24日，英国与欧盟达成了一系列公平、平衡的协议，保障双方利益。关于欧盟学生的教学拨款、学费等安排可能会进行调整。

新的教学拨款体系具有如下特征:一是透明性。拨款方法清晰,并向公众公开。拨款所依据的数据都是可查证和可公开的。二是可预测性。拨款方法及其参数是可预测的,这样高校就能知道它可能会做出怎样的决定,以及它的变化情况,可能会影响其资金。三是公平性。拨款方法对任何一所高等院校都是公平的,高等院校获得拨款额度的不同应该是基于合理的原因。四是高效率。在满足问责需要的情况下,教学拨款方法会尽可能少地为高校带来负担。五是灵活性。教学拨款方法应该足够灵活,以应对外部政策变化。

6. 结语

纵览上述几种教学拨款方法,可以看出英国在高等院校教学拨款中引入市场竞争机制经历了一个不断完善的过程,同时,这个过程也是基金委员会与高等院校之间产生冲突与相互妥协的过程。任何改革都会涉及利益的调整。竞争机制的引入使得高校获得经费不再是件容易的事情,因此也触动了高等院校的利益,于是在改革初期受到了高校的集体抵制。但这同时也说明,大学基金委员会所采用的极端市场化的措施即招标制度时,没有充分考虑到大学自身的情况。在招标制度失败之后,大学拨款委员会以及取代它的高等教育基金委员会所采用的拨款方式吸取了这一教训。虽然之后采用的三种拨款方式名称不同,但从本质上来讲是相似的,都是在保证高等院校有一部分固定拨款的基础上,再拿出一部分经费用于各个院校之间的竞争,以此降低生均经费,提高高校的办学效率。2012年之后,英国高等教育学费制度进行了重大改革,在学费收入已经能够覆盖高校的基本教学成本后,英国高等教育基金委员会的教学拨款主要实现绩效引导,将主体教学拨款主要用于高成本学科。

(二)科研经费拨款中竞争机制的运用

英国科研拨款一直沿用的是20世纪60年代确立的双重资助制度,大学科研经费有两个来源:一是政府通过大学拨款机构下拨的学校经常费拨款中的科研拨款;二是国家各大研究基金会或委员会提供的科研项目拨款。前者为大学科研提供常规经费,例如,实验室、实验设备以及学术人员的薪金等;后者为专门科研项目提供补助,按竞争原则分配给所有大学。由于专门科研项目经费的分配本身就是按竞争原则来进行的,因此,20世纪80年代以来科研经费拨款中竞争机制的构建主要是指通过大学拨款机构所拨发的科研经常费。自1986年以来,科研拨款中的竞争性不断增强,有关科研拨款的法规、报告等都将竞争性作为科研拨款方法的主要特征或者是必须遵循的原则之一,例如,1991年《高等教育的框架》提出高等教育科研拨款新结构的四个原则是多元性、竞争性、选择性和责任性。① 1998年所采用的新拨款方法的主要特征有:竞争性、多样性、稳定性和连续性、有远见和灵活性、透明性和可使用性。② 为了在科研拨款中引入竞争机制,英国高等教育基金委员会先后采用了两种方式,即评定性科研拨款和科研质量拨款。

1. 评定性科研拨款

20世纪80年代中期以前,科研经常费一般是通过高校的总项拨款一起下发到高等院校的,高等院校之间并不存在竞争。但在1986—1987学年,为了改变大学在研究投入中的任意性,加强科学研究的选择性和竞争性,使大学研究更加符合国家的需要,大学拨款委员会将教学与科研分开进行拨款,除了科研人头费(按照学生人数和教师人数而拨发的科研资金,以确保高等院校的基本科研活动)、直接科研拨款和科研合同附加拨款之外,还引入了一种竞争性的拨款方式,也即评定性科研拨款。自1986年以来,英国每隔四到六年都会对大学进行科研评估,并根据大学评估所得的等级来拨发科研经费。1986年所进行的评估是由大学拨款委员会中的各学科委员会进行的,各个委员会的评定等级不一,有的是1~5级计分,有的是0~4级计分,还有的是1~4级计分。但是不管哪种计分方法,评定等级越高,高校所得的评定性科研拨款就越多,如果高等院校某学科被评定为最低的一个等级,将得不到任何科研拨款。这就迫使高等院校为了得到更多的科研经费而提高本校各个学科的科研质量,而科研质量的提高又有赖于科研人员的水平,因此,高校必须为吸引高水平的科研人员进行竞争。1989年之前,评定性科研拨款与学校科研人头费的比例基本上保持在1∶1左右。大学基金委员会成立之后,进一步加强高等院校在科研经费方面的竞争,因此逐年增加评定性科研拨款在高等院校科研拨款中所占的比例,到1994—1995学年评定性科研拨款与学校科研人头费的比例达到2∶1。③

---

① 吕达,等. 当代外国教育改革著名文献(英国卷·第二册)[M]. 北京:人民教育出版社,2004:13.
② HEFCE. Funding Method for Research[R]. Consultation Paper CP 2/96.
③ 张瑞璠,王承绪. 中外教育比较史纲(现代卷)[M]. 济南:山东教育出版社,1997:170.

2.科研质量拨款及其改进

1992年高等教育基金委员会成立之后,对科研拨款的组成进行改革,由原来的四个部分拨款改变为三个部分,即科研质量拨款(QR)、普通科研拨款(GR)和科研发展拨款(DevR)。① 科研质量拨款所依据的标准包括高等院校的科研质量和高等院校的科研工作量。前者是对评定性科研拨款的完善,也是根据科研评估等级来决定高等院校所能获取的科研经费;后者则是将科研人头费的计算方式加以改进,通过加权计算得出高等院校的科研工作量。

1992年科研评估将所有学科划分为72个学科评定单位,经费拨款将据此相应分为72个经费分配单位,对所有学科评定单位的科研评估都采用5级计分制,1级最低,5级最高(具体每级所达到的标准在第四章的科研评估中有详细阐述),如果高等院校的某个学科获得了最低等级也即1级,将不能得到任何科研质量拨款。科研工作量的标准与计算方法如下:(a)在编科研人员数,权重为1;(b)科研助手人数,权重为0.1;(c)研究生人数,权重为0.15;(d)来自慈善机构的科研收入,权重为0.05。② 最终的科研质量拨款公式为:(在编科研人员数×1+科研助手人数×0.1+研究生人数×0.15+来自慈善机构的科研收入×0.05)×学科拨款等级数=大学某一经费分配单位的科研质量拨款分。

由科研质量拨款的计算方法可以看出,它是将前述拨款方式中的科研人头费与科研质量等级完全结合起来,由此更进一步增加了科研经费拨款的竞争性和选择性。在科研工作量一定的情况下,科研等级越高,所获得的科研拨款就越多。与1992年以前的科研拨款方式相比,这种方式基本上取消了高等教育基金委员会对大学科研的固定拨款,政府将大约95%的资金通过科研质量拨款有选择地拨付给各高等院校。③

科研质量拨款在每次科研评估之后都会做一定的调整,从而对科研质量拨款进行进一步的改进和完善。

(1)1998年科研质量拨款方式

---

① 主要是针对多科技学院和其他学院而设立的拨款类型,其目的在于打破原大学系统对国家科研拨款的垄断,扶持一些由多科技学院转变而来的新大学中有发展前景的科研活动。这种拨款也是竞争性的,只有参加过1992年的科研评估,并且评定等级在2级以上的高校才有可能获得此类拨款。
② 张瑞璠,王承绪.中外教育比较史纲(现代卷)[M].济南:山东教育出版社,1997:172.
③ HEFCE. Funding Method for Research[R]. Consultation Paper CP 2/96.

在1996年科研评估的基础上，高等教育基金委员会于1998年对上述拨款方式进行了进一步的改进和完善，其改进主要表现在以下两个方面：

第一，评定单位与科研评定等级的改变。根据1996年科研评估的规定，学科评定单位由原来的72个缩减到69个，并且将这69个评定单位分为三类：A类，高成本的实验或临床学科；B类，中等成本的技术、实验或实践学科；C类，其他学科。每一类都被赋予一定的权重：A类，1.7；B类，1.3；C类，1.0。每一类内部各学科的科研拨款数额上下浮动不超过20%。[①]

科研评定等级由原来的五级计分制改变为现在的7级计分制（每个等级的具体标准详见第四章科研评估部分），评定等级的划分越来越细。在1996年科研评估中所获级别为1级或2级的学科将得不到科研质量拨款。在3b到5这四个等级之间，每增加一个等级，其权重系数会比前一级增加50%，在科研评估活动中评定等级为5*的学科，将会比5等级增加20%。这样就得到如表4—4中所示的科研拨款权重系数。

第二，科研工作量权重的变化。科研工作量的权重前三项与之前拨款方式保持一致，但是来自慈善机构收入的权重将有所增加，从0.2增加到0.25。[②] 由此可以得出科研质量拨款的计算公式为：(在编科研人员数×1+科研助手人数×0.1+研究生人数×0.15+来自慈善机构的科研收入×0.2)×学科质量等级相对应的拨款权重系数×学科类别费用权重系数＝大学某一经费分配单位的科研质量拨款分。

(2) 2002年科研质量拨款方式

高等教育基金委员会于2002年又对科研拨款方式进行了小范围的调整。首先，学科类别的费用权重系数进行调整，A类学科的费用权重系数由原来的1.7降为当前的1.6，B类和C类没有变化。其次，科研拨款的选择性和竞争性大大提高，在2001年科研质量评估中处于1、2、3b等级的学科将得不到科研质量拨款。[③] 此外，拨款权重系数也进行了调整，具体情况如表4—4所示：

[①] HEFCE. Funding Method for Research[R]. Consultation Paper CP 2/96.
[②] HEFCE. Funding Method for Research from 1997—98[R]. Circular 4/97.
[③] HEFCE. Funding Higher Education in England：HEFCE Guide[R]. 2002.

表 4—4　　　　　1998 年和 2002 年科研评估等级与拨款权重对照表[①]

科研评估等级	1998 年拨款权重系数	2002 年拨款权重系数
1	0	0
2	0	0
3b	1.0	0
3a	1.5	0.305
4	2.25	1.000
5	3.375	1.890
5*	4.05	2.707

2002 年英国高等教育司司长霍奇(Margaret Hodge)提出警告,即使目前研究属于英国国内佼佼者的大学系所,在未来几年内也可能失去其经费补助。霍奇在国会下院教育委员会报告时说,英国政府希望大学在追求全球卓越时,对研究经费能做到集中有效的运用,并努力完成其个别的使命。他说,即使在大学研究成绩评估中得到第四级(四颗星,也即 3a 等级)的系所,除非能证明有逐年进步,否则就会遭到研究经费被删减的命运。……霍奇指出,目前在评估为五颗星系所服务的研究人员约占 55%,而 75% 的研究经费拨给了 25% 的大学,政府将在 2008 年以前引进新政策,会进一步将研究经费集中运用。[②] 如果照此发展下去,将会进一步加剧英国高等院校在科研经费方面的竞争,同时也会使更多的院校被排除在获得科研质量拨款的名单之外。

(3)2014 年科研质量拨款方式

2014 年,英国的科研评估方式进行了重大调整,将科研水平评估转变为科研卓越框架。科研卓越框架继续实行与 2008 年相同的 5 级计分制。根据最终评估等级对高校进行科研质量拨款。由于 2021 年的科研评估结果 2022 年才能公布,因此,在 2022 年之前,英国高校的主流科研质量拨款中一直使用的是 2014 年评定的科研评估等级。因此,在 2014—2021 年间,各所高等院校获得的主流科研质量拨款经费基本一致。本书以 2017—2018 学年为例对科研质量拨

---

① HEFCE. Funding Method for Research from 1997－98[R]. Circular 4/97; HEFCE. Funding Higher Education in England: HEFCE Guide[R]. 2002.

② 黄蘦. 英大学研究经费筹措面临危机[J]. 英国文教辑要,2003(44):3.

款方式进行阐述。①

由高等教育基金委员会负责下拨的科研质量拨款除了根据科研评估等级确定的主流科研质量拨款之外,还有其他4类根据不同类型的高等教育质量进行的科研质量拨款,分别是:第一类,学术型研究项目科研质量拨款,该拨款主要由获得主流科研质量拨款的学院或学系的学术型研究生数量、学生学习的学科的相对成本、质量以及伦敦系数决定的。第二类,慈善支持科研质量拨款,很多慈善机构出资支持高校研究,这一点在医学中尤为显著。但是这些资金并不能全面覆盖研究所需的花费。高等教育基金委员会根据高等学校从慈善机构中获得的研究收入按比例向他们提供额外拨款。第三类,企业研究科研质量拨款。高等教育基金委员会也资助高校与工商业合作研究,根据高校从企业获得的研究资金按比例提供科研质量拨款。第四类,国家研究图书馆科研质量拨款。这是一项针对5家研究图书馆的科研质量拨款。

表4—5　　　　　　　　2017—2018学年经常性科研质量拨款情况②

类　　别	拨款额度(百万英镑)
主流科研质量拨款	1 087
学术型研究项目科研质量拨款	240
慈善支持科研质量拨款	198
商业研究科研质量拨款	64
国家研究图书馆科研质量拨款	7

主流科研质量拨款是科研质量经常费拨款的重要组成部分,在2017—2018学年占比68%。主流科研质量拨款主要考虑以下四个因素:一是研究人员规模,基于高校在科研卓越框架中提交的活跃的研究人员数量;二是学科成本权重,由于基于实验室的研究比基于图书馆的研究所支出的成本要高,因此,高等教育基金委员会对各类学科赋予不同的学科成本权重——高成本实验室和临床医学类权重为1.6,中等成本学科类权重为1.3,其他学科类权重为1;三是研究

---

① HEFCE. Guide to Funding 2017—2018:How HEFCE Allocates its Funds[R]. 2017—04—01.
② 2017—2018年英国高等教育科研质量经常费总额为15.95亿英镑,但由于四舍五入误差,各部分科研质量拨款加总后为15.96亿英镑。详见原文:HEFCE. Guide to Funding 2017—18:How HEFCE Allocates its Funds[R]. 2017　04—01.

质量,由科研卓越框架对高校的科研评估单元进行评定。2014年的科研评估等级为5级计分,每个评估单元只有得到最高的两个等级(4*,3*)才可以获得科研质量拨款,其中4*等级学科的权重为4,3*等级学科的权重为1。四是伦敦权重,在伦敦的高等教育机构为12%,在伦敦外的高等教育机构为8%。

3.结语

通过对英国高等教育科研拨款中引入竞争机制发展历程的回顾以及现行科研拨款机制的分析,可以看出,英国政府为了在全球化时代提高其国际竞争力,越来越要求高等教育为国家的经济发展服务。物有所值,也即将有限的科研经费用在能够出高水平的科研成果的院校是科研拨款机制改革的核心思想之一,这也是能够获得科研质量拨款的评估等级不断升高的原因所在。然而,科研质量拨款的过度集中与过分竞争可能会损害英国的教学与科研水平。众所周知,自1810年柏林大学成立以来,教学与科研成为大学的两项重要职能,两者相互联系,相辅相成,在知识发展越来越快的今天,如果教师不进行研究,不能把握学科发展的前沿,教师的教学能力与水平可能受到影响。越来越集中、竞争性越来越强的科研拨款方式,引起了学者们的强烈反对,英国16个学术团体在给高等教育司司长的公开信中提到,若把在"研究评估"中获得4分和4分以下的系所排除在研究补助的名单之外,会使英国流失重要的研究。"研究评估"获得4分的系所是英国重要的研究基石,历史告诉我们,想要预测哪些学科或研究领域在未来会有最佳的收益是不可能的。如果现在因为他们不是世界级的系所,就不投资他们,那么我们将会冒着有朝一日某些研究成为新兴科技的风险。[①]

(三)市场竞争主体的多元化与市场准入制度改革

高等教育市场准入是指政府准许高等教育机构进入和参与本国高等教育市场的范围和程度。20世纪80年代以来,英国在高等教育领域引入市场化改革,但初期的市场竞争主体主要是公立大学,后来随着私立高等教育机构的不断增加,市场竞争主体不断多元化,高等教育的市场准入问题愈发突出,2017年,《高等教育与科研法案》制定了新的高等教育市场准入制度,使所有高等教育机构能够进行公平竞争。

1.英国高等教育市场竞争主体的日益多元化

---

① 詹盛如.知名学术团体反对研究经费集中[J].英国文教辑要,2003(51):3.

在福利国家制度下,英国的高等教育机构主要由政府资助[①],1976年创建的白金汉大学是当时英国唯一非营利性的私立独立大学。公立大学是英国高等教育机构中最重要的办学主体。随着高等教育大众化的发展,英国高等教育市场竞争主体日趋多元化。为缓解规模扩张带来的公共高等教育设施和经费紧张,21世纪以来,英国政府鼓励非公共资金进入高等教育领域,开始出现大量既不是公立同时也不接受公共资金资助的"另类高等教育机构"(alternative providers),也即私立高校。政府希望的是这样的一个高等教育领域,其目的、作用和运作由市场驱动和定义。教育提供者的竞争和消费者的选择理应带来效率和创新的提升。政府希望教育私有化以刺激更多的竞争和创新,为学生提供更多选择,带来更高的性价比。[②]

私立高等教育机构在英国并没有统一的称谓,常见名称包括"选择性"(alternative)、"挑战者"(challenger)、"私立"(private)、"独立"(independent)和"非传统"(non-traditional)等。除了私立高等教育机构外,继续教育学院也逐渐介入高等教育,主要从事证书课程和职业教育课程培训工作。截至2019年初,英格兰地区有257所继续教育学院,其中204所开设了本科和研究生教育课程,但只有7所具备基础学位授权资格,2所具备课程学位授权资格。[③]

英国的私立高校在使命、所属权、规模、学科领域、学生情况、收费标准和毕业标准上非常多元化。私立高校主要分成四类:有权授予学位的院校(获得认证);可以为英国和欧盟的学生提供政府资助资格的院校(通过专项课程指定);可以和获得认证的院校合作授予学位的院校(注册登记过的院校);提供非英国学位的海外院校,这些学校几乎没有什么知名度。私立院校也可以提供私营公司(例如Pearson和EdExcel)认证的职业教育副学位项目。最大一类是注册登记过的院校,其中大部分规模较小,营利和非营利性的都有,他们提供职业教育项目,例如商业、创意艺术和设计、法律、会计或者信息技术等方面的课程。[④]据

---

① 关于英国高等教育机构的性质,参见:喻恺. 模糊的英国大学性质:公立还是私立[J]. 教育发展研究,2008(13-14):88-99. 本书从高等教育资金来源判定大学的性质,由政府资助的高等教育机构为公立,由私人资助的高等教育机构为私立。
② Claire Callender. 英国的"新型"私立高等教育[J]. 国际高等教育,2016(4):116-118.
③ 许明,黄孔雀. 英国高校学位授权审核制度改革:背景、举措与特征[J]. 研究生教育研究,2021(2):82-89.
④ Steve Woodfield. 英国的私立高等教育:迷思和现实[J]. 国际高等教育,2014(3):97-99.

统计,2011年英国私立高等教育机构数量为674家,2017年增至813家。① 其中只有115家有资格接受申请公共学费贷款的学生。② 英国政府对私立院校数量的增长持欢迎和支持态度。正如2010年英国商务、创新与技能部大学部部长威利茨(David Willetts)在接受美国高等教育年刊的一次采访时所明确表示的：政府欢迎私立院校在提供高等教育中发挥更大的作用。如果有一些能够满足质量标准的院校,能够通过所有严格的学位授予权审查的要求,我想他们就很有理由成为正式的高等教育机构。③

2. 英国高等教育市场准入制度改革的主要举措

随着私立高等院校规模不断扩张,其在人才培养中所起的作用越来越大,逐渐引起了英国高等教育管理部门的注意。2010年3月,英国大学联合会提交了一份研究报告《私立和营利院校在英国的发展》,2011年,英国政府发布《高等教育:以学生为中心的体系》白皮书,对私立院校的管理问题进行探讨,并提出相关的政策建议。首先,政府认可私立和营利院校做出的贡献,认为私立院校扩大了高等教育产品种类,给予了学生更多选择,满足了社会的多元化需求。其次,审视改革现有管理制度,为私立院校和公立院校创建公平竞争的环境。如在学位授予、学生贷款资助额度等方面给予私立院校支持。2015年7月,英国政府出台《修正基础：创造一个更繁荣的国家》文件,提出要使新型高等教育机构与既有机构在同一层面进行公平竞争,同时也将探索优质的新高等教育机构独立授予学位的有效路径。2016年5月,在征集和回应社会各界的意见后,英国商业、创新和技能部公布了《高等教育与研究法案(草案)》等文件,2017年4月,《高等教育与研究法案(草案)》获得上议院通过,英国新的高等教育机构市场准入制度正式生效。

其一,建立基于风险监管的市场准入注册制度。

由英格兰高等教育基金委员会和高等教育公平入学办公室合并而成的学生事务办公室作为代表政府的唯一高等教育市场监管机构。该办公室将英国所有高等教育机构纳入同一平台进行统一管理。

---

① 许明,黄孔雀.英国高校学位授权审核制度改革:背景、举措与特征[J].研究生教育研究,2021(2):82—89.
② Stephen A. Hunt、Vikki Boliver.英国私立高等教育[J].国际高等教育,2019(4):139—141.
③ 郭锋.英国高等教育发展的新特点[J].国家教育行政学院学报,2011(10):84—90.

学生事务办公室在履行市场监管职责时,必须顾及下列事项:a. 需保护英国高等教育机构实行机构自治;b. 在英国高等教育机构提供高等教育方面,需提高办学质量并为学生提供更多选择与机会;c. 在对学生及用人单位有利的情况下,需鼓励英国高等教育机构之间展开竞争,同时也要注意到高等教育机构之间的合作对学生及用人单位的益处;d. 需促使英国高等教育机构提供的高等教育合乎经济原则;e. 需在高等教育机构所提供高等教育的准入和参与中促进机会平等;f. 需以高效、实际且经济的方式使用学生事务办公室的资源;g. 最佳监管实践原则包括透明、负责、均衡和一致原则,以及仅针对必要情况采取监管行为的原则。[1]

高等教育机构的市场准入主要包括4个方面:公共拨款、学生资助、T4许可(发放T4签证、招收国际学生)、获得学位授予权或大学称号。根据享受市场准入资格的不同,高校的注册类型主要有两类:核准学费上限类(approved fee cap)和核准类(approved),这两类机构在T4许可和学位授予权方面的市场准入相同,但在公共拨款和学生支持拨款方面的市场准入资格有所区别,前者可申请所有公共拨款,但在学生资助方面,资助金额最高为高校《入学及参与计划》中的学费上限;后者没有资格申请科研创新署的科研拨款,也不能获得学生事务办公室的教学拨款或任何相关款项,但符合一定条件的高校可以申请研究理事会的科研资金;在学生资助方面,资助金额最高为学费的基本标准。[2] 除此之外,还有一种注册类型为基本注册类(registered basic),注册该类型的高校仅有开设的课程受到政府的认可,需要通过课程验证的方式由合作高校或海外大学颁授学位,并且在学位授予权、公共财政经费资助、在校生申请贷款资助、招收留学生方面的市场准入都受到限制。

学生事务办公室建立并维护英国高等教育机构注册簿。所有高等教育机构都需要进行注册登记。学生事务办公室设置了初始登记条件和持续登记条件。首次申请注册时,高校必须符合一系列初始登记条件,确保它们能够给学生提供

---

[1] 曹云杉. 基于泰特勒翻译三原则的法律文本汉译策略研究——以英国《高等教育与科研法案》为例[D]. 济南:济南大学,2019:37.

[2] Office for Students. Securing student success:Regulatory framework for higher education in England[EB/OL]. (2018—02—28)[2020—07—20]. https://www. officeforstudents. org. uk/publications/securing-student-success-regulatory-framework-for-higher-education-in-england/.

高质量的高等教育,如学费标准、课程与教学学术标准、财务计划、学校管理制度等。学生事务办公室可在机构登记之时或之后,对高等教育机构登记提出由学生事务办公室决定的条件,这些条件就是持续登记条件,如学校要遵守政府公共拨款所附的条款等。自2019年8月起,学生事务办公室真正成为高校的监管机构,英格兰地区的所有高校都要向学生事务办公室缴纳注册年费。

在机构登记阶段,学生事务办公室会对高校进行风险评估和监管,根据风险评估结果,学生事务办公室将决定是否对高校施以必要的强化监测和特定登记条件,比如,当高校学生就业率过低时,学生事务办公室将为高校施加特定登记条件,要求高校在增加学生招生前先提高其就业率。[①]

其二,通过制度改革为不同市场主体构建公平竞争环境。

为保障不同类型的高等教育机构能够进行公平竞争,《高等教育与科研法案》中对如下制度进行了改革。

一是改革高校学位授权审批制度。改革之前英国高校要获得学位授予权需要花费较长的时间,并且对培养的学生数量有较高要求,致使规模较小的高等教育机构尤其是私立高校很难获得学位授予权。改革后高校获得学位授予权的时间更短,方式也更加灵活。英国高校的学位授予权主要有三种:基础学位、课程学位和研究学位。其中基础学位是2年制的高等教育学位,主要由继续教育学院申请;课程学位包括学士和硕士两个层次。从2018年起,高校既可同时申请上述两种学位的授权资格,也可仅申请学士学位的授权资格。研究学位包括研究硕士和博士两个层次。改革之后,学位授予权的准入不再有时间方面的限制,为加强质量管理,学生事务办公室将根据高校的办学年限将学位授予权分为两种类型:一是"新学位授予权",仅限于基础学位和课程学位,主要由办学年限不足三年的高校申请,但也允许办学三年以上的高校申请。二是"完全学位授予权",申请学校既可以单独申请课程学位授予权,也可以同时申请包括研究学位的任何一种学位授予权资格。申请学校的办学年限要达到三年以上。[②]

二是改革经费资助政策。主要从公共财政经费拨款和学生贷款两个方面为

---

① 冯磊.基于风险监管的注册制——英格兰高等教育治理新框架的构成与特征[J].外国教育研究,2021,48(10):69-84.

② 许明,黄孔雀.英国高校学位授权审核制度改革:背景、举措与特征[J].研究生教育研究,2021(2):82-89.

所有高等教育机构提供了公平竞争的经费资助政策。改革之前，只有公立高校能够获得政府财政拨款，新法案赋予了私立高校获取财政经费的同等资格。只要是核准学费上限类的高校，不管是公立还是私立，都可以申请英国科研创新署和研究理事会的科研拨款，也可以获得学生事务办公室的教学拨款；核准类高校符合一定条件也可以申请研究理事会的科研资金。在学生贷款方面，改革之前私立高校在学生贷款方面受到的限制比较多，改革之后，私立高校的在校生与公立高校一样能够获得相同数额的学费贷款。

其三，建立高等教育机构市场退出机制。

《高等教育与研究法案》对英国高等教育机构的市场退出机制进行了详细的规定：一是高校如果无法满足注册状态，不再进行注册；二是高校办学质量出现严重问题，进行干预后未得到改进；三是办学主体出现重大变化，如合并、转让、法人变更、与其他机构合作等，学生事务办公室可根据上述具体情况取消其学位授权资格，进而剥夺大学或学院头衔。[①] 除此之外，高等教育机构也可以自愿退出高等教育市场。该法案还规定，如果机构对学生事务办公室的注销决定有异议，机构的主管部门可向初级裁判庭提出上诉，由裁判庭决定是撤销除名还是确认除名。

为了保证高等教育机构在退出市场的情况下学生可以继续完成学业并顺利获得学位，学生事务办公室要求所有高校必须制订"学生保护计划"，并对该计划进行审核批准，从而保护学生权益不受损害。

四、英国高等教育的市场交易机制

从对高等教育的产品细分及其属性的探讨中可以得知，直接用于交换的产品和教育教学服务都属于私人物品。既然属于私人物品，那么根据私人物品的特性可知，这些产品可以出售，并在市场中进行交换以获得相应的资金。在这种思想的指导下，同时也是为了解决英国所面临的严重的财政危机，英国政府将市场交易机制引入高等院校所生产的私人物品领域，以此来弥补高等院校财政拨款的不足。在市场交易过程中，高等院校与其产品或服务的购买者之间建立了

---

① 许明，黄孔雀.英国高等教育市场准入制度改革：动因、举措与特征[J].外国教育研究，2020(11)：15—30.

一种买卖关系,高等院校是相关产品或服务的生产者,而购买者则成为名副其实的"顾客"或"消费者"。就英国高等教育而言,市场交易机制主要表现在以下三个方面:一是高等教育与工商业之间的合作,从工商业界获取资金;二是英国高等院校招收全额成本的留学生,在全球市场中将知识作为一种服务出售;三是英国国内高等教育学费制度改革,高校学费收入比例不断提升。

(一)高等教育与工商业之间的合作

英国高等院校与工商业之间的合作由来已久。第一次世界大战和第二次世界大战为英国大学与工商业之间的合作提供了一个良好的机会,也为大学与工商业之间的合作带来了重要影响。在第一次世界大战期间,英国为赶上德国的军事优势,于 1915 年成立了科学工业研究署,动员大学参与各种实用科技研究,如燃料技术、农业水产、药品、飞机制造等。从第二次世界大战结束到 20 世纪 60 年代,英国成立了多所多科技术学院,英国高等院校更加积极地加强与工业界的联系,高等院校在工科方面设置了越来越多的专业,如航空工艺学、城市规划、冶金、造船、纺织、玻璃工艺等。自 20 世纪 80 年代以来,由于英国国内外环境的变化,高等院校与工商业之间合作的广度和深度都发生了很大变化。

与此同时,知识经济社会的来临,使得知识在工商业发展中所起的作用越来越大,因此,工商业的发展也需要高等院校所提供的高科技知识。在高等教育与工商业合作的过程中,双方是本着互利共赢的原则进行的,高等教育通过出售其拥有的专业知识和专业技能获取外部资金,而工商业则能过利用高等教育所提供的科研成果获取更多的市场份额和利润。高等教育与工商业之间的交易机制的形成既是时代发展的产物,同时又与英国政府的推动密不可分。

1.政府在促进高等教育与工商业合作中所采取的措施

为了促使高等教育与工商业顺利合作,英国政府采取了很多措施。

其一,加强政策扶持力度。

自 20 世纪 80 年代以来,在英国政府的各种报告、法规中,不断强调加强高等教育与工商业之间的联系,并为两者建立联系扫除障碍。1983 年,由英国政府组织的专门研究小组发表了一份报告《增进高等教育与工业之间的科研联系》。报告指出,英国当前有效的产学研合作进度缓慢,为促进科研成果转化,必须加强企业和大学及研究机构之间的合作。为增进高等教育与工业之间的科研联系,报告提出如下建议:一是高等院校和工业企业尽量发挥各自在不同领域科研上的优势;二是高等院校应努力在基础理论研究和能使工业受益而不损害自己学术价值的应用性研究之间寻找更为有效的平衡;三是改进工业企业同高等院校之间的合作关系;四是政府在促进产学研合作中应发挥积极的作用。① 英国政府在1985年5月发表的高等教育绿皮书中提出,除了提高大学能适应未来变化所需要的灵活性之外,我们的高等院校还需要做到:第一,关心其对于社会的态度,特别是对工商业的态度,要注意提防"轻视经商"的势利观念;第二,走出校门,加强与工商业的联系;第三,与地方社团建立牢固的联系,发展与地方工商业更密切的联系至关重要。② 1987年,高等教育白皮书《走向合作:高等教育—政府—工业》对高等教育的发展提出了如下目标:第一,高等教育必须更有效地为经济发展服务;第二,高等教育必须与工商业界建立更密切的联系,并促进各项事业的发展。③

上述政策性文件的发表为1988年《教育改革法》的出台奠定了坚实的基础。它进一步确认并特别强调高等教育要更有效地为经济发展服务,以及与工商业界建立更密切的联系。

1991年梅杰首相执政,并于当年5月发布高等教育白皮书《高等教育的框架》,对加强高等教育与工商业之间的联系进行了更加明确的表述,并对高等教育从工商业界获取更多的收入表示赞同,它提出:"政府相信,大学、多科技术学院和其他学院将继续从私人那里获得更多的资金来源,政府认为从工业和商业,从捐助人和校友以及从学费收入中获得更多资金是符合它们的利益的。"④上述观念和目标一直存在于此后的高等教育发展中。

英国政府为了激发高等院校研究中心的创造力,为企业发展带来更多的活力和机会,将科研创新作为政府政策制定的主题。1993年,英国贸易和工业部发布《发挥我们的潜力:科学、工程和技术战略》,1998年、2000年和2003年,英国发布三份政府白皮书,分别是《我们充满挑战的未来——打造以知识为动力的

---

① 许惠英.英国产学研合作的经验与教训[J].中国科技产业,2010(11):70—72;秦洪雷.英国高等教育与企业交流的政策与实践[J].现代教育论丛,2006(4):13—16.
② 吕达,等.当代外国教育改革著名文献(英国卷·第一册)[M].北京:人民教育出版社,2004:26.
③ 吕达,等.当代外国教育改革著名文献(英国卷·第一册)[M].北京:人民教育出版社,2004:86.
④ 吕达,等.当代外国教育改革著名文献(英国卷·第二册)[Z].北京:人民教育出版社,2004:8.

经济》《卓越与机遇——21世纪的科学创新政策》《变化中的世界里人人都有机会——事业心、技能与创新》。① 通过这些白皮书,激励科研创新,关注大学、政府与企业进行以科研成果开发为基础的合作,确保将卓越的科研成果转化为产品和服务。与此同时,政府为了鼓励大学从事企业性活动,消除该活动可能遇到的障碍,特做出以下承诺:第一,已要求大学拨款委员会保证在基金分配过程中要合理考虑大学在工业研究和咨询服务方面所做的努力与获得的成果,并让大学了解这种分配程序。这并不意味着大学为商业客户所做的工作应得到政府资助,而是在开展这方面工作有成就的大学应该得到帮助,以增强实力。第二,已经商定,大学拨款委员会在决定和分配拨款时,不会因为大学在与用人企业合作中获得了收入而减少拨款。第三,已同意把因与企业界合作而添置的一些必要的基本设备的费用作为学校总收入中的合理开支。第四,已立法消除地方政府所辖的继续教育学院和高等院校在其工作中进行商业开发所遇到的各种障碍。第五,已经终止了(这是在1985年5月14日宣布的)英国技术小组对研究委员会所资助的发明项目实行垄断购买权。政府批准,将原来由研究委员会负责的开发促进工作改由高等院校负责,并尽可能地把研究委员会代表团的职责转由有关研究人员个人负责。②

此后,英国政府制定了一个为期10年的英国科学创新框架(2004—2014年),旨在通过构建世界一流的研发与创新,助力英国在全球知识和技能竞争中占据领先地位,拥有卓越的科学成就和领先的研发密集型企业。③ 2017年,《构建我们的产业战略绿皮书》和白皮书《产业战略:建设适应未来的英国》发布,强调政府应与企业、大学、研究人员和民间合作,利用优势抓住发展机会,在人工智能和数据经济、未来的流动性、老龄化社会方面占据领先地位。2020年7月发布,2021年1月更新的《英国研发路线图》④指出:在新冠肺炎疫情(COVID-19)危机背景下,英国面临前所未有的挑战,研发对于英国在受新冠肺炎疫情影响后

---

① Chris Barnett. Building the Knowledge-based Economy——the Role of University, Business and Government Partnership[J]. "促进高等教育发展的法制环境建设"中英研讨会论文,2004.
② 吕达,等. 当代外国教育改革著名文献(英国卷·第一册)[M]. 北京:人民教育出版社,2004:45.
③ 徐小洲,江增煜. 效能优先:英国高校科技创新治理体系变革新趋向[J]. 比较教育研究,2022(1):69-79.
④ UK Research and Development Roadmap[EB/OL]. (2021-01-21)[2021-10-29]. https://www.gov.uk/government/publications/uk-research-and-development-roadmap.

实现经济和社会复苏至关重要,英国要加大公共科研的资金投入,进一步加强科学研究和创新,使之成为应对挑战和抓住机遇的核心。

其二,设立专门组织增强联系。

为了加强大学与工商业界之间的联系,英国政府还设立了一些专门组织,以促进高等院校及其研究人员与工商业界之间的合作。

英国科技园联合会成立于1984年,作为科技园规划与管理的论坛,它协调英国所有成员的有关信息。联合会在英国科技园联合会科技园目录中公布每个成员的详细信息,包括联系地址。科技园与工业界、教育界和研究机构都有联系,其设立的目的在于通过商业技能和技术技能的转让来加强技术型公司的发展。此外,英国科技园联合会还与国外许多科技园联合会保持联系。

1986年英国政府成立了工业界与高等教育委员会,它是一个由公司董事长或具有相当职位的人士和大学校长组成的非正式、完全独立的团体。委员会旨在鼓励工业界与高等教育界的合作,向政府提出建议。委员会的讨论使公司能就其活动及与大学关系做出更好的决策,并帮助大学校长理解工业界的考虑与利益。

另外一个专门组织是大学研究与工业界联系协会(Association for University Research and Industry Links,AURAL),它是由工业界联系组织协会和大学工业界联络主任协会合并而成的。该机构旨在通过发展基于研究、技术转让及相关活动的互利性合作伙伴关系,帮助英国大学利用其资产(即物力、人力资源以及财务资源)。这些合作伙伴关系涉及包装以研究、咨询、培训、知识产权利用及成立附属公司形式出现的大学资产,以满足市场需求。英国大部分大学是大学研究与工业界联系协会的成员。

此外,英国政府还倡导各地区成立专业俱乐部,增加大学教师与产业界人士相互接触的机会,为他们交流信息及合作提供场所。

其三,设立研究基金。

英国政府设置了多种研究基金,持续推动大学、研究机构和企业之间的合作,促进科技创新。早在1999—2000年期间,"高等教育走向企业、走向社区(HEROBC)"计划在英格兰和北爱尔兰开始实施,为高校开展知识转移活动提供资金支持。2001年,英国政府宣布在HEROBC基金的基础上设置"高等教育创新基金"(Higher Education Innovation Fund),由高等教育基金委员会英国科学技术办公室提供资金,作为高等教育机构除教学和科研拨款之外的第三类经费。自2001年开始至2015年,英国政府进行了五轮高等教育创新基金资助,分别是:2001—2003年,经费为0.77亿英镑;2004—2005年,经费为1.86亿英镑;2006—2007年,经费为2.34亿英镑;2008—2010年,经费为3.96亿英镑;2011—2014年,经费为6亿英镑。[①] 2016年,英国政府启动了全球研究挑战基金(Global Challenges Research Fund,GCRF),总额为15亿英镑。全球研究挑战基金重点在于利用英国世界级研究基地的专业知识,通过资助多边交叉学科研究,解决在不同程度上影响多个发展中国家、地区和人口的共性问题或挑战。2017年,商业、能源与产业战略部宣布设立产业战略挑战基金(Industrial Strategy Challenge),集中资助医疗保健和医学、清洁和灵活储能的电池、机器人和人工智能、未来制造和材料、自动驾驶汽车、卫星和空间技术6个关键领域的研究。

其四,设置项目和奖励。

英国政府启动了多项资助计划,持续推动大学、研究机构和企业之间的合作,促进科技创新。1986年,贸易与工业部牵头的"纽带工程"在企业与大学科研机构之间架起了桥梁,它为企业发展、增强竞争力和提高大学科研水平起了重要作用。"纽带工程"的目的在于为科技和工程领域的合作研究项目与计划提供框架;促进科技的商业性开发以形成新的产品及服务;促进企业与科研基地紧密合作,使基础研究项目体现企业的需要;有效地利用科研基地以增强英国企业的竞争能力。"纽带工程"项目通常由政府部门和企业各投资50%。1997年英国实施了法拉第伙伴项目。该项目主要通过各种合作伙伴的交流与互动,实现创新和技术扩散。到2003年,英国已建有24个法拉第伙伴组织,涉及51个大学的专业系所、27个研究机构、25个中介组织和2 000家不同规模的企业。2003年,英国"教研公司计划(TCS)"与"高校-企业合作伙伴计划(CBP)"合并为知识转移伙伴计划(Knowledge Transfer Partnerships,KTP)。该计划是英国推进产学研用合作、促进研究机构成果向企业转移转化的政府支持计划,KTP计划通过支持企业和学术机构之间的伙伴关系,以掌握一定知识和技术的人才为媒

---

① 李振兴.创新的第三引擎——英国高等教育创新基金发展概况及其启示[J].全球科技经济瞭望,2015,30(2):29—34.

介,实现知识、技术和技能从知识库向企业转移,帮助企业提升创新能力,引导知识库明确研究需求,同时培育兼顾商业能力和专业技能的高素质领导人才。

此外,英国政府及其所属机构针对大学的不同对象设立了不同层次的奖励:对于学校和系,政府设立了"工业种子基金",资助大学基础研究向工业应用方向发展的项目,工业部每年拿出 500 万英镑,资助大学提出的与企业合作的项目;对于教研室,大不列颠技术集团的工业部设计了"教育与企业合作奖",专门奖励与企业合作卓有成效的教研室;对于教师和科研人员,大不列颠技术集团的工业部设立了"高等院校企业竞赛奖",奖励在与企业合作中做出贡献的个人。①

在政府的政策鼓励下,在工商业界与高等院校的共同努力下,高等院校与工商业之间的合作方式也越来越多元化,主要有以下几种:签订工业合同;咨询服务;委派企业界人士在高等院校学术机构中任职;与经营界和其他用人单位联合选任教师;更新专业内容,开设工读交替制课程;由用人单位资助个别学生求学;在高等院校中委任工业联络官等。此外,还包括建立教学公司、科学园、商业俱乐部以及设置工业教授职称等。② 英国大学教师和科研人员与工商业界之间的联系越来越多,大学教师中有相当一部分人兼任企业的顾问和理事,大学工科教师 3/4 以上,工程技术学院的教师 90% 以上都具有一年企业工作经验,而且,在半数以上的工科大学里有由企业提供薪金的教授和其他人员。

2. 高等教育与工商业合作中实现知识的交易价值

在高等教育与工商业界合作的过程中,高等教育通过研究合同、专利转让、教学服务和提供技术咨询服务等方式,从工商业界获得大量的资金,高等教育提供的可以直接用于交换的私人物品在市场中获得了交易价值,工商业界分担了高等教育中这部分产品的成本,从而使高等院校在失去政府财政拨款的同时找到了新的资源依赖途径。

据《泰晤士高等教育副刊》报道,1991—1992 年度英国高等教育从产业界获得的各种资助,包括研究费用、教学费用、捐赠的奖学金等合计约 3 亿英镑。③ 在 1992—1993 年度,工商业界向英国 46 所大学提供了 1.6 亿英镑,占这些大学

---

① 易红郡. 英国大学与产业界之间的"伙伴关系"[J]. 清华大学教育研究,2004(1):71—77.
② 吕达,等. 当代外国教育改革著名文献(英国卷·第一册)[M]. 北京:人民教育出版社,2004:27.
③ 易红郡. 英国大学与产业界之间的"伙伴关系"[J]. 清华大学教育研究,2004(1):71—77.

经费总收入的 3%。这并不包括工业界向大学生和研究生提供的助学金等。① 高等教育创新基金的资助也为英国带来了巨大的经济与社会效益,据测算,如果仅仅考虑知识转移活动带来的可计算的经济收入,2003—2010 年,英国高等教育创新基金共投入 8.77 亿英镑,带来直接知识转移收入 164.49 亿英镑。②

就单所大学而言,1997—1998 年度,剑桥大学的总收入为 2.93 亿英镑,其中科研收入为 1.5 亿英镑,从产业界获得的科研资助为 1 450 万英镑,专利知识产权转让的收入为数百万英镑。③ 华威大学(the University of Warwick)是英国与工商业联系密切的代表性高校之一,2015—2016 学年,来自英国工商业的收到为 850 万英镑;2016—2017 学年为 990 万英镑;2017—2018 学年为 820 万英镑;2018—2019 学年为 850 万英镑;2019—2020 学年、2020—2021 学年由于受新冠肺炎疫情影响,来自工商业的收入分别降至 610 万英镑和 670 万英镑。④

(二)高等院校招收全额成本的留学生

自 20 世纪 70 年代起,英国高等院校招收的留学生越来越多,原因在于,英国高等教育经过 60 年代的大发展之后,70 年代初有关人士预测,高等教育需求将继续增长下去。然而,大约从 1972 年起,中学毕业生中愿意并有能力接受高等教育的人数比例停滞不前。⑤ 国内学生对高等教育需求的停滞,使得高等院校的供给大于需求,这就导致许多大学和学院大量招收留学生。在福利主义国家制度下,英国政府每年要为高等院校所招收的留学生提供一定的补助金。随着高等院校招收的留学生越来越多,政府每年支出的补助金也就越来越多。英国政府面对严重的财政危机,开始在各个领域削减公共开支,并寻求开发新的资金来源渠道,留学生逐渐受到政府的重视。

1. 英国高等院校留学生规模扩张

---

① 孙霄兵.教育的公正与利益——中外教育经济政策研究[M].上海:华东师范大学出版社,2005:282.
② 李振兴.创新的第三引擎——英国高等教育创新基金发展概况及其启示[J].全球科技经济瞭望,2015(2):29—34.
③ 易红郡.英国大学与产业界之间的"伙伴关系"[J].清华大学教育研究,2004(1):75.
④ The University of Warwick. Financial Statements for the year ended 31 July 2016,2017,2018,2019,2020,2021[EB/OL].(2016—07—31)(2017—07—31)(2018—07—31)(2019—07—31)(2020—07—31)(2021—07—31)[2022—04—20]. https://warwick.ac.uk/services/finance/resources/accounts.
⑤ [英]G.L.威廉斯.英国高等教育财力资源形式的变化[J].侯琪山,沈剑平,译.华东师范大学学报:教育科学版,1990(2):25—42.

1980年，英国政府宣布废除为高等院校所拨发的留学生补助金，并对除欧盟国家学生之外的所有留学生收取全额成本学费。在1985年5月发表的高等教育绿皮书中对这样做的原因进行了补充说明：绝大多数的外国留学生必须支付学费，以抵偿为他们所花费的教育成本，他们不应该享受英国纳税人的资助。政府同意各高等院校及地方政府根据自己的具体情况决定实际的收费标准。[①] 一般而言，留学生的学费是英国本国学生学费的5~10倍。如此昂贵的学费使得部分留学生不再选择到英国留学，因此，自英国宣布留学生收取全额学费之后的三年，留学生数量出现了一定程度的下滑。经过各方努力，从1985年开始，英国的留学生人数开始回升，到1986年，留学生的人数已经超过了收取全额学费之前的水平，达到56 100人。之后，英国留学生人数一路飙升。2016年，英国脱欧公投之后，对来自欧盟国家的留学生有所影响。英国罗素集团的最新统计数据显示，英国顶尖研究型大学中欧盟国家研究生的数量直线下降，与2017—2018学年相比，2018—2019学年入学攻读课程硕士学位的欧盟学生数量下降了5%，攻读研究型硕士学位的入学人数下降得更为明显，下降了9%。[②] 尽管如此，英国高等院校留学生总人数还是保持了上升势头。这与来自中国的留学生数量持续增长密不可分。2019—2020学年，英国高等教育学生总数为1 627 410人，留学生达到了556 625人。留学生占英国高等教育学生总数的34.2%。详见表4—6。

表4—6　　　　　英国高等院校留学生数（1980—2020）　　　　　单位：人

学年	研究生	本科生	其他	总计
1979—1980	17 800	26 800	10 800	55 400
1980—1981	17 600	25 600	9 900	53 100
1981—1982	17 200	23 000	8 300	48 500
1982—1983	18 100	21 300	8 200	47 600
1983—1984	19 000	20 800	9 100	48 100
1984—1985	21 700	22 200	9 000	52 900

---

① 吕达，等.当代外国教育改革著名文献（英国卷·第一册）[M].北京：人民教育出版社，2004：38.
② Jack Grove. Postgraduate numbers plummet amid fears for no-deal Brexit[N].（2019-01-04）[2021-07-11]. https://www.timeshighereducation.com/news/postgraduate-numbers-plummet-amid-fears-no-deal-brexit.

续表

学年	研究生	本科生	其他	总计
1985—1986	23 100	23 600	9 400	56 100
1986—1987	23 500	26 200	9 200	59 000
1987—1988	24 800	28 500	10 000	63 300
1988—1989	26 400	33 700	11 700	70 800
1989—1990	28 800	36 800	12 200	77 800
1990—1991	—	—	—	88 000
1991—1992	—	—	—	89 000
1992—1993	—	—	—	96 000
1993—1994	—	—	—	109 000
1994—1995	—	—	—	160 000
1995—1996	82 424	113 922	—	196 346
1996—1997	77 729	120 335	—	198 064
1997—1998	81 932	131 332	—	213 264
1998—1999	88 778	130 507	—	212 439
1999—2000	95 480	129 180	—	224 660
2000—2001	111 365	119 505	—	230 870
2001—2002	120 425	122 330	—	242 755
2002—2003	140 165	135 100	—	275 265
2003—2004	156 550	143 500	—	300 050
2005—2006	—	—	—	330 080
2006—2007	184 245	167 225	—	351 470
2008—2009	—	—	—	368 970
2009—2010	204 400	201 405	—	405 805
2011—2012	209 705	225 530	—	435 235
2012—2013	—	—	—	425 260
2013—2014	—	—	—	435 495
2014—2015	—	—	—	436 585
2015—2016	198 325	244 995	—	443 320

续表

学年	研究生	本科生	其 他	总 计
2016—2017	197 155	253 680	—	450 835
2017—2018	206 405	262 800	—	469 205
2018—2019	220 915	275 400	—	496 315
2019—2020	256 725	299 900	—	556 625

注：1. 由于这些统计数据不是来自同一渠道，可能会有一定的差异。但是通过这些数据还是能够看出英国留学生人数的总体发展趋势。

2. 符号"—"表示此处数据缺失。

资料来源：张泰金.英国的高等教育：历史·现状[M].上海：上海外语教育出版社，1995：224；Tom Bruch，Alison Barty. Internationalizing British Higher Education：Students and Institutions[A]. Peter scott The Globalization of Higher Education[C]. Buckingham：Open University Press，1998：19；HESA. All Students by Institution，Mode of Study，Level of Study，Gender and Domicile1995/96，1996/97，1997/98，1998/99，1999/2000，2000/01，2001/02，2002/03，2003/04，2006/07，2009/10；HESA. All students at UK HE institutions by domicile，level of course，mode of study and institution. 2005/06，2008/09；HESA. Undergraduate students by level of study，mode of study，gender and domicile 2011/12，2015/16；Postgraduate students by level of study，mode of study，gender and domicile 2011/12，2015/16；HESA. HE student enrolments by mode of study，sex，level of study and domicile 2010/11 to 2014/15；HESA. HE student enrolments by domicile，country of HE provider，first year marker，level of study and mode of study 2015/16 to 2019/20。

2. 采取多种举措，提升英国留学生教育吸引力

招收留学生作为英国政府获得大量外汇以及高等院校赚取经费收入的一个重要途径，为扭转留学生招生人数下滑的局面，政府及高校都采取了相当多的措施来吸引更多的留学生。从国家层面上来看，英国文化委员会是英国从事海外教育活动的重要机构。高等教育咨询委员会是其下属部门，主要从事高等教育的海外市场开发，其主要职能包括：宣传英国的课程和资格证书，安排市场调查，提供市场信息，进行市场分析，组织展览和代表团以及为可能要到英国留学的学生提供建议，等等。同时，政府也增加了留学生奖学金的数量，出台了一系列奖学金计划，如 1983 年的"皮姆一揽子计划"和英国外交和联邦事务部（FCO）出资的"志奋奖学金计划"等。从院校层面上来看，大多数高等院校设有专门的国际事务办公室，他们通过各种各样的途径来招收留学生，例如，在主要输出国举办英国教育展览，在输出国聘用当地代理人宣传英国高等院校，访问输出国的学校、政府部门及其他相关机构,在输出国的媒体上做广告,为英国文化委员会的图书馆提供高等院校的宣传材料等。[①]

1994年,英国签署了WTO服务贸易总协定,对初等教育、中等教育、高等教育、成人教育领域的跨境交付、境外消费等做了完全开放的承诺,期望借助其优势教育资源扩大国际教育的市场份额,但出于移民压力的考虑,对自然人流动暂不开放,除非在欧盟的承诺中有所规定。[②] 为了规范留学生招生市场,英国政府出台了各种与留学生有关的政策,确保留学生的特殊需求得到满足。如1992年大学副校长和校长委员会(CVCP)颁布的《留学生高级学位管理》(The Management of Higher Degrees Undertaken by Overseas Students);1995年,文化委员会制定了《教育机构与留学生工作规范》(Code of Practice for Educational Institutions and Overseas Students),大学副校长和校长委员会颁布的《在英国的留学生:大学副校长和校长委员会工作规范》(International Students in the UK:CVCP Code of Practice),高等教育质量委员会制定了《高等教育境外合作办学规范》(Code of Practice for Overseas Collaborative Provisiton in Higher Education)。[③] 1999年,英国政府推出了"首相行动计划"(Prime Minister's Initiative,PMI);2006年,"首相行动计划第二期"(the second phase of the Prime Minister Initiative,PMI2)实施,这两期行动计划的实施,为英国吸引了大量海外生源。

为进一步提升英国留学的吸引力,英国出台了就业延长政策和新的学生签证体系,不断简化签证体系,并降低留学生留英国工作的就业门槛。2006年,英国允许获得硕士学位的留学生毕业后可以在英国居留一年找工作,2007年,推出"国际毕业生计划",允许取得本科或以上学历的国际留学生(没有任何专业限制)毕业之后均可留在英国一年找工作。2008年,英国国家边境署公布了计点积分制(Points Based System,PBS)学生签证体系,计点积分制体系共分为5

[①] Tom Bruch and Alison Barty. Internationalizing British Higher education:Students and Institutions[A]. Peter Scott. The Globalization of Higher Education[C]. Buckingham:Open University Press, 1998:22.

[②] 宋懿琛.英国留学生政策的演进及发展趋势[J].大学:学术版,2010(7):84—89.

[③] [英]皮特·斯科特.高等教育全球化:理论与政策[M].周倩,高耀丽译.北京:北京大学出版社, 2009:35.

个级别,其中第4级是针对赴英留学的学生签证。该系统让申请人在申请前,通过网站进行自我评估,从而使得签证申请程序更加透明、快捷,给申请人带来更大的方便。从2019年3月16日起,英国毕业生签证有效期将延长6~12个月。从英国高等院校毕业获得相应学位的国际本科生和硕士生,其学生签证有效期将延长6个月;获得博士学位的国际学生,在毕业后其学生签证有效期则将延长至一年。在签证延长有效期内,国际学生可在英国不受限制地寻找就业机会。

3. 英国留学生的经济收益和社会收益

英国高等教育的"商业价值"在开拓全球留学生市场的过程中得到了充分体现,自1980年之后,留学生与英国高等院校之间的关系完全变成了一种交易关系,这种交易为英国带来了大量的外汇收入。英国全国高等教育调查委员会曾经对英国高等教育的国际化角色进行过精辟的概述,即它主要是一种在全球市场条件下成功地交易教育产品和服务的能力。

随着英国留学生人数越来越多,留学生为英国所带来的收入也越来越多。1995年,由英国大学副校长和校长委员会委托的一项研究对其价值进行了评估:英国的留学生学费与相关支出,以一种无形的出口方式,每年为英国带来超过10亿英镑的资金,同时还为英国提供3.5万~5万个工作岗位。确实,贸易与工业部经过计算得出,所有与教育相关的出口总额加起来不少于70亿英镑,这成为英国最重要的经济活动之一。[①] 在1999—2000学年,仅留学生的学费收入就达到了6.72亿英镑,占英国高等院校全部收入的5%;2002—2003学年,留学生的学费收入增加到了10.85亿英镑,占英国高等院校全部收入的7%。[②] 留学生为英国高校带来了额外的经费收入,这些收入对英国高等教育的发展起到了至关重要的作用。正如汤姆·布鲁赫(Tom Bruch)所言,"在20世纪90年代即将结束时,我们回顾英国高等院校前一时期的发展,可以得出如下结论:事实上,如果没有来自留学生的收入,所有的高等院校都会感到经费异常匮乏,尤其是在研究生层次,一些院系或部门将会受到关闭的威胁"。

随着留学生规模的不断扩大,留学生带来的经济收益也不断增加。据受英

---

① David Elliott. Internationalizing British Higher Education:Policy Perspectives[A]. Peter scott. The Globalization of Higher Education[C]. Buckingham:Open University Press,1998:41.

② HEFCE. Higher Education in the United Kingdom1999—2000[R]. 6;HEFCE. Higher Education in the United Kingdom 2002—2003[R]. 5.

国大学协会委托所做的一份最新报告显示,在 2014—2015 年度,有 43.7 万名留学生在英国读大学,每年为英国经济贡献约 260 亿英镑,包括学费、生活费和社交费用;并且为英国带来了超过 20 万个工作岗位。其中,留学生在食物、服务和各种活动上花费了 54 亿英镑,为英国的交通行业贡献了 12 亿英镑。留学生在英国的消费,还为英国的零售行业带来了 7.5 亿英镑的营业额。他们的家人和朋友也在访问英国期间,为英国经济贡献了 5.2 亿英镑。[①]

2019 年,英国大学联盟执勤主席、利物浦大学校长珍妮特·比尔(Janet Beer)表示:"国际学生不仅在经济上为英国做出了巨大的贡献,而且丰富了我们大学的国际教育环境。留学生给英国带来了约 260 亿英镑的直接和连锁效益,在英国各地维持了逾 20 万个就业岗位,而且,还为我们的学术和公民社区带来了更广泛的利益。"[②] 2021 年 2 月,英国政府发布了新的国际教育战略,强调到 2030 年每年收入达到 350 亿英镑。[③]

(三)英国国内高等教育学费制度改革

1980 年,英国开始对留学生教育收取全额成本学费,但对英国国内的学生继续维持自 1944 年以来的免学费政策。[④] 英国高等教育的福利制度使政府财政不堪重负,随着英国高等教育类市场化改革的不断推进,英国国内高等教育学费制度也开始改革。英国议会颁布《1988 年教育改革法》,法案提出自 1990 年开始实行缴费上学,与此同时,对于贫困生采用贷款补助的资助方式,以便使有限的财政支出能够资助更多的学生。这是对 1944 年《教育法》颁布后建立的英国教育制度的一次重大改革。此后,政府在增加大学生分担高等教育成本比例的道路上不断前进。有研究者通过考察英国高等教育政策,认为政策和理念的转变改变了大学和国家间的社会契约。以往,人们认为大学会为争取自主权和财政拨款而满足国家的知识需求。但近年来,国家政策愈发将接受高等教育看

---

① 薛章. 报告显示:国际学生每年为英国经济贡献 260 亿镑[EB/OL].[2021-03-12]. https://lx.huanqiu.com/article/9CaKrnK16gl.

② YIHOME 忆家. 英国留学重大利好 英国政府态度转变留学签证延期一年[EB/OL].[2021-04-10]. https://baijiahao.baidu.com/s?id=1628509657522410245&wfr=spider&for=pc.

③ Hans de Wit & Neil Kemp. Over-optimism and under-investment in IHE export models[EB/OL].(2021-03-06)[2022-05-21]. https://www.universityworldnews.com/post.php?story=20210305105838886.

④ 英国 1944 年颁布的《教育法》规定:在大学就读的学生,即可享受其家庭居住地所属地方教育当局支付的学费以及就学期间在外住宿与生活所产生的费用。

作是个人行为,认为毕业生能够从高等教育中获得经济回报,因此他们自己应当负担其成本。①

1990年,英国开始实施《教育(学生贷款)法案》,并设立了"公营学生贷款有限责任公司",用以处理学生贷款发放和贷款回收业务。政府在"无息""无需担保"等优惠条件下,以助学贷款来取代生活维持费辅助政策。初期英国采用的是"分期定额还贷贷款"方案,学生每年甚至每月的还贷数量都是固定不变的,但没过几年,助学贷款公司就遇到了大量拖欠和违约。贷款政策难以为继,学生抱怨不断,家长呼吁高等教育机会均等,高等院校要求继续提高学费标准,社会要求坚持高等教育成本分担原则,政府承受着来自社会各方利益相关者越来越大的财政和舆论压力。②尽管助学贷款体系存在种种问题,但缴费上学、贫困生贷款补助是撒切尔夫人执政时期推进的一项重要改革,将英国高等教育市场化又往前推进了一步。撒切尔夫人在其自传中回忆道:"我们还引入了学生贷款(这使补贴额大大增加):这将使学生们在选择课程时更加慎重。大学补贴支持也转变为支付学费,这将引导市场在同一方向上更具敏感性。"③

1997年,布莱尔首相上台执政,为创造公平入学机会,进一步扩大高等教育参与,尤其是提高来自社会非传统背景、少数族裔及残疾学生接受高等教育的机会,学费与贷款助学制度改革进入了快车道。学生贷款的主要目的是扩大高等教育入学机会,"从学生贷款本身而言,能够以适当的利率并且不用什么作抵押就可以获得贷款,为一些学生,特别是那些来自贫困家庭的学生,那些在传统上已经长大成人不再在经济上依赖其父母而又没有其他经济来源的学生,提供了自我投资高等教育的途径"。④ 1998年,英国议会通过了《教学和高等教育改革法案》,允许高校向全日制大学生收取统一的学杂费。英格兰议会规定所有英格兰高校从1998—1999学年开始收取统一的、相当于培养成本的1/4的学杂费,

---

① Joanna Williams. A critical exploration of changing definitions of public good in relation to higher education[J]. Studies in Higher Education,2016(4):619—630.
② 张民选. 英国大学生资助政策的演进与启示[J]. 比较教育研究,2007(5):1—6.
③ [英]玛格丽特·撒切尔. 唐宁街岁月:撒切尔夫人自传[M]. 李宏强,译. 北京:国际文化出版公司,1999:547.
④ [美]约翰·斯通. 高等教育财政:问题与出路[M]. 沈红,李红桃,译. 北京:人民教育出版社,2006:301.

即每年1 000英镑。学费每年随着通货膨胀率不断提高。① 到2004—2005学年,学费最高限额增长为1 150英镑。

经过2001—2005年的过渡,从2006学年开始实行全新的学费和资助政策。此次改革方案有四个明显特点:一是实行高等教育弹性学费制度,高等院校可针对英国本土以及欧盟的全日制学生自主制定0~3 000英镑的学费标准,并会随着通货膨胀率而浮动。二是先上学、后付费。也就是说,所有在读大学生都可以申请助学贷款,等学生毕业工作赚钱后再还贷款。三是"按照收入比例还款"的助学贷款体系。待毕业后年收入达到15 000英镑时开始偿还贷款,每年还款的金额相当于年收入的9%。还款期限为25年,也可以提前还款。如果学生毕业后经常失业或者年收入低于15 000英镑,那么当这名学生到65岁时,政府将会核销其助学贷款。四是由税务部门管理的助学贷款还款系统。英国政府选择税务局作为学生助学贷款的回收机构,并通过全国的税收网络来跟踪贷款学生、计算毕业生年收入是否达到还款阈限和应该还多少贷款。通过税收系统回收贷款有两个优势:第一是税收系统能够将所有毕业生纳入系统,使所有毕业生的收入与还贷信息处于同一系统之内,这就保证了信息完全、贷款回收和新贷款资金来源;第二是这个系统已经覆盖全国,能够容易便捷地查找在任何地方工作的毕业生,因此无须再建立其他系统,节约了贷款回收工作的运作成本。②

2008年,全球金融危机对英国经济造成了严重冲击,政府财政收入受到较大影响。在日益紧张的财政状况下,英国政府开始了大学学费调查和审查工作。2010年,英国保守党和自民党组建联合政府,卡梅伦首相执政。同年10月,英国政府公布学费和助学贷款改革方案,从2012年9月起,英国大学每年收取的学费将从3 375英镑增加到6 000英镑,在极其特殊情况下收费标准可提高到9 000英镑。多数高校在实际执行过程中都选择收取最高的9 000英镑。英国政府根据学生就读学校和学习类型为所有学生提供不同的学费贷款额度,2012年就读于公立大学的全日制学生的学费贷款额为9 000英镑,在职学生为6 750英镑;就读于私立大学的全日制学生为6 000英镑,在职学生为4 500英镑。③

---

① 李作章,单春艳.从"社会福利"到"面向市场":英国高等教育学费政策的变迁[J].现代教育科学,2011(5):124−127.
② 张民选.英国大学生资助政策的演进与启示[J].比较教育研究,2007(5):1−6.
③ 刘佳.金融危机背景下英国大学学费与资助政策变革及启示[J].高教论坛.2012(8):134−137.

之后，学费贷款额度基本保持稳定，例如，2020—2021学年就读公立大学的全日制度学生的学费贷款额度为9 250英镑，非全日制学生为6 935英镑。[①] 实行新的收费标准不仅提高了英国高等教育的市场化程度，而且增加了高校可支配的资金。

除了学费贷款之外，英国政府还根据学生的家庭收入情况提供生活费助学金、生活费贷款、国家奖学金等资助，并对助学贷款和还款等制度都进行了较大幅度改革。下面，我们把2012年改革前后两学年的资助和还款情况进行比较，详见表4—7。

表4—7　　　　2012年改革前后英国高等教育学费与资助制度比较[②]

		2011—2012学年	2012—2013学年
资助	生活费助学金	如果学生家庭年收入少于或等于25 000英镑，能够获得2 984英镑的生活费助学金。随着学生家庭年收入的增加，生活费助学金将逐渐减少	如果学生家庭年收入少于或等于25 000英镑，能够获得3 250英镑的生活费助学金。随着学生家庭年收入的增加，生活费助学金将逐渐减少。如果学生家庭年收入超过42 600英镑，将不再享受生活费助学金
	生活费贷款	如果学生家庭年收入少于或等于25 000英镑：学生住在家里，能够获得生活费贷款2 346英镑；学生居住不在家、学习在伦敦，能够获得5 436英镑；学生居住不在家、学习不在伦敦，能获得3 458英镑。此外，生活费贷款额度随着生活费助学金额度减少而增加	如果学生家庭年收入少于或等于25 000英镑：学生住在家里，能够获得生活费贷款2 750英镑；学生居住不在家、学习在伦敦，能够获得6 050英镑；学生居住不在家、学习不在伦敦，能获得3 875英镑。此外，生活费贷款额度会随着生活费助学金额度减少而增加
	最低奖学金要求	如果学生获得全额生活费助学金，那么学校需要为学生提供每年最低347英镑的奖学金	—
	国家奖学金计划	—	政府会以学费减免、现金补助和其他举措为符合条件的学生提供3 000英镑奖学金。家庭年收入少于或等于25 000英镑是获得奖学金的一般标准，但不是最终标准

---

① Student Finance[EB/OL].[2021—04—22]. https://www.gov.uk/student-finance.
② Haroon Chowdry, Lorraine Dearden, Alissa Goodman & Wenchao Jin. Distributional impact of the 2012—2013 higher education funding Reforms[J]. Fiscal Studies,2012(2):211—236.

续表

		2011—2012 学年	2012—2013 学年
还款	在读期间实际利率	0%	3%
	毕业后实际利率	3%	如果学生毕业后收入低于 21 000 英镑还款门槛，实际利率为 0。如果学生毕业后收入在 21 000~41 000 英镑（以 2016 年价格），实际利率为 0~3%。如果学生收入高于 41 000 英镑，实际利率为 3%
	还款比例	9%	9%
	还款门槛	15 795 英镑	21 000 英镑
	还款年限	25 年	30 年

从表 4—7 可以看出，在资助方面，除了提高资助生活费助学金和生活费贷款额度外，取消了之前的最低奖学金要求，而是通过国家奖学金计划对低收入学生进行资助。在还款方面，还款门槛有了大幅提高，还款利率进行了调整，尤其是学生在读期间原来是免息的，2012 年之后要按照 3% 的实际利率付息，但是毕业之后的贷款利率根据收入水平进行了细分。自 2012 年以来，生活费贷款额度不断提升，为学生学习生活提供了重要保障。至 2020—2021 学年，如果学生家庭年收入少于或等于 25 000 英镑：学生住在家里，能够获得生活费贷款 7 747 英镑；学生居住不在家、学习在伦敦，能够获得 12 010 英镑；学生居住不在家、学习不在伦敦，能获得 9 203 英镑。[①]

英国通过国内高等教育学费制度改革，不断提高学生的成本分担比例，并辅以贷款制度以保障学生能够承担日益增加的学费，在促进教育公平的同时，也弥补了英国政府对高等教育财政拨款的不足。

---

① Maintenance Loan for living costs[EB/OL].[2021—04—15]. https://www.gov.uk/student-finance/new-fulltime-students? step-by-step-nav=18045f76-ac04-41b7-b147-5687d8fbb64a.

第五章　英国高等教育多元监控机制的建构

质量与效益是20世纪80年代以来贯穿英国高等教育改革的一项重要原则。英国政府在高等教育中引入市场运行机制的目的在于：一方面，提高高等院校的办学效率、降低办学成本、拓宽高校经费来源渠道从而减轻政府财政负担；另一方面，使高等院校更加注重市场需求，并根据其需求来决定提供的产品和服务。然而，处于市场竞争中的高等院校的资源使用情况如何，他们是否会在降低办学成本、吸引更多外来资源的同时降低其教育质量，这些都是英国政府担心的问题。由于"市场机制本身不足以面对保证高等教育质量方面的挑战，它还需要与有效的管理和反馈系统相结合，才能确保高等院校有效的运作以及教育过程和结果的质量"。[①] 因此，为了保证高等教育能够提供高质量的产品和服务，英国政府在新公共管理思想指导下，开始构建高等教育的多元监控机制，以监督、保障和提高高等院校的教育质量和办学效益。

英国高等教育的多元监控机制主要包括公共问责机制、质量保障机制和绩效管理机制。公共问责机制是指为了监督高等院校对各种资金的使用情况及使用效果，资金提供者要求高等院校对资金的使用情况做出说明、解释和证明，并承担相应的责任。通过这一机制的运用使得高等院校对每一笔资源的使用都有明确记录，从而确保其资源不被浪费，并在运用中取得好的效果。质量保障机制是指通过建立外部质量评估机构，对高等院校的教学、科研和知识转化质量进行评估，通过该种方式促使高等教育质量得到不断提高的机制。绩效管理机制是

[①] 范文曜等.国际视角下的高等教育质量评估与财政拨款[M].北京：教育科学出版社，2004：255.

指为了确保高等院校的整体办学绩效,绩效审核机构通过设置绩效指标,对高等院校的办学效果进行审核的机制。上述三种监控机制之间并非毫无关系,而是相互关联,公共问责机制中问责信息的获取在很大程度上需要通过质量评估和绩效评估来获取。质量保障机制和绩效管理机制都是针对高等院校的办学质量和效益而进行的监督评估和审核,但这两者的侧重点有所不同,质量保障主要是针对高等院校教育教学、科研和知识转化质量进行外部评估和监督,而绩效管理则是对高等院校的整体办学效果进行审核。

一、公共问责机制

20世纪80年代以来,执政的英国保守党在新自由主义思潮的影响下,同时为缓解国内财政压力,对公共部门进行了大刀阔斧的改革。一方面削减其财政支出,另一方面则推行私有化、市场化改革。这一改革对英国以财政资助为主的公立高校产生了相当大的影响。高等院校不得不通过其他途径来获取发展所需经费,如与工商业合作、留学生交纳全额学费、对国内学生和欧盟学生收取学费等,资金来源渠道渐趋多元化。在此过程中,高等院校对各种资金的使用情况及使用效果也越来越受到人们的关注,利益相关者要求高等院校对资金使用做出说明、解释,高等教育问责由此兴起并逐渐制度化,这一制度安排对英国高等院校产生了深远影响。

(一)问责的含义及其分类

1. 问责的含义

英国财政部将问责界定为:"要求负责政策实施与发展的机构履行其责任,同时,不仅要证明管理事务和资源者对这些事务的处理和资源的使用是妥当的,而且要证明他们的政策和管理在一段时间内是如何实现经济、效率和效能的。"[1]有学者认为,问责[2]是指对绩效的回应能力,或者如特罗(Trow)所言,"问责即向他人汇

---

[1] J. Seizer. Accountability[A]. Burton R. Clark and Guy Neave. The Encyclopedia of Higher Education [C]. Pergamon Press Ltd,1992:1305.

[2] Accountability一词在中文里没有直接对应的词汇,也没有一致的译法。当前最常见有以下几种:"责任""问责""权责""问责制"等。在本书中,我们把它翻译为"问责",但有时也与"问责制"互换使用。

报、解释、证明及回答资源是如何使用的,并达到了什么效果"[①]。高等教育问责的目的是通过汇报、解释、证明等方式,来确保政府、社会机构或个人对高等院校的资源使用情况及效果进行监督。

那么,如何进行有效的问责,PA管理咨询公司于2000年在《为了高等教育更好的问责》报告中提出,有效问责需要遵循如下四项原则:[②]一是权衡重要的事务:应根据可能提供的产品和结果来确定问责要求。二是阐明关系:利益相关者与服务提供者之间的问责安排应基于一种清楚的既定关系(譬如代理关系、被正式认可的供应者、合同提供者或商业伙伴关系),并且对结果的要求应该提前在所达成关系的条款中条理分明、前后一致地叙述清楚。三是寻求共同利益:问责安排应寻求利益相关者和服务提供者双方共同利益的最大化,认可和尊重所有当事人的宪法地位和职责,并为双方提供利益。四是增加价值:问责安排应该使服务提供者的成本最小化并为其招致的成本展示实际的增值。该报告指出,问责制度如果与上述原则不一致,不可能实现利益相关者的目标,反而更可能为高校强加一些不必要的负担。而要遵循这四项原则,既需要利益相关者与高等院校之间进行更多的交流,了解高等院校运行的内部逻辑,也需要利益相关者与高等院校之间建立一种相互信任的关系。唯有如此,才可能达成问责的目标。

2. 问责的分类

罗姆泽克(Romzek)根据下述两个维度,即自治的程度与期望和/或控制的来源,将问责分为四种类型,即等级性问责、合法性问责、专业性问责和政治问责(见表5—1)。[③]

[①] Jan Currie, Richard DeAngelis. Globalizing Practices and University Responses: European and Anglo-American Differences[M]. London: Praeger Publishers, 2003:114.

[②] PA Consulting Group. Better accountability for higher education[R]. 2000:12.

[③] B. S. Romzek. Dynamics of public sector accountability in an era of reform[J]. International Review of Administrative Sciences, 2000, 66(1):24.

表 5—1　　　　　　　　　问责的类型及其价值观取向和行为期望①

	期望和/或控制的来源	
	内　部	外　部
自　治 的程度　低	等级性问责 价值观:效率 期　望:服从指示	合法性问责 价值观:法治 期　望:遵守法令
高	专业性问责 价值观:专门知识 期　望:尊重意见和专门知识	政治问责 价值观:回应性 期　望:对相关利益者的回应

专业性问责与政治问责在高等教育领域比较常见。专业性问责主要用在需要给予个体(或机构)高度自主权这样的工作情境中,譬如要求研究者解释他/她在一篇报告或论文中研究方法的选择;而政治问责则是指管理者对各关键利益集团要求的回应,如对政府官员、顾客群体、普通公众等诉求的回应。自20世纪80年代以来,政治问责在英国高等教育机构中变得越来越重要,高等教育机构必须增强其回应性、满足各种各样顾客的要求。本书所研究的问责主要是指政治问责。

雷斯伍德(Leithwood)、艾纪(Edge)、简特思(Jantzi)根据问责的难易程度由低到高将其分为三类:描述性、解释性和证明性。描述性问责是指用定性或定量的方式对真实的事件进行描述;解释性问责要求那些负责机构解释并给出做此事的理由;证明性问责要求相关人员对事件进行证明。②由于要问责的事件、性质、利益相关者等方面存在差异,在高等教育机构中各种不同的问责方式可能会在不同场合下使用。

(二)英国高等院校的利益相关者及其利益诉求

问责有三个要素组成:问责者、应负责任者和责任的内容,也即谁来问责、谁来负责以及所问和所负的责任是什么。具体到高等教育领域,问责者是指高等教育机构的利益相关者,负责者是高等院校自身,责任的内容则是高等院校的利益相关

---

① B. S. Romzek. Dynamics of public sector accountability in an era of reform[J]. International Review of Administrative Sciences,2000,66(1):24.

② Jan Currie,Richard DeAngelis. Globalizing Practices and University Responses:European and Anglo-American Differences[M]. London:Praeger Publishers,2003:116.

者的利益诉求。

1. 英国高等教育机构的利益相关者

高等教育机构的利益相关者包括哪些机构或个人,换言之,高等教育机构需要向哪些组织或个人负责,在不同的国家是不一样的。其原因在于不同的国家,高等教育机构的资金来源渠道不同,具体的机构设置也有相当大的差异。但就类别而言,各个国家高等院校的利益相关者大致包括以下九类组织或个人:政府委托人或机构、基金组织、中介组织、学生或与学生相关的组织、雇主或与雇主相关的组织、赞助机构、专业组织、教师或与教师相关的组织、工商业界(见图5—1)。在英国,每一类型组织都包括许多机构,本书以2000年的机构为例,对每一类型组织包括的机构进行说明,具体如下:[①](1)政府委托人或机构包括教育与就业部部长、公共账目委员会、英国财政部、贸易与工业部/科学与技术办公厅;(2)基金组织包括高等教育基金委员会、教育与就业部、科研委员会、地方教育当局、国民保健署、师资培训署、慈善组织、欧盟、继续教育基金委员会、国防部、工商业组织;(3)中介组织包括高等教育基金委员会、高等教育统计署、质量保证署、教育标准局、大学院校入学委员会、国家审计署;(4)与学生相关的组织包括教育与就业部、大学院校入学委员会;(5)与雇主相关的组织包括英国工业联合会等;(6)赞助机构包括高等教育基金委员会、大学副校长和校长委员会、高等院校校长常设会议、继续教育基金委员会、师资培训署;(7)专业组织包括全国医师公会、英国国家护士委员会、律师公会、皇家特许注册会计师公会、全国牙医公会、英国心理学会等;(8)与教师相关的组织包括大学教师协会;(9)工商业界包括地区经济发展署、地方当局、学习和技能委员会等。此外,不同类型的组织之间的关系也非常复杂,譬如高等教育基金委员会是高等教育机构最大的利益相关者,但也仅仅是高等院校需要负责的众多组织中的一员,并且它自身也需要对教育与就业部和英国财政部拨款使用的效果和廉洁性负责。

2. 利益相关者对高等教育机构的利益诉求

高等教育机构的各类利益相关者并不是一个统一的整体,而是由各种不同的组织或个人组成的,他们在高等教育机构中的利益诉求也不尽相同(见表5—2)。

---

① PA Consulting Group. Better accountability for higher education[R]. 2000:6.

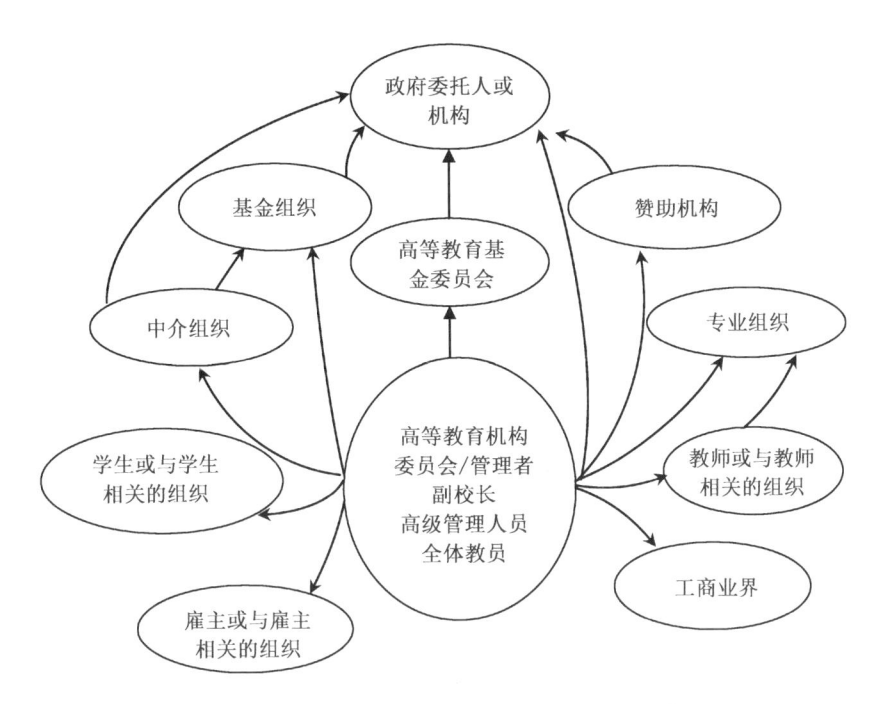

第五章　英国高等教育多元监控机制的建构 | 115

图 5—1　英国高等教育部门中的利益相关者①

表 5—2　　　　　　利益相关者在高等教育机构中的利益诉求②

	财政廉洁	财政安全	风险管理	管理体制	成本/竞争力	物有所值	学校规划	投资数额	学生统计数据	教学质量	研究质量	服务质量	道德规范责任	环境
管理者	√	√	√	√	√	√	√	√	√	√	√	√	√	√
学生						√								
教师	√			√									√	
高等教育基金委员会	√	√	√	√			√							√
国家审计署/公共账目委员会	√	√		√		√							√	
质量保证局				√			√	√	√					√

①　PA Consulting Group. Better accountability for higher education[R]. 2000:6.
②　PA Consulting Group. Better accountability for higher education[R]. 2000:11.

续表

	财政廉洁	财政安全	风险管理	管理体制	成本/竞争力	物有所值	学校规划	投资数额	学生统计数据	教学质量	研究质量	服务质量	道德规范/责任	环境
师资培训署（教育标准局）			√	√	√	√	√	√	√	√				√
专业团体								√	√	√				
大学院校入学委员会							√	√						
高等教育统计局							√							
研究委员会	√	√	√	√						√	√	√	√	√
国民保健署	√			√	√							√		
慈善团体			√		√		√	√				√		
商业客户			√		√					√	√	√		
欧洲共同体	√		√		√	√				√	√			
银行/贷方	√	√	√	√	√		√	√						
海外政府					√				√	√	√			

总的来说，利益相关者要求高等教育机构做出说明、解释或证明的事情不外乎以下几种：财政廉洁、财政安全、风险管理、管理体制、成本/竞争力、物有所值、学校规划、投资数额、与学生相关的统计数据、教学质量、研究质量、服务质量、道德规范/责任、环境等。此外，对于同一个问责项目，不同的机构所要求的难易程度也会有很大差异。

(三)公共问责实现路径之一：成本透明核算

在新公共管理思潮影响下，英国政府逐渐削减高等教育经费，与此同时，对财政拨款的使用效率和效益方面的要求也越来越高。1985年，贾勒特报告提出"大学在资源规划和使用中，应尽可能提高效率和效益"；1988年，英国教育和科学部通过了《教育改革法案》，该法案将财务预算的概念引入高校校长管理学校财务的过程中，这与贾勒特报告倡导的高等教育机构加强自身的财务责任精神相一致，并都在高等教育领域得到贯彻；1994年，英格兰高等教育基金委员会要求："高等教育机构按照每年的实际情况递交研究经费分配报告"。① 英国各级政府为了确保拨给高等院校的财政经费能够得到合理运用,保证大学财政健康,防范大学出现无可挽回的财政亏损与财政赤字,经过长期探索和实践,对高校实施成本透明核算成为保障高校资金科学和高效使用的重要手段。

　　财政透明度是现代公共管理的必然要求,也是保障政府履行财政受托责任的必由之路。财政信息公开是财政透明度的本质规定和重要内容。英国政府1998年在《财政稳定守则》中将财政透明度作为财政政策的五个原则之一。② 高校成本透明核算正是英国政府财政透明度原则在高等教育领域的体现。正如成本核算与定价联合指导小组(JCSPG)主席大卫·韦斯特伯里(David Westbury)所说:"高等院校本来并不是工商企业,但是他们运用财、物和人力资源的方式必须和工商企业一样。这主要是因为他们使用了大量的公共资金,而成本核算是使用政府公共资金的必要条件。"③

　　1. 成本透明核算的基本目标与主要组成部分

　　确保英国财政部为高等教育提供的所有公共资金都能够得到合理、高效地使用,是英国高校实施成本透明核算的主要原因,然而这并不是说高校只需要对公共经费进行成本核算,事实上,成本透明核算的对象是高校的全部资金。英国高校实施成本透明核算的基本目标如下:第一,满足利益相关者尤其是政府的财务问责需求;第二,为高等院校提供丰富和一致的各类活动成本信息,便于其规划和管理;第三,为各种活动尤其是受到公共资金资助的活动进行定价奠定基础;第四,在高等院校层面和国家层面提供一种合理和全面的成本核算模式,以指导未来的高等教育投资。④ 研发一种能够同时满足上述四个不同目标的成本核算方法并非易事。经过成本核算与定价联合指导小组和英国高等教育各方十几年的共同努力,目前该体系已经被高等院校、包括财政部在内的政府机构和其他主要利益相关者广泛接受。

---

① [英]哈罗德·托马斯. 高等院校财政资源管理[M]. 刘孙渊,译. 南京:江苏教育出版社,2010:32-36.
② 赵倩. 财政信息公开与财政透明度:理念、规则与国际经验[J]. 财贸经济,2009(11):61-65.
③ JCPSG. Executive Summary: Introduction to TRAC[EB/OL]. [2013-05-22]. http://www.jcpsg.ac.uk/guidance/executive_summary.htm.
④ JCSPG. TRAC Guidance(Foreword)[EB/OL]. [2007-12-05]. http://www.jcpsg.ac.uk/guidance/foreword.htm.

1997年,英国组建了成本核算与定价联合指导小组[①],由其负责研发成本透明核算(Transparent Approach of Costing,TRAC)体系。目前,JCPSG已经开发了包括年度成本透明核算(Annual TRAC)、科研项目的全经济成本核算(TRAC FEC)和教学成本透明核算[TRAC(T)]的成本透明核算体系。其中,年度成本透明核算是成本透明核算体系的基础,科研项目的全经济成本核算和教学成本透明核算是在年度透明成本核算基础上的拓展。它们分别对高等院校整体和单项活动的成本进行详细的核算,使政府和其他利益相关者能够获得高校所有活动的成本以及资金的使用情况,与此同时,高校也能够据此进行更好的规划和管理。

成本透明核算体系的形成经历了如下三个阶段:第一阶段,年度透明成本核算方法的研发与实施(1997—2002年)。JCSPG在JM咨询有限公司的帮助下,研发年度成本透明核算,对高校的所有成本进行核算。为了检验该方法的科学性,1999—2000学年在部分高校进行试点,2002年开始在英国所有高校推行。第二阶段,全经济成本核算方法的开发与实施(2003—2005年)。JCSPG将年度成本透明方法进行了拓展,开发了针对科研项目的全经济成本核算方法,并在英国所有高校实施。第三阶段,教学成本透明核算方法的研发与实施(2006年至今),除了不断完善年度成本透明核算和科研项目的全经济成本核算方法外,该阶段最重要的任务是研发和实施教学成本透明核算方法,对高校教学进行更加细化的成本核算和定价。

2. 成本透明核算体系的理论基础

英国高校成本透明核算方法的理论基础是作业成本法(Activity Based Costing)。作业成本法的产生,最早可以追溯到20世纪杰出的会计大师、美国人埃里克·科勒(Eric Kohler)教授,他在1952年编著的《会计师词典》中,首次提出了作业、作业账户、作业会计等概念。1971年,乔治·斯托布斯(George J. Staubus)教授在《作业成本计算和投入产出会计》(Activity Costing and Input Output Accounting)一书中对"作业""成本""作业会计""作业投入产出系统"等概念作了全面、系

---

① 成本核算与定价联合指导小组由来自高等教育基金委员会、英国大学校长委员会(CVCP)、校长常务会议(SCOP)、苏格兰高等教育校长委员会(COSHEP)、英国大学和学院等机构的代表组成。首任主席是大卫·韦斯特伯里。

统的讨论。① 这是理论上研究作业成本法的第一部宝贵著作,但在当时未能引起理论界和实业界的足够重视。直到20世纪80年代,美国在国际市场竞争中逐渐处于被动地位,实业界普遍感到产品成本往往与现实脱节,大批会计学者对传统的成本会计系统进行了深刻的反思。1987年,美国哈佛大学的青年学者罗宾·库伯(Robin Cooper)和教授罗伯特·卡普兰(Robert S. Kaplan)发表了《相关性消失:管理会计的兴衰》一文,并于1988—1989年在《成本管理》和《哈佛商业评论》杂志上发表系列文章,将斯托布斯纯理论的作业会计发展为可操作性的作业会计。② 作业成本法以"作业"或"活动"为中心,通过成本动因的选择,反映引起成本发生的原因,从而有利于企业管理层更好地控制成本。作业成本法开始只在英国和美国的加工制造业中得到应用,后来应用范围不断扩展,已逐渐在商业零售、批发、金融、保险、医疗卫生、社会中介机构、政府部门、大学等各领域中得到广泛应用。

3. 成本透明核算体系的操作流程

由于年度成本透明核算是成本透明核算体系的基础,科研项目的全经济成本核算和教学成本透明核算是在此基础上的细化和拓展,因此本操作流程主要针对的是年度成本透明核算,同时兼顾其他两项。

其一,确定大学的核心活动。

根据作业成本法,作业是组织为了实现经营目标所从事的一系列活动,其实施必然消耗组织的资源。组织要进行成本核算,必须先对组织的各类活动进行划分,并明确各类活动的具体内容。JCPSG对大学所从事的活动进行详细分析,确定三类核心活动,即教学活动(T)、研究活动(R)和其他活动(O)。除此之外,还有一类活动即支持活动(S),根据支持对象的不同又被分为三种:为教学活动提供支持的活动,为研究活动提供支持的活动和为其他活动提供支持的活动,这三种活动会在成本分配时被分到教学活动、研究活动和其他活动中。

大学的核心活动确定之后,JCPSG还对每一类核心活动进行了细分,确定其具体内容,以便学术人员根据每类活动的具体内容分配时间。

教学活动主要包括如下内容:讲课,上研讨课,从事辅导活动;项目,专题讨论

---

① 百度百科.ABC成本法[EB/OL].[2013-05-24]. http://baike.baidu.com/view/1252324.htm?fromId=754109.
② 潘飞,童卫华,等.基于价值管理的管理会计——案例研究[M].北京:清华大学出版社,2005:65.

会和实验指导；为课程、辅导活动和实验教学准备资料；为一门新课准备资料；修改和更新课程资料；组织和考察实习工作，现场考察；对学生所做的项目和学位论文进行指导和评价；其他与教育事务相关的与学生接触的时间，包括补习课程；出试卷和评判试卷，包括补考、口头考试；阅读和评价学生的学位论文、课程论文和其他学生作业；监考，包括承担外部审查工作；参加新生会议等。①

研究活动包括的内容有：实地调查，实验，影像工作，案头工作；项目管理工作，非正式讨论，研究进程报告等；科研人员的招募和管理；出席与特定研究项目相关的会议、研讨课和专业协会举办的会议；发表研究报告、论文和著作；培养和指导研究型研究生，包括研究方法的训练，评审论文初稿和学位论文，承担外部审查工作；在上述任何一个方面与其他系或机构进行合作。②

其他活动主要包括：咨询活动；其他服务，如日常测验、临床试验等；由商业公司开展的除教学和研究之外的活动；技术转让活动等。除此之外，还有针对医学院的一项其他活动，即临床服务[O(CS)]。

在年度成本透明核算中，根据资助者性质的不同，教学活动又被分为两类：公共资金资助的教学活动(PFT)和非公共资金资助的教学活动(NPFT)。前者包括：由英国公共财政资助的课程；由欧洲科学基金(ESF)、伊拉斯莫斯(Erasmus)和坦普斯(Tempus)资助的所有教学活动等。后者包括：为国际学生或非公共资金资助的学生开设的短期课程和国际学生课程；为商业公司开展的教学活动等。在教学成本透明核算中，由公共资助的教学活动又分为两种，一种是由英格兰高等教育基金委员会资助的教学活动(HEFCE-fundable)，另一种是由非英格兰高等教育基金委员会资助的教学活动(non HEFCE-fundable)。③ 大学的研究活动也分为两类：一类是公共资金资助的研究活动(PFR)，另一类是非公共资金资助的研究活动(NPFR)。英国大学的研究活动主要由7类资助者资助，分别是研究委员会(RCs)、高校自身(institution-owned funds)、其他政府部门(OGDs)、欧盟(EU)、研究型研究生的培养与指导(PGR)、慈善机构(charities)、工商业(industry)，其中，前

---

① JCPSG. TRAC Guidance-Annex 6 [EB/OL]. [2013-05-09]. http://www.jcpsg.ac.uk/guidance/Annex_6.htm#routine_testing.
② JCPSG. TRAC Guidance-Annex 6 [EB/OL]. [2013-05-09]. http://www.jcpsg.ac.uk/guidance/Annex_6.htm#routine_testing.
③ JCPSG. Part VII-TRAC(T)：Subject-related costs[R]. Bristol：JCPSG，2006：12.

5类资助者资助的研究活动属于公共资金资助的研究活动,后2类资助者资助的研究活动属于非公共资金资助的研究活动。此举主要是便于不同资助者对高校进行财政问责。

其二,选择成本动因。

成本动因(Cost drivers)主要用于那些不能直接分配的成本。从成本发生的角度来看,成本动因是引发资源消耗的直接原因;从与成本对象的关系来看,它揭示了成本对象与资源消耗的内在因果关系。[①] 它是成本透明核算实施的关键因素,成本动因选择的合理与否直接关系到资源能否准确地分配到最后的成本标的中去。

成本透明核算中常用的成本动因主要有:一是教师总数,或学术人员的全时工作当量(FET),有时还包括临床、行政和技术类的职员;二是学生总数,或全日制学生当量,并且要区分研究型研究生、本科生和授课型研究生;三是由系或部门占用的办公用房建筑面积(平方米);四是学术人员或全部教职工从事不同活动花费的时间。

在高校的全部成本中,学术人员的工资成本所占比例最大。由于大多数学术人员同时从事教学活动、科研活动和其他活动中的两项或三项,如何将他们的工资成本进行分配是成本透明核算要解决的重要问题。JCPSG选用了学术人员从事不同活动花费的时间作为成本动因,通过要求学术人员或教职工填写时间分配表的办法来确定在各项活动上的投入总时数或投入比例。

时间分配表的填写主要采用年内回顾法(in-year retrospective)和日志法(diaries)两种方法。年内回顾法是由学术人员回顾在最近三年中的一年时间里所发生的教学活动、研究活动、其他活动和支持活动分别占用的时间。日志法是由学术人员对一周内从事的所有活动以半小时或1小时为单位进行记录,然后根据该记录中各类活动占用时间的比例计算出一年的时间分配。[②] 这项工作费时又烦琐,因此,时间分配一旦确定,就不会轻易变化,只有当系或部门在新的一年中发生重大变化才会重新计算。重大变化一般包括院系合并、教师人数改变、学生人数改变、科研水平评估等级变化、来自不同渠道的收入总量变化、生师比改变、教辅人员与

---

① 潘飞.管理会计[M].上海:上海财经大学出版社,2003:104.
② JCPSG.Part Ⅲ Annual TRAC[R].Bristol:JCSPG,2005:18-20.

学术人员的比例发生改变等。①

其三,进行成本归集与成本分配。

在年度成本透明核算过程中,高等院校核心活动花费的成本分为直接成本和维持成本。直接成本是指那些直接用于某类活动的成本,或几类活动共同使用的成本,主要包括学术人员工资,本科生的实践活动以及住宿等费用;维持成本是指在从事教学、科研和其他活动时必须付出的成本,但它又不是直接用于教学、科研和其他活动的成本。②科研项目全经济成本核算在此基础上进一步将成本细分为三种:一是直接产生成本(DI),包括研究人员、技术和办公人员的工资以及非人员费用,如消耗品、设备购置费用等;二是直接分配成本(DA),包括项目负责人和合作研究人员的成本,不动产成本以及为实验室技术员和主要研究基础设施所付的费用;三是间接成本(indirect costs),主要包括大学和系的科研管理、计算中心费用及其他费用。③

各类活动成本的计算主要采用两种路径:第一,直接归集,适用于那些直接用于某项活动的成本。如研究助理的工资直接归集到研究活动等。第二,对于不能直接归集的成本,则根据成本动因计算成本。在进行成本计算之前,要先把使用相同成本动因的一系列活动所消耗的成本归集到成本库(cost pool),如学术人员的工资成本库,不动产使用成本库等,然后再根据成本动因将成本分配到各类活动和各个院系。

成本分配结束之后,要在院系或部门层面进行汇总。院系要根据不同的类别对教学活动、研究活动、其他活动和支持活动的成本进行汇总;校行政机关只需要对其他活动和支持活动的成本进行汇总。在院系或部门层面汇总之后,还需要将支持活动的成本再分配至教学活动、研究活动和其他活动中去。在做成本汇总时,还需要将公共资金资助和非公共资金资助的各类活动的成本进行分开统计。详见图5-2所示。

其四,成本调整计算与确定间接成本率。

---

① JCPSG. Part Ⅲ Annual TRAC[R]. Bristol:JCSPG,2005:21-30.
② JCPSG. TRAC Guidance:Annex 6 [EB/OL].[2013-05-09]. http://www.jcpsg.ac.uk/guidance/Annex_6.htm#routine_testing.
③ JCPSG. TRAC FEC[R]. Bristol:JCSPG,2005:3.

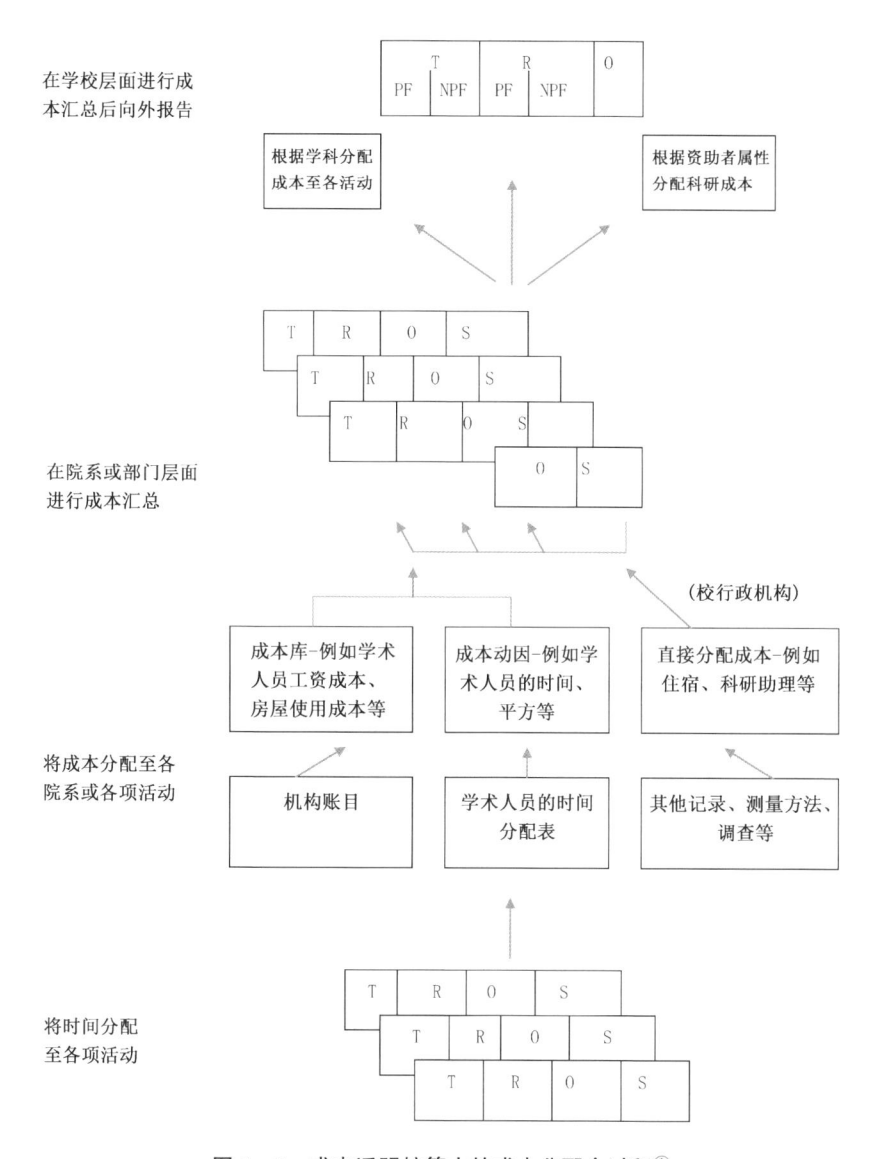

图 5—2　成本透明核算中的成本分配全过程①

在上述成本分配完成之后,高校还需要完成两项重要任务,即成本调整计算以及确定教学和科研的间接成本率(charge-out rates),其目的是更加全面地反映高校各类活动的成本,维护政府及其他资助者和高校双方的利益,促进高校的可持续发

---

① JCSPG. Part Ⅲ Annual TRAC[R]. Bristol:JCSPG,2005:6.

展。成本调整主要包括基础设施成本调整(the infrastructure adjustment)和资本成本调整(the cost of capital employed adjustment)。一般来说,成本调整和间接成本率都是由高校统一计算。

基础设施成本调整的主要做法如下:在成本透明核算时,需要进行成本调整的基础设施包括不动产(如土地和建筑物)、物质基础设施(如道路、场地、锅炉装置等)、器材和设备(科学设备、计算机和普通设备)、交通工具、家具(固定装置和可拆除装置)。[①] 在计算基础设施成本时,需要考虑三类成本:折旧费、长期维持费用和周期性的重建和升级投资费用。基础设施成本调整主要有两种计算方法:一种是整体计算法(high-level method),另一种是细分法(detailed method)。由于细分法需要对具体的资产类型进行划分,而且也没有统一的具体标准,再加上一些数据较难取得,相对比较烦琐,所以很少采用。[②] 英国高校一般采用的是整体计算法,具体过程如下:第一步,计算基础设施的账面价值。将那些需要计提折旧的资产(不包括土地及机器设备)的年初价值及年末价值进行平均,取得他们的账面价值(不要去除折旧费用)。第二步,计算折旧率。计算出这些资产已经计提的折旧费用除以上述账面价值得到折旧率。第三步,计算基础设施总成本。将已调整过的基础设施账面价值乘以折旧率,从而计算出该年基础设施总成本。第四步,计算净基础设施成本调整额。将基础设施总成本减去对建筑物计提的折旧及长期资产的维护费用从而得到净基础设施成本调整额。

资本成本调整的主要做法如下:资本成本主要是指高等教育机构因占用资产或资本所产生的成本和费用。英国高校计算资本成本调整的具体步骤包括:首先,根据高校财务报表中列示的年末及年初资产总额,求得平均资产总额,然后减去流动负债。其中递延资本补助金不应扣除,但现金、捐赠基金及投资款应予以扣除。其次,将上述取得的非现金资产的价值根据是按照历史成本原则计价还是按照现值计价求得资金成本率。再次,减去已在财务报表中列示的利息费用及其他融资费用。最后,经过以上三步便可得资本成本费用,然后将资本成本费用的合同总成本费用在财务报表中加以列示,并将其根据成本动因合理分配到教学、科研及其他

---

① JCPSG. Part Ⅲ Annual TRAC-Annex 15:Cost adjustment [EB/OL]. [2013-05-10]. http://www.jcpsg.ac.uk/guidance/part3_e.htm.

② 方慧,钟志强.英国高校教育成本的核算——透明成本计算法[J].经济研究导刊,2013(6):296.

活动中去。①

  间接成本率的计算如下：高校根据成本分配过程中得到的用于教学活动和科研活动的间接成本总额除以教学人员数和科研人员数，得到人均教学或科研间接成本率。单个科研项目或教学项目的间接成本则主要根据项目使用的人数和人均教学或科研间接成本率计算。② 这是政府或其他资助者为高校各项教学或科研项目定价的基础。间接成本率除了用于成本透明核算外，更重要的是为解决以往教学和科研项目资助方承担的间接成本较少，导致高校教学和研究基础设施投入短缺以及稳定经费被挤占的问题。在成本透明核算体系实施之后，教师或高校在申请教学和科研项目时需要编制间接成本和直接成本预算，项目批准之后，直接成本由项目负责人掌握，间接成本则补偿给高校。

  成本核算与定价是成本透明核算体系的基本功能。因此，通过上述操作流程可以得出两类成果，一是成本透明核算报告，主要包括年度成本透明核算报告、教学成本透明核算报告和科研项目全经济成本核算报告。其中教学成本透明核算报告内容分三个方面，教学成本透明核算其他成本信息、英格兰高等教育基金会资助中与课程无关的成本以及与课程有关的成本。二是课程单元与研究项目的定价结果，主要是根据财务记录、教学间接成本率和研究间接成本率等计算得出的课程单元的估算成本、研究项目的估算成本等(详见图5-3)。

---

  ① 方慧,钟志强.英国高校教育成本的核算——透明成本计算法[J].经济研究导刊,2013(6):294-296.
  ② 袁连生,李茜.美国和英国高校科研项目间接成本的计量[J].教育财会研究,2009(4):59-62.

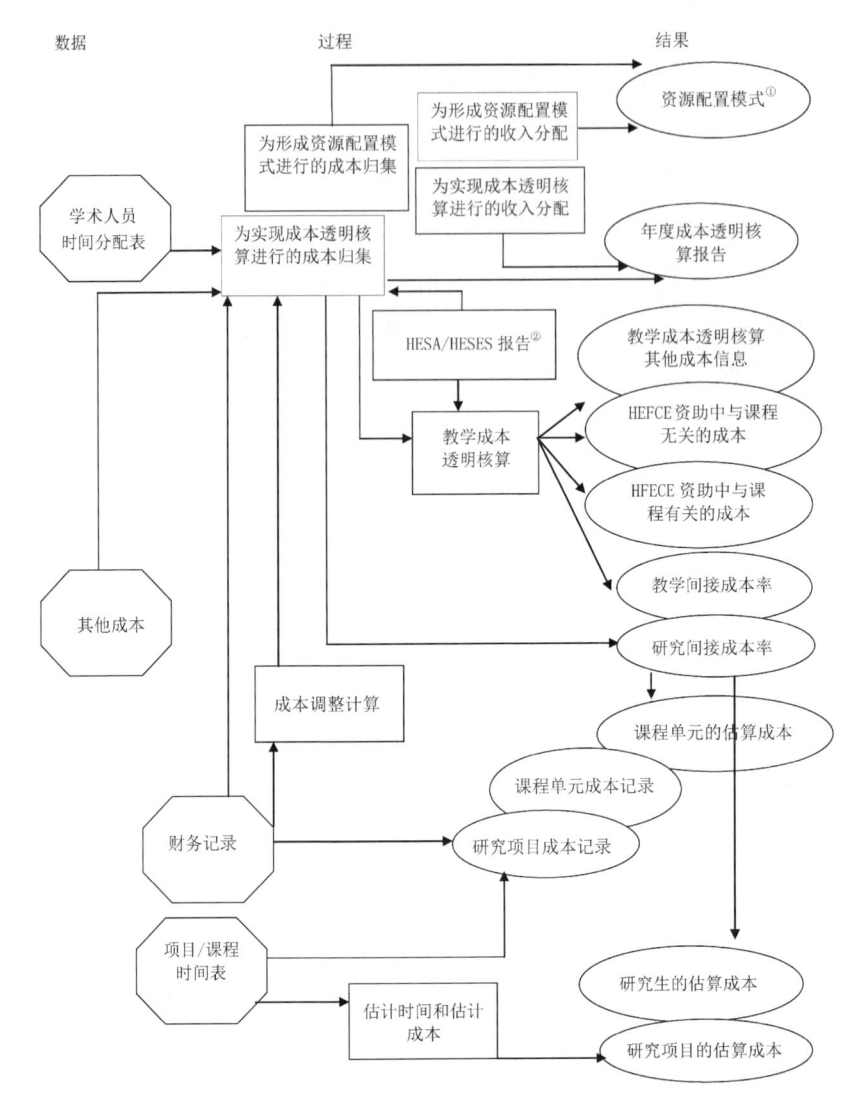

图 5—3　成本透明核算体系示意图[3]

---

　　①资源配置模式(RAM)与成本透明核算(TRAC)是英国高校财务管理中的两项紧密相关的工作,但两者也有区别:第一,TRAC 要求将成本分配到各类活动中,RAM 对此很少要求;第二,在 RAM 中使用的数据并不是最新的数据,它有可能取自规划数据而不是历史数据,而 TRAC 中使用的数据是过去一年的最新数据;第三,动因因素在 TRAC 的成本动因中并不存在,但在资源配置模式中是非常重要的组成部分;第四,RAM 中的成本动因通常较多,并且它们的运用也非常复杂。TRAC 不要求使用大量的成本动因。
　　② HESA/HESES 报告是指由高等教育统计署提供的官方统计数据报告,高等学校学生早期统计调查结果报告。
　　③ JCSPG．Part III-Annual TRAC:Costing system schematic[EB/OL].[2006—04—10].http://www.jcpsg.ac.uk/guidance/part3_a0.htm.

4. 小结

自 1997 年起,在作业成本法的基础上,英国重新打造高等院校的成本核算体系。经过十多年的发展,该体系已经得到了包括英国财政部在内的政府机构的认可,在满足政府及其他资助方对高等教育的财务问责、改进高校内部财务管理等方面起到了至关重要的作用。

概言之,该体系具有如下四个优点:一是它以作业成本法为基础,使成本核算对象更加明确。与此同时,将高校的核心活动作为成本核算的对象,成本归集更加合理。二是通过选取成本动因,使间接成本的分配更加科学。三是通过成本调整计算,能够更加全面地反映各类活动的成本。四是通过间接成本率的计算,为项目资助方补偿高校的间接成本提供了合理依据,最终推进高校的可持续发展。然而,成本透明核算体系也有缺点,其中最明显的是,成本透明核算方法在讲究成本信息准确性的同时也融入了较多的估计成分,如学术人员花在各类活动上的时间是采用估计方法等。另外,成本透明计算体系的设计过于复杂,需要花费大量时间和精力对高校财务人员进行培训。

(四)公共问责实现路径之二:财政备忘录与单一会话问责制度

自 2003 年起,英国大学在接受政府拨款的同时要与高等教育基金委员会签署财政备忘录,财政备忘录是高等教育基金委员会向大学进行绩效问责的有效措施,它包括三个参与主体:第一个是高等教育基金委员会的首席执行官,要向议会保证政府拨款的正确使用;第二个是大学的治理机构;第三个是大学的首席官员(通常是指副校长),他代表大学与 HEFCE 签署财政备忘录。① 财政备忘录要求大学治理机构(如校董会或校务委员会)必须建立一套有效的治理和控制机制,制订计划保持大学避免负债,确保具有有效的风险管理能力。在实际的财务管理中,大学必须避免赤字(除非能够以储备资金支付),必须审核对不动产包括土地和建筑的使用,必须合理地维护不动产,如果每年贷款偿还额超过收入的 4%,再借款必须得到高等教育基金委员会的批准,大学应该尽可能做到有能力负担其所有开支。②

为了进一步促使大学建立和完善自身的财务管理体系,2004 年,高等教育基

---

① 臧日霞.从高等教育基金委员会看英国高校治理模式的创新[J].比较教育研究,2009(7):77—81.
② 范文曜,David Watson.高等教育治理的国家政策——中英合作研究项目文集[M].北京:高等教育出版社,2009:8.

金委员会制定了"大学问责与审计的实践准则",规定大学必须建立审计委员会,直接对治理机构负责。大学必须每年安排一次外部审计,必须实行内部审计检查所有系统,每学期向本校审计委员会报告,每年向本校治理委员会报告。大学每年必须向高等教育基金委员会递交财务报表、外部审计员的管理建议书、内部审计员的年度报告、大学审计委员会的年度报告;大学必须向高等教育基金委员会递交年度财务收益表,包括财务状况阐述和5年财务预测。高等教育基金委员会审查财务收益状况报告并与大学讨论,评估每所大学的风险,开展定期的审计,帮助处于困难中的大学。[①] 通过促使大学建立财务审计制度,高等教育基金委员会对大学的财务进行监管和问责,尽可能使大学避免陷入财务风险。

2005年7月,高等教育基金委员会提议改变问责过程,简化问责程序,与此同时通过更加信赖高校自身的管理和治理体系,减轻加在高校身上的监管负担,这就是单一会话问责制度,它将以前分多次报送给高等教育基金委员会的问责资料,集中到一段时间统一报送,高等教育基金委员会根据大学报送的问责资料对大学的风险状态进行评估。英国许多大学都非常欢迎这一改革提议,并把它看作是对更好地监管和改革大学与高等教育基金委员会对话的贡献。大约80%的大学认为,在实施单一会话问责制度方面不存在大的困难。[②] 为了测试其实际效果,高等教育基金委员会于2006年选择10所大学进行试点。与此同时,还成立了一个由其他公共投资者和利益相关者组成的领导小组,来发展和完善新的问责制度,共同协调对大学的监管和问责方式。根据从试点中获得的经验以及来自各个方面的反馈,2007年5月,高等教育基金委员会发布了《高等教育机构的问责制度:2008年的新安排》,正式确立了高等教育基金委员会与高校之间的新问责模式。通过实施与风险评估相联系的单一会话问责制度,更好地规制大学,使其能够为获得的公共资助负责。该制度于2008年8月1日开始实施。为了配合于2008年实施的单一会话问责制度,财政备忘录和"大学问责与审计的实践准则"都进行了修改,新规定与单一会话问责制度在同一天生效。例如,2004年颁布的"大学问责与审计的实践准则"要求大学每年向高等教育基金委员会汇报的财务方面的资料,在单一会话

---

① HEFCE. Accountability and Audit: HEFCE Code of Practice[EB/OL]. [2004-04-27]. http://www.hefce.ac.uk/pubs/hefce/2004/04_27/.

② HEFCE. Accountability for higher education institutions: Responses to the consultation (2006/07)[EB/OL]. [2009-04-20]. http://www.hefce.ac.uk/pubs/hefce/2006/06_07/.

问责制度实施后,这些资料作为单一会话问责制度要求提交资料的组成部分,一次性提交给高等教育基金委员会。

(五)公共问责实现路径之三:风险管理与风险评估

风险管理与风险评估是英国近期实施的三项问责措施的核心,财务备忘录帮助和促使大学自身建立起风险管理体系,对学校的风险进行管理和控制;单一会话问责制度则使高等教育基金委员会根据大学提交的问责资料评估大学的风险状态,并对处于高风险中的大学提供帮助和支持。

1. 高等教育基金委员会要求大学建立风险管理体系

高等教育基金委员会认为,风险管理和实现战略目标紧密相连,大学要经常回顾风险要点,在风险可能性和风险影响评估的基础上加强大学内部控制。财政备忘录和审计制度都要求大学建立风险管理体系,目前,英国大多数大学根据学校的具体情况建立了风险管理体系。本书以伦敦城市大学为例对此进行阐述。伦敦城市大学建立了风险管理矩阵模型,矩阵模型的横轴表示发生的可能性,分为五个等级:很少发生(发生的可能性为0~5%)、可能发生(发生的可能性为6%~20%)、很可能发生(发生的可能性为21%~50%)、非常有可能发生(发生的可能性为51%~80%)、几乎肯定要发生(发生的可能性大于80%);纵轴表示风险等级,也分为五个等级,即轻微风险、一般风险、严重风险、重大风险和灾难性风险。由此形成了三种不同区域:一是警报区域,用红色标示,这是绝对要禁止发生的;二是警告区域,用黄色标示,需要暂停执行;三是通行区域,用绿色标示,风险可以忽略不计。[1]其中红色区域和黄色区域相邻的这条线就是学校风险的警戒线,一旦大学某一方面的风险经评估超过这条警戒线,就需要学校董事会亲自研究,采取应对措施。

伦敦城市大学每半年对学校面临的风险评估一次。学校列出了160多项主要风险,从中归纳出25种风险,每项重大风险都明确到人,管理人员要花很多时间来思考应对的策略。例如,招生困难,就会导致部分专业停招,大学就要采取有力的市场策略,增强对学生的资助等措施降低风险;如果大学不能保持学术水准,就会导致对学校声誉的影响,大学就需要采用成功的学术实践,通过课程认证等加以应

---

[1] City University London. Risk Management Guide [EB/OL]. [2009-12-06]. http://www.city.ac.uk/planning/risk_management.html.

对;如果校园失火或爆炸,大学需要采取保险、应急计划和灾难重建来应对。① 也正是由于有如此周密的应对计划,使得伦敦城市大学在面临风险时能够自如应对,最大限度地减少对学校发展的危害。

2. 高等教育基金委员会对大学进行风险评估

2008年开始实施的单一会话问责制度使高等教育基金委员会能够依据大学提交的问责资料对其风险状态进行评估,在风险评估结果出来之后,高等教育基金委员会采取一些支持策略对处于高风险中的学校提供帮助和支持。

其一,提交问责资料。

高等教育基金委员会将问责资料的提交时间确定为一个月,除成本透明核算报告在次年的1月份提交外,其他资料都在当年的12月份提交。问责资料主要包括如下12项内容:年度保障报告、年度监控报告、学校规划报告、审计财务报告、财务报表和财务预测表、对过去绩效和未来预测的财务评述、审计委员会的年度报告、外部审计管理建议书、内部审计年度报告、高等学校学生早期统计调查结果报告、科研活动调查、成本透明核算报告。② 上述内容也构成了高等教育基金委员会对高校的问责框架,其中,内部审计年度报告和审计委员会的年度报告在问责框架中非常重要,原因在于它们提供了基础保障,将证实高校的内部控制是否有效,是否取得了物有所值的结果。高等教育基金委员会运用收集到的问责信息主要做如下四项工作:第一,监控所拨资金的运用是否符合预定目的;第二,作为与高校探讨如下问题的基础:高校在主要领域的进展情况,战略规划中的优先发展事宜,高校现在和未来的绩效(包括财务的可持续性);第三,在很大程度上决定每所高校的风险评估;第四,识别高校的发展趋势,并向商业、创新和技能大臣汇报高校的需求和发展情况。③

其二,进行风险评估。

风险评估是指高等教育基金委员会根据每所高校的市场地位及其发展战略,

---

① 范文曜,David Watson. 高等教育治理的国家政策——中英合作研究项目文集[M]. 北京:高等教育出版社,2009:23.

② HEFCE. 'Single conversation' annual accountability returns:Outcomes for 2008(2009/26)[EB/OL]. [2009-08-25]. http://www.hefce.ac.uk/pubs/hefce/2009/09_26/.

③ HEFCE. 'Single conversation' annual accountability returns:Outcomes for 2008(2009/26)[EB/OL]. [2009-08-25]. http://www.hefce.ac.uk/pubs/hefce/2009/09_26/.

对其可持续性的评估。高等教育基金委员会组织人员分析、处理高校提交的相关问责信息,进行风险评估,在次年二月底发布风险评估报告。高等教育基金委员会将高校的风险状态分为高和低两种。一般而言,大多数大学处于低风险状态,但每年有少数大学全面或在某些特殊方面处于高风险状态。那么,如何判定大学处于高风险状态呢？一般来说,如果大学在如下十项中有一项或多项存在重要风险,高等教育基金委员会就认为其处于高风险之中:财务状况或财务前景;招生和学生体验;高校财务控制系统的使用情况;教学质量或研究质量的评估;学生非持续就学率或未毕业率;管理和治理过程;风险管理;组织基本架构的管理和可持续性,包括学校的资产和信息系统;总体市场定位和战略方向;未遵守财务备忘录的要求,包括根据预定目的使用资金、提供符合有效管理和质量保障的数据以及满足年度财务方针等。[①] 上述所有的风险最终都是财务风险,高等教育基金委员会认定的良好财务状况是:年度盈余要大于收入的3%,储备金大约占收入的20%,多于30天支出的现金存量,流动资产大于流动负债;每年贷款偿付额要低于收入的4%,员工工资支出不能超过收入的增长速度,实际结果和大学的预测相符。[②] 对处于不同风险状态中的高校,高等教育基金委员会会给予不同的待遇。一般来说,低风险高校会获得更多的自由。而对处于高风险中的高校,高等教育基金委员会则会采用支持策略给予支持。具体情况如表5-3所示：

表5-3　　高等教育基金委员会对处于高风险中的高校的支持策略[③]

高等教育基金委员会采取的行动	适用情况
在高级管理人员层面采取的行动	
与高级管理人员包括高校的指定主管人谈话	适用于所有个案
评估指定主管人对财务备忘录的遵守程度,包括要求他们给高等教育统计署、高等教育基金委员会和其他资金机构提供符合有效管理和质量保障制度的数据	根据管理回应情况考虑是否采取行动

---

① HEFCE. Model Financial Memorandum between HEFCE and institutions(2008/19)[EB/OL].[2009-06-25]. http://www.hefce.ac.uk/pubs/hefce/2008/.

② 范文曜,David Watson. 高等教育治理的国家政策——中英合作研究项目文集[M]. 北京:高等教育出版社,2009:8.

③ HEFCE. Model Financial Memorandum between HEFCE and institutions(2008/19)[EB/OL].[2009-06-25]. http://www.hefce.ac.uk/pubs/hefce/2008/.

续表

高等教育基金委员会采取的行动	适用情况
与校务委员会主席或审计委员会主席谈话	当该行动能够及时给高校以帮助时
与全体校务委员会成员谈话	在特殊情况下
尝试以观察员身份参与校务委员会或审计委员会的会议	在特殊情况下;如果风险威胁到高校的生存能力,或如果我们缺乏对高校回应的信任时
要求任命临时管理人员或从高等教育基金委员会借调管理人员	如果需要加强高校的管理能力以降低风险或当高校的生存能力受到威胁时
在信息与审计方面采取的行动	
要求高校提供与风险相关的额外信息、报告和数据	适用于所有个案
要求高校提供被审计的信息和报告	如果相关信息被证明是不充分的或不可信的
要求高校改革其内部和外部审计安排	如果审计工作未能识别高校主要风险
着手或委托进行审计调查	在我们需要对风险或行动计划进行独立评估时
在规划和战略方面采取的行动	
要求高校提供复兴计划或行动计划	适用于所有个案
探讨高校的战略规划和市场定位可能发生的变化	如果有与战略或市场定位相联系的风险
寻求与其他机构合作的机会	如果通过合作能降低风险
在拨款方面采取的行动	
重新调整高校的拨款	如果现金流量或流动性是高校的主要风险时
考虑运用能满足高等教育基金委员会拨款目标的特殊拨款	如果特殊拨款能降低高校风险
在拨款时附加特殊条款	若此能促使高校采取行动或阻止其不合理行动
减少或撤出拨款	仅在极端情况下采用
使用我们自己估计的数据	如果学校提交的数据与目的不符
当高校风险降低时应采取的行动	
在我们的风险评估报告中告知其变化	适用于所有个案
解除对高校的特殊条件和特殊要求	在适当的时候

其三,公布问责结果。

2008年12月是英国高校第一次向高等教育基金委员会提交单一会话问责制度所需要的信息。高等教育基金委员会对高校提交的信息进行了分析处理,并将分析结果和风险评估报告下发给各所学校。在此,仅就此次问责的整体结果进行阐述。

就资料提交而言,由于部分高校对政策规定理解不到位,提交的部分数据不准确或没有按照规定格式提供,这在高等教育基金委员会对高校的反馈中都有说明。为了方便数据处理和提高效率,高等教育基金委员会建议所有高校以后要按照目前政策中的规定格式提交相关资料。

来自高校2007—2008学年的全部财务结果显示,单所高校的财务状况稳定,不存在高风险问题,并且与2006—2007学年的财政绩效相比有一些改进。在2007—2008学年末,部分高校拥有大量的现金结余和充裕的准备金水平,这将为其可能面临的危机提供缓冲。[①] 然而,将所有高校的成本透明核算报告中的数据累积在一起,高等教育基金委员会资助的所有高校的全部经济成本核算结果是出现了共计10.66亿英镑的财政赤字,但这对于英国高校每年数百亿的支出来讲,并不会对英国高校的发展构成威胁(详见表5—4)。

表5—4   2007—2008学年高校的成本透明核算数据[②]   单位:百万英镑

	公共资助的教学成本			非公共资助的教学成本	科研成本总额	其他成本	总计
	规定	非规定	总计				
收入	6 300	1 993	8 293	1 801	5 181	3 726	19 001
支出	6 521	2 005	8 526	1 390	6 880	3 270	20 067
盈余/(赤字)	(221)	(12)	(233)	411	(1 699)	456	(1 066)

2008年高校制作财务预测表的时间发生在全球金融危机之前,因此,从财务预测表的分析来看,不是所有高校都充分意识到在未来几年内经费收入渠道和支出上面临的可能压力。全球金融危机的发生,使英国高校获得财政拨款、企

---

① City University London. Risk Management Guide [EB/OL]. [2019-12-06]. http://www.city.ac.uk/planning/risk_management.html,2009-12-06.

② HEFCE. 'Single conversation' annual accountability returns: Outcomes for 2008(2009/26)[EB/OL]. [2009-08-25]. http://www.hefce.ac.uk/pubs/hefce/2009/09_26/.

业资助和慈善捐赠等会大幅减少,因此,高等教育基金委员会提醒高校要密切关注经济环境的变化,采取各种措施减轻经济衰退对高校财务健康的影响。

3. 建立基于风险监管的市场准入注册制度

2017年,《高等教育与研究法案(草案)》获得上议院通过,由英格兰高等教育基金委员会和高等教育公平入学办公室合并而成的学生事务办公室作为代表政府的唯一高等教育市场监管机构,为控制高等教育风险,英国建立了基于风险监管的市场准入注册制度。详见第四章。

二、质量保障机制

英国的高等院校,尤其是大学,自建立以来就一直保持着自治传统。在自治传统下,大学教师广泛控制着学术活动。"由于他们最清楚高深学问的内容,因此他们最有资格决定开设哪些科目以及如何讲授。此外,教师还应该决定谁最有资格学习高深学问(招生)、谁已经掌握了知识(考试)并应该获得学位(毕业要求)。"[①]由此,伯顿·克拉克(Burton Clark)在其协调三角图中,提出了影响高等教育系统的三种主要力量,即国家、市场和学术权威,英国受学术权威的影响最大。在此种体制下,英国高等教育的质量一般而言由院校内部控制。然而,自20世纪70年代以来,英国高等教育所面临的环境发生了很大的变化,国家与市场的干预力量逐渐增强,高等教育的内部质量控制不再能获得政府的信任,于是,政府开始建构和不断完善高等教育的外部质量保障机制,将保障高等教育质量的权力掌握在政府部门手中。

英国高等院校的质量保障分为三个部分,教学、科研与知识转化(knowledge exchange),分别设有不同的外部质量保障机构对高等教育质量进行定期评估,以期从外部对高等院校的教学、科研与知识转化质量进行监控。知识转化方面的质量评估相比教学与科研质量评估而言,出现得较晚,2018年才正式开始研究,2021年公布评估结果。

(一)教学质量保障机制

1. 外部教学质量保障机构的变迁

外部质量保障机构的变化分为两个阶段,以1992年高等教育从二元制转变

---

① [美]约翰·S.布鲁贝克.高等教育哲学[M].徐辉,张民选,译.杭州:浙江教育出版社,1998:31.

为一元制为分水岭。1992年之前,英国高等教育尚处于二元制时期,大学与多科技术学院分设两套机构;1992年之后,英国高等教育取消二元制,进入一元制时期,使得所有高等院校处于相同的质量保障机制之中。随着外部质量保障机构的变化,这些机构的功能也在不断地发生变化。

其一,二元制时期的教学质量保障机构(1966—1992)。

英国高等教育二元制形成之后,高等院校由两个部分组成,大学和多科技术学院与其他学院。多科技术学院与其他学院受地方当局领导,并接受皇家督学处的质量监督;此外,他们没有独立的学位授予权,学生只能攻读全国学位授予委员会的学位或伦敦大学的校外学位。多科技术学院与其他学院在这一时期主要受到两个质量保障机构的监督:皇家督学处和全国学位授予委员会。前者主要对多科技术学院和其他学院的教学质量进行定期或不定期的评估与监督,后者则主要通过是否授予学位的方式来确保这些学院的教学质量达到基本标准要求。

英国大学自中世纪以来就一直保持着"自治"传统,二元制形成之后,大学还享受着"自治"特权。为了回应外部日益增加的要求大学负起社会责任以及对其质量进行监督的呼声,大学副校长和校长委员会于1983年成立了一个学术标准小组(Academic Standards Group),该小组于1986年公布其调查结果。调查报告涉及议题相当广泛,对大学的各个方面进行了审核,并且对大学维持与控制学术标准提出了一些建议。学术标准小组于1986年完成其任务,之后,大学副校长和校长委员会督促大学采纳该小组提出的建议。[①] 1990年,大学副校长和校长委员会撤销学术标准小组,设立新的质量审核机构:学术审核小组(Academic Audit Unit),对大学的质量控制系统进行审查。"这个机构并没有设置明确的标准或者推动统一质量保障制度的形成,其目标仅仅是确保大学真正在执行自己制定的质量保障措施,而不管这些质量保障措施究竟是什么。"[②]

其二,一元制时期的教学质量保障机构(1992—)。

在英国高等教育体制从二元制转变为一元制之后,英国的所有高等院校都

[①] Roger Brown. Quality Assurance in Higher Education the UK Experience Since 1992[M]. London and New York:RoutledgeFalmer,2004:36.

[②] Helen Smith,Michael Armstrong and Sally Brown. Benchmarking and Threshold Standards in Higher Education[M]. London:Kogan Page Limited,1999:9.

处于相同的教学质量保障机制之下,这是英国首次将所有高等院校的教学活动纳入一个统一的外部质量规制框架之中。此后,高等教育质量保障机构的发展经历了两个阶段:一是评估与审核[①]机构分离阶段,从1992年到1997年。在此阶段中,教学质量评估由高等教育基金委员会成立质量评估单位执行,主要从学科层面进行评估;而质量审核则由新成立的高等教育质量委员会(Higher Education Quality Council,HEQC)执行。二是评估与审核机构统一阶段,由于质量评估与审核分开进行受到了人们的质疑,因此,从这项制度实施的第二年就开始对其进行审查,经过大量的调查和激烈的争论,直到1997年,英国成立了统一负责质量评估和院校审核的高等教育质量保障署(Quality Assurance Agency for Higher Education,QAA)。

由于1992年以前高等院校的外部质量保障机制并不完善,尤其对一直享受"自治"特权的大学来说更是如此。因此,本节对教学质量保障机制进行研究时,将主要探讨1992年之后,也即一元制时期的三个阶段的外部教学质量保障机制。

2. 评估与审核机构分离阶段的教学质量保障(1992—1997)

1991年5月英国高等教育白皮书《高等教育的框架》发表,该报告建议构建一个新的质量保障机制,它包括两个部分:一是在各个高等教育基金委员会内部建立质量评定单位,由它对高等院校学科层面的教学质量进行评估,评估结果作为对各个学科评定单位进行教学拨款的一个依据;二是由各高等院校联合成立高等教育质量委员会,取代学术审核小组,对英国所有高等院校的质量控制系统进行检查。下面,我们分别对质量评估和质量审核的方法与过程进行阐述。

其一,质量评估。

自1992年构建新的高等教育质量保障体制之后,高等教育基金委员会对英国高等院校(主要包括英格兰和北爱尔兰地区)进行了质量评估,此次评估历时三年,评估目的有以下三个:[②]第一,确保由高等教育基金委员会提供资金的所

---

① 质量评估与质量审核是两个不同的概念,根据《高等教育的框架》中的解释,质量评估是指外界对高等院校教学质量的检查与评判;而质量审核则旨在保证高等院校具有适合的质量控制机制的外界检查。

② Roger Brown. Quality Assurance in Higher Education the UK Experience Since 1992[M]. London and New York:RoutledgeFalmer,2004:74.

有教育都具有满意的或更好的质量,并保证使不满意的质量得到尽快改正;第二,通过出版评估报告和年度报告来鼓励教育质量的改善;第三,为教学拨款提供信息并对获得优秀者进行奖励。

质量评估是在学科层面上进行的,高等教育基金委员会将所有学科分为15个评估单位(具体情况如表5—5所示),评定结果分为优秀、满意和不满意三种等级。此次评估中总共有972个评定单位,质量评估小组对553个评估单位所在的院校进行了调查,其余419个单位仅仅在分析其自评报告的基础上对其进行评估,没有对院校进行调查。①

质量评估过程一般包括以下四个阶段:第一,学科自评,在接受评估的过程中,每一个被评学科都要准备一份自评报告,被评学科要在自评报告中对该学科所要达到的目标进行详细说明。第二,进行评估调查,由同行组成的评估小组对高等院校提供的资料进行审阅,依据被评学科自己确定的目的进行估量。一个评估小组由相关学科的3~5个同行组成,小组人员一般来自各个高等院校。评估内容包括:教授、学习和评价活动的范围、学生成绩、课程、学习资源的运用(图书馆、设备、信息技术和实验室)、学生资助和指导以及学科层面的学术管理。评估调查包括对学生作业的检查、对教学活动进行直接观察以及与教师和学生进行讨论。第三,得出评估意见,根据上述对自评报告的审阅以及所进行的评估调查,质量评估小组得出所评学科的质量等级,即优秀、满意或不满意,并对该学科的质量改进提出建议。第四,发表评估报告。质量评估小组在评估结束之后,要将评估过程和评估结果形成一个正式报告,进行发表。此次学科质量评估结果如表5—5所示:

表5—5　　　　　　　　1992—1995年学科评估等级分布比例②

学　科	等　级			
	优秀(%)	满意(%)	不满意(%)	总和(%)
人类学	76.92	23.08	0.00	100.00
应用社会科学	20.00	78.67	1.33	100.00

---

① HEFCE. report on Quality Assessment 1992—1995[R]. M18/95,1995.
② Roger Brown. Quality Assurance in Higher Education the UK Experience Since 1992[M]. London and New York:RoutledgeFalmer,2004:76.

续表

学科	优秀(%)	满意(%)	不满意(%)	总和(%)
建筑学	33.33	66.67	0.00	100.00
工商管理	18.00	81.00	1.00	100.00
化学	22.03	77.97	0.00	100.00
计算机科学	10.64	87.23	2.13	100.00
英语	34.88	61.63	3.49	100.00
环境科学	21.15	76.92	1.92	100.00
地理学	33.33	65.33	1.33	100.00
地质学	51.43	48.57	0.00	100.00
历史	21.18	78.82	0.00	100.00
法律	31.82	66.67	1.52	100.00
机械工程	12.16	86.49	1.35	100.00
音乐	45.76	52.54	1.69	100.00
社会政策与行政	42.42	57.58	0.00	100.00
总计	26.58	72.13	1.29	100.00

由表5—5可以看出，不同学科的质量等级差异非常大，人类学有76.92%达到优秀，而计算机科学仅有10.64%达到优秀。

另外，由前述评估目的可知，评估结果将会作为教学拨款的依据，高等教育基金委员会将根据此结果对不同的高等院校实施有差异的教学拨款，具体情况在第四章中已经进行了阐述，在此不再赘述。

其二，质量审核。

质量审核是高等教育质量委员会的主要职能，其目的主要有两个：[1]第一，就高等院校在履行其保证学术质量和标准的责任时所采用的方法，提供相关方面的信息，使公众理解和放心，并对这些方法的效果做出判断；第二，通过给高等院校提供一定的时间和建议，帮助其改善和提高教育质量及其质量保证措施。

---

[1] HEQC and HEFCE. HEQC/HEFCE joint statement on quality assurance[R]. M1/94，1994.

质量审核通常是由专门审核小组执行,其成员多半是资深的学术人员和管理者,他们在从事质量审核之前,还需要学习相关课程,旨在使新审核员了解质量保障和审核的理论与实践,为其提供一次观摩审核的机会,并培训他们与评价质量保障系统相关的特殊技能。在审核过程中,审核员将根据高等院校提供的材料和对高等院校进行长达三天的调查,对高等院校的内部质量保障系统进行审核。审核范围具体包括:学习项目;教、学与交流;学术人员;评估和分级程序;核查、反馈与提高;高等院校的宣传材料等。审核结束之后,高等教育质量委员会就审核过程和审核结果发表报告,在1992—1997年之间,委员会共发表两份总报告,即1994年的《从审核中学习》和1996年的《从审核中学习2》。

在质量审核的发展历程中,审核的范围和侧重点也在不断地发生变化。从1992年仅对高等院校的内部质量保障系统进行审核,扩展到对高等院校之间合作办学的质量保障制度以及高等院校的海外合作办学的质量保障制度进行审核;自1994年之后,在来自政府和其他力量的压力下,高等教育质量委员会将审核的侧重点转移到了质量标准的可比较性上。因此,在质量审核过程中所提的问题改变为:高等院校如何界定他们的学术标准,高等院校运用什么样的比较仪(comparator)来保证他们的学术标准与其他院校的学术标准保持一致,高等院校如何保持他们确定的学术标准。[1] 1994年夏天,大学副校长和校长委员会以及校长常设会议要求高等教育质量委员会考虑为本科生学位制定最低标准(threshold standards)。此后,高等教育质量委员会开始调查和咨询为第一级学位制定最低标准的可行性问题,也即毕业生标准项目(the Graduate Standards Programme)。1997年毕业生标准项目的最后研究报告发表,经过三年的调查和研究,他们得出的主要结论如下:[2]

· 除了个别例外,多数高等院校认为他们用来设计和批准课程以及评定学生的方法方面的学术标准是模糊的,而不是清晰的。

· 可比较性这一观念越来越成问题。

· 在分等级的荣誉学位居优势地位的院校,最低标准的概念并没有被清楚

---

[1] Helen Smith, Michael Armstrong and Sally Brown. Benchmarking and Threshold Standards in Higher Education[M]. London:Kogan Page Limited,1999:11.

[2] Roger Brown. Quality Assurance in Higher Education the UK Experience Since 1992[M]. London and New York:Routledge Falmer,2004:67.

的界定,并且还有可能用一种带有否定意义的术语进行界定。

• 在广泛的学科层面确立最低标准是否可行目前并不清楚。

• 确立共用的、清晰的标准的最有可能性的方法,似乎可以通过探讨在任何一门学科和任何一位毕业生中所期望达到的一般标准而获得。

• 在学位名称授予方面存在着混乱和模棱两可。例如,"荣誉"学位与"通过""普通"和"未分类"的学位之间的区分并不清楚。

尽管如此,为了使公众能对学习项目进行评判,为了未来的学生、雇主和社会能从中获益,在英国所有的高等教育领域内,越来越多的人期望找到一种方法,通过运用这种方法,就可以用一种清晰的、公开的和可以理解的术语来表述高等院校的学术标准。然而,高等教育质量委员会在最后的研究报告中,明确指出,为第一级学位制定最低标准的想法并不可行。

在毕业生标准项目研究期间,英国国内产生了一场有关质量标准的讨论。米德赫斯特(Middlehurst)对此次讨论的本质做了精辟的解释,"当学科知识是学位水平教育的基本关注点以及学术人员是学科专家时,由学术人员来掌握和控制标准是不可能引起重大争议的。然而,当学生要求在他们所受的教育中拥有更多的选择权,当他们为其所受教育付费时,当雇主在他们的特殊需求方面要求越来越严格时,当纳税人(和作为代理人的政府)想要决定投入高等教育的公共资金的价值时,学术标准的掌握与控制问题就成为一个有争议的领域了"。①而且,在高等教育外部想要控制学术标准的力量越来越强大时,学术人员自身的力量就越来越难以对其进行抵挡了。虽然高等教育质量委员会的研究结论建议,设定毕业生最低标准并不可行,但在高等教育外部各种力量对学术标准的强烈要求下,这一建议被人们忽视了。

3. 评估与审核机构统一阶段的教学质量保障(1997—2016)

1993年,也即在评估与审核由两个机构分别执行的双重教学保障机制确立之后的第二年,英国发表了大学副校长对此种机制的调查结果,有82%的被调查者认为新的制度安排"太官僚"了。②之后,一些专家提议建立单一的质量保

---

① Helen Smith, Michael Armstrong and Sally Brown. Benchmarking and Threshold Standards in Higher Education[M]. London: Kogan Page Limited, 1999: 11—12.

② Roger Brown. Quality Assurance in Higher Education the UK Experience Since 1992[M]. London and New York: Routledge Falmer, 2004: 101.

障制度,使质量评估与审核由单一的机构负责。于是,从 1993 年起,开始了一系列的调查研究以及对双重教学保障机制的评估,终于在 1997 年,成立了高等教育质量保障署,这是一个独立的机构,由各大学和学院共同出资建立,并与主要的英国高教资助团体签订了合约。由此英国建立了单一的教学质量保障机制,由高等教育质量保障署全面负责对高等院校的质量评估。在高等教育质量保障署实施质量评估期间,又可以将其分为两个阶段,一是学术评估(Academic Review)阶段(1997—2003),学术评估包括两个方面,学科层面的评估和院校层面的评估;二是院校审核(Institutional Audit)阶段(2003—2015),主要审核高等院校是否按照预期的方法实施各种质量保障制度。所有英格兰大学在 2003—2005 年间进行首轮院校审核,从 2006 年起院校审核的周期将改为六年一次。

其一,学术评估阶段。

自 1997 年高等教育质量保障署成立之后,它与高等教育部门密切合作,研究并推出了一个新的整体性评估体系,即学术评估。以前所进行的教学评估是以高等院校计划达到的目标来衡量,通俗的说法是"自己和自己比",而新的学术评估方法,试图建立一种统一的学术标准和质量要求,但这个标准是提供给学校的,高等教育质量保障署并不用这个标准去具体测量,而是监督和评估高等学校实现这个标准的机制和办法,致力于学术标准的建立、保持和提高。[①]

尽管高等教育质量委员会经过长达三年时间的调查研究得出结论,即为第一级学位制定最低标准的想法并不可行,但在大众化高等教育系统中,学生、家长和雇主都需要关于高等院校的课程和学位资格方面的明确信息,1997 年发表的狄林报告(Dearing report)中表达了上述观点,在这些外在的压力之下,高等教育质量保障署将高等教育质量委员会的建议搁置一边,开始了建立学术标准的历程。经过各方的共同努力,终于建成了一个学术标准基本结构(Academic Infrastructure),它为描述英国高等教育的学术标准提供了一种方法,这一基本结构主要由五个部分组成:

• 行为规范(Code of Practice),阐述了相关学术质量和标准保障合理运作的指导方针,该行为规范共包括 10 个部分,即研究生研究课程,合作教学与灵活

[①] 范文曜,马陆亭.国际视角下的高等教育质量评估与财政拨款[M].北京:教育科学出版社,2004:91.

分散教学(包括网络教育)、残疾学生、外部考核、学术申请与对学生关于学术事务投诉的处理、学生评定、课程批准、监控和审核、就业教育、就业信息和指导、职业介绍教育、招生与入学。① 每个部分都有各所高等院校应该遵守的规范和原则。

• 高等教育学位资格框架(Framework for Higher Education Qualifications),其作用就是使公众对不同的学位有一个更通俗的理解,它通过说明不同学位持有者应具备的能力和特点,帮助公众明白学位的含义和等级,同时,它向公众保证,如果资格中的头衔相似,则其代表的知识和成就水平也相类。根据不同地区的情况,英国设置了两个学位资格框架,一个适用于英格兰、威尔士和北爱尔兰地区,一个适用于苏格兰地区。

• 学科基准陈述(Subject Benchmark Statements),制定了各个学科领域的学位标准,这些陈述描述了概念范围,使各科系了解学科的连贯性和一致性,定义了某门学科的毕业生所期望达到的技能、技巧水平,明确某门学科的荣誉学位所代表的知识要求和技能水平。

• 课程说明(Programme Specification),是各高等学校对相应课程所教授的内容给出的详细说明,以此告知学生通过学习可以掌握什么样的知识和技术。课程说明还会提供与该课程相关的教学方法和考试方法等细节,以及它与高等教育学位资格框架之间的关系。

• 学生进步档案(Progress Files),包括以下三个方面:第一,成绩单是每个学生学习情况和学习成果的正式记录;第二,组织和支持制定个人及发展规划,帮助学生反思自己的学习过程及所取得的成就,并对学习和事业发展做出计划;第三,学生自己的个人发展记录采用进步回顾与提出计划的形式,以明确将要达到的目标,同时这些记录还可以成为制作简历等个人陈述的资料来源。②

高等教育质量保障署的具体评估过程主要是依据上述参照标准进行的。学术评估分别在两个层面进行,即学科层面和院校层面。学科层面的评估包括:第一,对学术标准的评估,通过评阅下述四个方面的材料:学习结果、课程设置、学

---

① Code of practice for the assurance of academic quality and standards in higher education[EB/OL].[2005-12-20]. http://www.qaa.ac.uk/academicinfrastructure/codeOfPractice/default.asp.

② QAA. A brief guide to quality assurance in UK higher education[R]. 06/03/13.

生评价和学生成绩,评审者将依据标准做出如下判断:有信心、有限信心或无信心。第二,对学习质量的评估,它包括三个方面:教与学的效果,学生进步情况,学习资源。评审者为学习质量的三个方面分别做出如下判断:值得表扬的(包括可以供他人效仿的特征)、被认可的或失败的。例如,对爱丁堡大学的古典语言和古代历史学科的评估结果显示,学术标准评估等级是"有信心的",学习机会的质量评估方面,每一项的评估等级都是"值得表扬的"。①

院校层面上的评估主要考察高等院校作为学位和其他证书授予的权力主体行使权力的方式。例如,批准、监管、评估学术课程的程序,评估管理程序,信用管理程序体系,与其他学校合作的管理等。评估者依据标准对各个院校给出评定等级,共有三个等级:必须改进——学校目前的管理有使学术标准和质量处于危险境地的因素,需要引起高度重视,采取紧急改正措施;有待改进——学校目前的管理有潜在的使学术标准和质量处于危险境地的因素,需要采取预防性或改正措施;优良——学校目前的管理有潜在的促进学术质量和更可靠学术标准的因素。②

其二,院校审核阶段。

由于前述几种质量评估机制都是分别在学科和院校层面对高等院校的质量进行评估和审核,因而高等院校每年都要接受很多次外部机构的评估,这为高等院校带来了不必要的负担,因此,在诸多知名大学校长的联合行动和积极推动下,2002年3月高等教育质量保障署出版了《院校审核手册》,提出从2003年起,院校审核(institutional audit)将代替此前的学科评估和院校评估。这样一来,既避免了外部质量保障中可能滋生的各种官僚作风以及院校在精力、资源上的不必要支出,也能够尊重各院校的风格多样性和独立自主。③

院校审核的重点主要有以下三个方面:④第一,按照高等教育学术质量和标准,审核院校内部质量保证体系和机制的有效性、院校课程质量评价、奖励标准

---

① QAA. Annual Report and Financial Summary 2000—2001[R]. 2002:30.
② 范文曜,马陆亭. 国际视角下的高等教育质量评估与财政拨款[M]. 北京:教育科学出版社,2004:93.
③ Donard Jirson. Evaluation Mechanisms of Higher Education in the UK[R]. "促进高等教育发展的法制环境建设"中英研讨会论文,2004.
④ 方鸿琴. 英国高等教育质量保障署的院校审核[J]. 高等教育研究,2005(2):104-107.

及经评价后的改进措施。同时向公众提供有关院校在这方面的信息；第二，根据英格兰高等教育基金委员会规定的信息要求，审核院校公开的有关课程质量和学术标准信息的准确性、完整性和可靠性。并在这方面提供有关院校公布的学校管理质量记录及其可信度的说明；第三，审核院校层面和学科层面的内部质量保证运作的实际情况，以证明关于院校内部质量保证的信息是否有效、可靠。

院校审核既包括学院层面的内部质量保障制度审查，也包括更为详细的学科层面的调查，以了解高等院校是否按照预期的方法实施各种质量保障制度。审核过程一般来说经历以下三个阶段：

一是准备自我评估文件(Self Evaluation Documents)阶段。在自评文件中，一份针对学院层面，一份针对学科层面，这些文件将成为审核人员的重要参考资料。[①] 学院层面自评文件的内容包括：[②](a)通过概述其学院的规模、风格、使命以及合作办学的种类和范围，为审核提供背景资料；(b)描述和分析自上一次审核以来的所有进展情况；(c)描述和分析学院自上次审核以来对单个学科审查和专业的、法定的团体鉴定的回应，以及把从中获取的经验教训运用到提高院校质量中的方式；(d)简要描述院校学术标准、学位授予和课程质量保障过程和框架的主要特征；(e)描述"行为规范"中规则的意图是如何被贯彻的，尤其要突出院校实践中出现的主要变化以及可能会引起特殊困难的地方；(f)描述学院对其他外部参照标准的运用，包括高等教育资格框架和学科基准陈述；(g)提供关于学院当前质量和标准保障的制度安排中优点和缺点方面的认识；(h)描述和讨论在接下来的三年时间内进行进一步的改进和补救已经认识到的缺点所意欲采用的战略；(i)确定学科或跨院校的主题，作为好的实践和/或阐明其主张的例证。学科层面自评文件的内容包括：课程或项目的教育目标、学习结果、课程和评价、学习质量、质量和标准的维持和提高等等。

此外，学生也要参与院校审核。每次审核期间，学生会都有机会参与重要会议，并向审核人员提交一份"学生书面材料"。这份材料与学院提交的自评文件一起作为审核人员的重要参考资料。

---

① QAA. A brief guide to quality assurance in UK higher education[R]. 06/03:5.
② QAA. Handbook for institutional audit:England[R]. 2002:18.

二是审核阶段。[①] 这一阶段包括了形式各样的调查,主要包括简单调查、审核调查、学科审核调查和主题调查。上述审核所依据的标准正是前面提到的学术标准基本结构中的前四个部分,在此不再详述。

简单调查(briefing visit)一般在审核调查五周之前进行,最多持续 3 天时间,其中在学院的时间最多不超过 2 天。该类调查的目的在于,允许审核小组收集任何附加的信息,为审核调查考虑详细的调查路线,为每个小组成员分配职责等。简单调查主要集中在学院层面。

审核调查(audit visit),对大多数院校来说,需要持续 5 天时间,在此过程中,要与学院的教师和学生进行会谈。调查内容包括:[②](a)审核小组审阅资料,包括外部检查报告和内部评价文件;(b)对院校质量保证方法的调查;(c)调查院校质量保障程度和在项目或学科层面的具体运作之间的关系,并特别注意课程的内部评估以及学位授予的有效性;(d)调查院校对高等教育资格框架、行为规范和学科基准执行状况的陈述;(e)对审核小组挑选出来的学科和主题进行调查,具体情况后面还会进行详细介绍;(f)调查学院对学生和公众所公布的信息的正确性、完整性和可靠性,特别要注意的是课程说明;(g)调查课程质量的要求和学生真正达到的水平,不仅关注学术成果,而且还要注重学生的培养方式和学习的机会等;(h)在即将结束调查时,审核小组会与学院院长,如有必要,也会与所选学科的教职员共同讨论一些比较突出的问题,并追踪审核调查中出现的有必要继续关注的问题。

学科审核跟踪调查(discipline audit trails)是对学科层面执行相应参照标准运用情况的审核跟踪调查,其主要目的在于,确认院校的质量保障机制正在按照预定计划运作;确认学院为帮助学生学习所给予的支持的有效性。[③] 该类调查中所选学科的数量由高等教育质量保障署根据院校的规模和范围进行确定。

主题调查(thematic enquiries)是对院校层面质量保障程序的运作方式的调查。如果审核小组对院校质量和标准的管理特别感兴趣,或者需要对其进行跨学科检查时,他们就会进行主题调查。主题调查的范围已经在简单调查中得到

---

① 这一部分中的部分翻译参考了方鸿琴《英国高等教育质量保障署的院校审核》一文。
② QAA. Handbook for institutional audit:England[R]. 2002:7.
③ QAA. Handbook for institutional audit:England[R]. 2002:8.

了确定,一般是通过学科审查和与院校的教职工及学生交流获得调查资料。

三是给出审核评语和发表报告阶段。在审核小组对学院的质量标准和保障情况审核完成之后,审核人员会对学院公开的有关课程质量和学术标准的信息做出判断,衡量此类信息是否准确、诚实、完整和坦白。他们还要根据学院的情况给出评语,评语分为三类:"广泛信心""有限信心"和"没有信心"。这些评估恰当地描述了学院目前或将来对其课程质量和学术标准的管理健全程度。"广泛信心"表明学院建立了有效的质量和标准管理机制。"有限信心"表明在现有的管理或执行中,存在着可查知的不足,或者是在公开信息的可靠性方面尚存疑问。对此,高等教育质量保障署要求学院在 3 个月内采取补救措施。"没有信心"表明学院在对学术标准和质量的管理方面存有严重不足,或者是公布的信息不可靠,甚至带有误导性。①

最后,高等教育质量保障署要发表一份报告,一般来说,审核报告在院校审核结束之后的 20 周内公布,这份报告记录审核结果,提出供学院参考的建议措施,这些建议按照"必须""建议"或"希望"等重要程度依次排列。报告不仅供学院和专业人士参考,而且为非专业读者提供相关信息,特别是为准备择校的学生提供参考信息。

此外,在审核报告完成之后,对于审核评语是"有限信心"和"没有信心"的院校要进行继续调查活动,并在审核结束后的第三年,会对院校的改进情况进行重新评估。并且,如果院校对审核过程或结果持有不同意见,可以进行申诉,高等教育质量保障署将按公布的程序进行处理。

4. 教学卓越框架阶段的教学质量保障(2016—)

2014 年科研卓越框架实施之后,英国国内高等院校重科研轻教学倾向愈加严重,学生及家长对高校的教学也提出了不少质疑。与此同时,全额学费政策的实施增强了市场需要更好地了解高等院校教学质量的意识。2015 年 7 月,英国政府宣布改革高等教育教学管理机构和教学评价机制,并于 2016 年 5 月颁发《知识经济的成功:教学卓越、社会流动和学生选择》(*Success as a Knowledge Economy:Teaching Excellence,Social Mobility and Student Choice*)白皮书,提出自 2016 年开始实施教学卓越框架(Teaching Excellence Framework,

---

① QAA. Handbook for institutional audit:England[R]. 2002:30—31.

TEF)。教学卓越框架会为学生提供高等院校教学方面的信息,使他们能够对学习的内容和地点做出更明智的选择;会提高学校教学声望,并确保高等院校得到更好的认可和奖励;推动高等教育更好地满足雇主和工业的需要。2017年6月,首次评估结果出来之后,高等教育界对评估结果争议较大,2017年10月,该框架更名为教学卓越与学生学习成果框架(The Teaching Excellence and Student Outcomes Framework),英文简称还是TEF,但根据各方反馈的意见对框架进行了修订,2021年正式出台。但目前还没有进行新一轮教学评估。教学卓越框架修订前后的具体差别详见表5-6。

表5-6　　　　　　　　　教学卓越框架修订前后比较

比较项目		修订前	修订后
维度			质量的两大维度:教育体验与教育成果
具体层面		教学质量 学习环境 学生成果与学习收获	教学与学习环境 学生满意度 教育收获 毕业生成果
评估证据	背景数据	学生事务办公室的数据显示了高校的学生群体和学科的特征	
	国家可比较指标	所有方面的国家标准: 学生满意度 升学率 就业或继续学习 持续就业或薪酬 学位获得率的差异 成绩通胀情况 院校评估的和学科评估指标	仅学生满意度和毕业生成果具有国家标准。 学生满意度 升学率 就业或继续学习 持续就业或薪酬 学位获得率的差异 院校评估的和学科评估指标
	高等教育机构提交的报告	院校提交的评估材料涵盖三个方面 学科评估的报告: 院校提交评估材料 每一门学科独立提交报告	院校提交的评估材料涵盖四个方面 须强调学科的差异性 报告的标准框架
	学生参与情况	学生声明: TEF学生代表填写表格确认学生是否有适当的机会参与院校提交的报告	学生提交报告: 全部的标准框架 学生提交佐证材料 须强调学科的差异性
评估		由专家、学者和学生代表组成的独立小组进行同行评审	

续表

比较项目	修订前	修订后
评级名称	金、银、铜	杰出、高度称赞、称赞、符合英国质量要求
院校评估评级	院校水平整体评级	院校水平整体评级
学科评估评级	每门学科评级	
具体层面评级		四个具体层面的每一层面评级
评估结果声明	评审小组的结果声明,说明评级理由	评审小组的陈述,说明评审小组对四个具体层面及整体评估的依据
复查评议	根据院校评估和学科评估试点的经验教训推进变革	定期审查,以确保教育卓越框架继续保持透明性、适切性、稳健性

2016年9月,英国教育部门发布文件公布了第一年的评估结果,约470所英格兰的大学达到了标准并获得了"满足期望"奖,其中121所拥有全日制本科生的大学将其2017—2018学年的学费调涨至9 250英镑。2017年6月和2018年6月,HEFCE公布了TEF第二年和第三年的评估结果,共有296家大学申请接受了教学卓越框架评估(2017年231所大学接受评估并获得了金银铜评级,64所大学缺少核心指标进入待定;2018年113所大学申请接受评估,其中33所为新申请的大学,其余80所为2017年已获评级或待定而重新申请评估的大学),其中73所大学获得金奖,134所大学获得银奖,62所大学获得铜奖,其余27所大学待定。

(二)科研质量保障机制

在知识经济时代,知识创新变得越来越重要,科学研究的主要任务就是通过研究来进行知识创新,这就决定了科研在当代社会发展中的重要地位。英国政府在经济全球化来临之时,为了继续保持其国际竞争优势,开始思考如何使大学的科研能够更好地为国家发展服务,如何提高大学的科研质量以及如何能使科研经费得到合理、高效的运用。英国政府意识到在"大学自治"和"学术自由"的学术传统下,大学的科研质量保证制度并不能保证大学所取得的科研成果更好地满足国家、地区的需要。在新公共管理思想的指导下,外部质量监督被英国政府认为是实现其目的的最好办法,"绩效责任制"随之出现在英国高校科研质量评估中。

1986年,英国政府开始建立外部科研质量保障机制,通过科研评估活动对大学的科研质量进行外部监督。科研评估活动的作用有二：一是对大学的科研质量进行监督；二是将科研评估结果作为大学科研绩效拨款的依据。英国政府对高等院校的科研评估活动3—7年进行一次，迄今为止已经举行了8次，共分为三种类型：一是科研选择评估(Research Selective Exercise,RSE),1986年举行，是首次对大学科研活动进行评估；二是科研水平评估(Research Assessment Exercise,RAE)，分别在1989年、1992年、1996年、2001年、2008年举行；三是科研卓越框架(Research Excellence Framework,REF),2014年首次采用，2021年将进行第二次。下面，我们先对科研评估的主要内容进行阐述，然后再对其进行分析。

1. 科研选择评估

科研选择评估(RSE)是英国大学拨款委员会第一次对大学的科研活动进行评估，由于当时英国的高等教育体制还属于二元制，因此多科技术学院并没有参与此次评估。这次评估活动是由大学拨款委员会中的各个学科小组委员会对37个评估单元进行评估。由于学科小组委员会所依据的标准不同，因此所使用的科研评估等级也不相同，有采用1~5级计分的，有采用0~4级计分的，还有的采用了1~4级计分。但不管所采用的是哪种等级计分，如果大学某一学科被评为最低等级，大学拨款委员会将不再拨发评定性科研拨款。

2. 科研水平评估

从1989年开始，英国将科研选择评估更名为科研水平评估，至2008年，共进行了5次评估。

其一，1989年和1992年科研水平评估。

第一次科研选择评估由于评估标准、评价等级不统一问题引发了诸多争议。1989年，新成立的大学基金委员会组织了科研水平评估。此次评估共设置了152个评估单元，由70名同行专家对大学的科研情况进行评估。主要提交的评估材料如下：一是员工收益(Staff return)；二是学生数和学生情况；三是研究津贴和研究合同；四是论文发表与其他产出；五是研究计划和总体情况陈述。[①]

---

① Marques Marcelo, Powell Justin JW, Zapp Mike, et al. How does research evaluation impact educational research? Exploring intended and unintended consequences of research assessment in the United Kingdom, 1986—2014[J]. European Educational Research Journal, 2017, 16(6):820—842.

1992年，英国高等教育基金委员会进行了第三次全国性科研水平评估。此时英国高等教育二元制已经被一元制取代，因此，有一部分多科技术学院也参与了此次评估。

1989年的评估单元划分过细，因此，在1992年的评估中，高等教育基金委员会将大学与多科技术学院中设置的所有学科划分为72个评估单元，然后由各个评估小组对其研究水平进行评估。这72个评估单位分别是：临床实验科学、社区临床学科、医院临床学科、临床牙医学、前临床研究、解剖学、生理学、药理学、药剂学、护理学、与医学相关的其他研究、生物化学、心理学、生物科学、遗传学、微生物学、农学、食物科学与技术、兽医学、化学、物理学、地球科学、环境科学、纯数学、应用数学、统计学与运筹学、计算机科学、普通工程学、化学工程、民用工程、电机和电子工程学、机械、航空和制造工程学、矿产和采矿工程学、冶金和材料科学、建筑环境学、城乡规划学、地理学、法学、人类学、经济学和经济计量学、经济和社会史、政治学和国际研究、社会政策与行政、社会福利工作、社会学、工商管理学科、会计学、美国研究、中东和非洲研究、东亚和南亚研究、欧洲研究、凯尔特语研究、英国语言和文学、法语、德语和荷兰语以及斯堪的纳维亚语言、意大利语、俄语和相关语言研究、西班牙语、语言学、古典文学和古代史、考古学、历史、艺术和建筑以及设计史、图书馆和信息管理、哲学、神学和宗教研究、艺术和设计、通讯和传播媒介研究、戏剧和舞蹈以及表演艺术、音乐、教育、体育与相关学科。

1989年和1992年统一了科研评估等级，所有学科一律采用五级计分制，每个等级的标准为：1级代表大学在该学科中没有一个分支领域的科研质量达到全国先进水平；2级代表该学科中有一半以上分支领域的科研质量达到全国先进水平；3级代表该学科中大部分分支领域的科研质量达到全国先进水平，4级代表该学科所有领域的研究质量达到全国先进水平，其中有些可能达到国际先进水平；5级代表该学科一些分支领域的科研质量达到国际先进水平，其余分支领域达到全国先进水平。[1] 与之前相同，如果某学科处于最低一个等级，也即1级时，大学将不能获得科研质量拨款。

由于此前多科技术学院所从事的科研活动非常有限，大多数科研拨款都由

---

[1] 张瑞璠，王承绪.中外教育比较史纲(现代卷)[M].济南：山东教育出版社,1997:171.

大学系统获得，在一元制建立之后，为了鼓励多科技术学院参与科研活动，获得科研拨款，高等教育基金委员会专门设置了一种拨款类型，即科研发展拨款，拨给参与1992年科研评估活动，且获得2级以上的学科。

其二，1996年、2001年和2008年科研水平评估。

在1992年科研水平评估的基础上，接下来的三次科研水平评估分别在1996年、2001年和2008年举行，对科研评估又做了一定的调整，主要表现在以下三个方面：

第一，学科评估单元调整。1996年和2001年的科研评估活动的评估单元由原来的72个减少到现在的69个，具体调整的学科有：1992年分为三个学科的生物科学、遗传学和微生物学合为一个学科，即生物科学；经济和社会史在1992年是作为两个学科进行评估的，1996年和2001年进行科研水平评估时，将经济和社会史的部分学科并到了经济学和经济计量学中，剩下的关于历史的部分则并到了历史学这一学科中。除此之外，还有几个学科名称发生了变化，如1992年的东亚和南亚研究学科改名为亚洲研究等，其他的学科评估单元基本没变。2008年学科评估单元进一步减少，减至67个。

第二，评估等级变化。1996年和2001年科研评估等级划分较细，并且评估的标准也变得更加明确。评估等级由1992年的五级计分制发展成为七级计分制，即1、2、3a、3b、4、5、5*。每一级的标准都有很清晰的描述（见表5－7）。2008年的评估等级又回到了五级计分制。

表5－7　　　　　1996年、2001年和2008年科研评估等级标准[①]

| 1996年和2001年 || 2008年 ||
等级	标准描述	等级	标准描述
5*	提交科研成果的质量，1/2以上达到国际优秀水平，其余达到国内优秀水平	4*	研究质量达到世界一流水平
5	提交科研成果的质量，接近1/2达到国际优秀水平，其余达到国内优秀水平	3*	研究质量达到较高的国际水平，仅次于世界领先水平

---

① RAE. A Guide to the 2001 Research Assessment Exercise[R]. 2001:5.

续表

	1996 年和 2001 年		2008 年
4	提交科研成果的质量,全部达到国内优秀水平,一些达到国际优秀水平	2*	研究质量达到国际认可的水平
3a	提交科研成果的质量,2/3 以上达到国内优秀水平,或许有些达到国际优秀水平	1*	研究质量达到国内认可的水平
3b	提交科研成果的质量,1/2 以上达到国内优秀水平	无级别	研究质量尚未达到国内认可的水平或不符合该评估对科研质量的认定
2	提交科研成果的质量,接近 1/2 达到国内优秀水平		
1	提交科研成果中没有达到国内优秀水平的项目		

第三,科研拨款选择性与竞争性加强。1986 年和 1992 年在依据评估结果进行拨款时,规定科研评估等级获得最低一级的学科将不能得到评定性科研拨款和科研质量拨款,但是到了 1996 年和 2001 年时,获得科研质量拨款所必须获得的科研质量等级不断提高。在 1996 年,如果一个学科所得的质量等级为 1 级和 2 级,将得不到科研质量拨款,而到了 2001 年,科研等级为 1 级、2 级和 3b 这三个级别时,都不能获得科研质量拨款。

其三,科研水平评估的具体过程。

我们以 2001 年为例来对科研水平评估的具体操作过程做一说明:首先成立科研评估小组。一般是一个评估小组对一个学科评估单元进行评估,但也有一个小组评估几个相近的学科评估单元的情况,因此,69 个学科设立了 60 个专家评估小组。每一个评估小组都由 9—18 位专家组成,他们主要来自学术团体,同时也有工商业界人士。评估小组成员由各种研究协会和专业机构提名,再由高等教育基金委员会进行挑选。[①] 评估小组的主席由上一次科研评估小组成员提名,并由四个区域拨款机构共同任命。这些成员和主席都是以个人身份参与评估工作,不代表任何特定的机构和组织。

其次,评估小组对于高等院校所递交的学科评估单元信息进行评估。高等

---

① Donard Jirson. Evaluation Mechanisms of Higher Education in the UK[J]. "促进高等教育发展的法制环境建设"中英研讨会论文,2004.

院校应提交的信息详见表 5-8。评估小组根据七个等级的标准划分对每一学科的科研成果进行定级。评估小组在评审高等院校提交的材料时,有选择地阅读其中提到的研究成果,这是因为专家小组在评定科研成果时重质量不重数量,所以并未对发表的文章数量提出要求。衡量研究数量的主要方法是各高等院校提交到 RAE 评估的研究成员数量。

表 5-8　　　　　每个评定单位在科研评估活动中应提交的信息[①]

项　目	要　求
人员信息	科研人员概述;在职科研人员详细情况;科研辅助人员和科研助手
研究成果	每一位科研人员提供四项科研成果
文本描述	关于科研环境、结构和政策的信息;科研发展战略;科研活动的质量信息和提高声誉的方法
相关数据	科研拨款的数额和来源;研究型研究生的人数;科研人员的人数和来源;科研定级数;声誉指标

最后,对于跨学科的研究与高等院校之间的科研合作,每一个评估小组都在他们的评估标准中对这些问题做出了详细规定,并且,在具体评估过程中,对于某些跨学科研究,可能由各个评估小组之间进行协商从而达成一致意见。

2001 年科研评估之后 RAE 接受了一次重要审核,2004 年 2 月,根据该审核结果对 2008 年的评估进行修正。而 2008 年的科研评估活动在原来的专家评估小组之上增设了 15 个学科领域的主评估组,实行双层评价小组模式。双层专家组的职能既有差别又有联系。其中,15 个学科领域的主评估组的职责为:审批各学科拟用的评估标准和方法;确定每个受评机构的质量总评等级;保持各学科领域专家评估组之间的交流与合作。67 个具体评估小组的职责为:拟定每个学科的评估标准和实施方法的陈述草案;承担具体的评估工作;就每个学科领域内每所大学的评定等级向学科领域专家评估组提出建议。

其四,科研卓越框架。

2008 年科研水平评估之后,英国对科研水平评估进行了全面改革,试点开展文献计量与科研影响力评估,于 2014 年形成了科研卓越框架(Research Excellence Framework,REF),希望通过科研卓越框架评估为大学提供卓越科研的

[①] RAE. A Guide to the 2001 Research Assessment Exercise[R]. 2001:4.

标杆。与2008年相比,评估单元由67个减少至36个,并将这些评估单元归结为生命和医学类、理工工程类、社科管理类和人文艺术类四个主评估组。2021进行最新一轮科研卓越框架评估,评估结果2022年公开发布。从当前的评估方案来看,四个主评估组维持不变,评估单元进一步减少至34个,数量减少主要体现在工程学方面,将2014年的关于工程学科的3个评估单元合并成为1个评估单元。除此之外,部分评估单元也有调整,如将地理学、环境科学与考古学拆分为两个评估单元,分别是地理学与环境科学、考古学;在音乐、戏剧、舞蹈和表演艺术评估单元中增加了电影和荧幕研究,拓宽了评估范围,详见表5—9。

表5—9 2014年和2021年学科评估单元[①]

主评估小组	2014年评估单元	主评估小组	2012年评估单元
A.生命和医学类	1.临床医学;2.公共卫生、公共医疗服务和初级护理;3.联合健康专业、牙医学、护理和药理学;4.心理学、精神病学和神经系统科学;5.生物科学;6.农学、食品科学和兽医学	A.生命和医学类	1.临床医学;2.公共卫生、公共医疗服务和初级护理;3.联合健康专业、牙医学、护理和药理学;4.心理学、精神病学和神经系统科学;5.生物科学;6.农学、食品科学和兽医学
B.理工工程类	7.地球系统和环境科学;8.化学;9.物理学;10.数理科学;11.计算机与信息科学;12.航空、机械、化工和制造工程;13.电气与电子工程、冶金与材料;14.土木与建筑工程;15.一般工程	B.理工工程类	7.地球系统和环境科学;8.化学;9.物理学;10.数理科学;11.计算机与信息科学;12.工程学
C.社科管理类	16.建筑学、建筑环境与规划;17.地理学、环境科学和考古学;18经济学和计量经济学;19.商业和管理研究;20.法学;21.政治和国际研究;22.社会工作和社会政策;23.社会学;24.人类学与发展研究;25.教育学;26.体育和运动科学、休闲和旅游	C.社科管理类	13.建筑学、建筑环境与规划;14.地理学与环境科学;15.考古学;16经济学和计量经济学;17.商业和管理研究;18.法学;19.政治和国际研究;20.社会工作和社会政策;21.社会学;22.人类学与发展研究;23.教育学;24.体育和运动科学、休闲和旅游

---

① REF. Assessment framework and guidance on submissions[EB/OL].(2012—01—01)[2021—05—30];REF. Units of Assesment[EB/OL].[2021—05—30]. https://www.ref.ac.uk/panels/units-of-assessment/.

续表

主评估小组	2014 年评估单元	主评估小组	2012 年评估单元
D.人文艺术类	27.区域研究;28.现代语言和语言学;29.历史学;31.古典文学;32.哲学;33.神学和宗教研究;34.艺术与设计:历史、实践和理论;35.音乐、戏剧、舞蹈和表演艺术;36.传播学、文化与媒体研究、图书馆和信息管理	D.人文艺术类	25.区域研究;26.现代语言和语言学;27.英语语言和文学;28.历史学;29.古典文学;30.哲学;31.神学和宗教研究;32.艺术与设计:历史、实践和理论;33.音乐、戏剧、舞蹈、表演艺术、电影和荧幕研究;34.传播学、文化与媒体研究、图书馆和信息管理

2008 年之前的科研水平评估基本上是由同行专家根据高校提交的科研材料进行评估。2014 年和 2021 年的科研卓越框架对评估单元从三个方面评估：一是科研成果,占比 65%；二是科研影响力,占比 20%；三是科研环境,占比 15%,并且针对每个方面都制定了不同的评估等级标准。详见表 5—10。此次评估引入文献计量方法,将其作为同行评估的支撑。科研卓越框架在总的科研评估等级标准之外,针对评估的三个方面分别设定了五个级别的评估等级,其中科研成果的评估等级标准与总体评估标准是一样的。

表 5—10　　　　　　　　2014 年和 2021 年科研评估等级标准[①][②]

	等级	标准描述
总体评估和科研成果评估	4*	研究质量在原创性、重要性和严谨性方面达到世界一流水平
	3*	研究质量在原创性、重要性和严谨性方面达到国际优秀水平,但达不到世界一流水平
	2*	研究质量在原创性、重要性和严谨性方面得到国际认可
	1*	研究质量在原创性、重要性和严谨性方面得到国内认可
	无级别	研究质量尚未达到国内认可的水平或不符合该评估对科研质量的认定

---

① REF. Publication of the REF 2014 submissions[EB/OL]. (2015-01-01)[2020-05-23]. https://www.ref.ac.uk/2014/results/intro/.

② REF. Assessment criteria and level definitions[EB/OL]. (2014-12-12)[2021-04-12]. https://www.ref.ac.uk/2014/panels/assessmentcriteriaandleveldefinitions/.

续表

	等级	标准描述
科研影响力评估	4*	研究质量尚未达到国内认可的水平或不符合该评估对科研质量的认定
	3*	从科研成果的深度和重要性来看具备卓越的影响力
	2*	从科研成果的深度和重要性来看具备非常重要的影响力
	1*	从科研成果的深度和重要性来看具备重要影响力
	无级别	从科研成果的深度和重要性来看具备一般影响力
科研环境评估	4*	从科研环境的活力和可持续性看有利于产生世界一流科研成果
	3*	从科研环境的活力和可持续性看有利于产生国际优秀科研成果
	2*	从科研环境的活力和可持续性看有利于产生国际认可的科研成果
	1*	从科研环境的活力和可持续性看有利于产生国内认可的科研成果
	无级别	科研环境不利于产生国内认可的科研成果

4.比较分析

综上所述,从科研评估活动的发展历程可以看出,英国高等院校的外部科研质量监控机制的发展是一个渐进的过程,随着时代的发展而变得越来越完善。此外,通过将科研评估结果与科研质量拨款(关于科研质量拨款在本书第三章中已经进行过探讨)结合起来,使得高等院校为了获得更多的科研拨款不得不根据高等教育基金委员会的规定来提高其内部科研质量,最终实现国家对高等院校科研活动的宏观监控,使高等院校的科研活动更好地为国家利益服务。具体而言,科研质量监控机制的变化主要表现在以下几个方面:第一,学科评估单元根据学科及其他方面的发展不断做出调整。例如,1992年在评估中将所有的学科划分为72个评估单元,而到1996年时,为了使评估小组能更好地对学科进行评估,将部分学科评估单元进行合并,并且,根据学科的发展,在某些学科增加了一些原来没有的内容,例如,1992年评估时,其中一个学科评估单元是东亚和南亚研究,1996年将这一学科改变为亚洲研究,学科评定单元的范围得到了扩充,从而使得科研质量评估的覆盖面更加广泛。自1992年开始,学科评估单元的口径越来越宽,数量不断减少。1992年的评估单元为72个,1996年和2001年减少至69个,2008年减少至67个,2014年减少至36个,2021年继续减少,为34个。第二,评估等级不断完善。科研评估等级的确定经历了一个由不统一到统一、由等级划分较粗到较细的过程。第三,评定标准由定性描述发展到定量与定性相结合,从而使科研评估的准确性和客观性大大提高,更加易于操作。1992年在科研评估等级标准的描述中所采用的语言基本上都是定性描述,如"大部分""有些""一些"等,而到1996年和2001年的评估标准的描述中,所采用的全是一些定量描述,如全部、"1/2以上"、"2/3"等等。自2008年以来,科研评估的总体等级为5级,2014年和2021年的科研卓越框架中除了制定总体评估等级标准外,还对科研评估的三个方面科研成果、科研影响力、科研环境制定了5级等级标准。

英国政府的外部科研评估活动对高等院校科研质量的持续改进发挥了很大的作用。从1996年与2021年两次科研评估活动结果的比较(见表5-11)中可以看出,英国高等院校的整体科研质量得到了迅速提升。

表5-11　　　　　　1996年与2021年科研评估活动结果比较①

等级	1996年科研评估活动		2001年科研评估活动	
	数量	百分比(%)	数量	百分比(%)
1	236	8%	18	1%
2	464	16%	140	5%
3b	422	15%	278	11%
3a	528	18%	499	19%
4	671	23%	664	26%
5	403	14%	715	28%
5*	170	6%	284	11%
合计	2 894	100%	2 598	100%

英格兰高等教育基金委员会在提交的一份报告中指出:"自1986年进行了第一次科研评估活动后,英国基础科研的成果和数量都获得了实质上的提高。英国科研工作者成为最高效的,他们每100万英镑所获得的成果中被其他国家科研工作者参阅和引用的比例全世界最高。同时全国范围内科研质量评估体系的推广,已经非常有效地改善了科研管理环境。而且英国科研活动的增长率已

---

① RAE. 2001 Research Assessment Exercise:The Outcome[R]. 4/01.

经超过了科研拨款的增长指数,这表明了科研经费使用效率的提高。"[1]

经过多年的科研质量评估,英国高校的科研水平得到了较大提升。2008年,接受评估的大学中14%的科研成果被评为四星级,37%被评为三星级,这意味着51%的工作评级表现良好。2014年,被评为世界领先或国际优秀科研工作的比例猛增至72%,其中22%是四星级,50%是三星级。[2] 2021年,研究产出被评为世界领先或国际优秀的比例增至81%,其中36%是四星级,47%是三星级。[3] 科研卓越框架的评估结果直接反映了英国科研的国际水平,也证明了科研评估促进了英国高校科研能力的发展。根据2021年QS世界大学排名,英国有4所大学进入世界前10名,8所大学进入世界前50名,18所大学进入世界前100名。

(三)知识转化评估机制

教学、科研和社会服务是高等院校的三大职能。自20世纪80年代以来,英国政府一直非常重视高等院校与企业之间的合作,鼓励高校创新和科研成果转化,并在2001年设置"高等教育创新基金",对高等院校的创新活动加以支持。为进一步促进知识转化(knowledge exchange),[4]激发高等院校与非学术伙伴之间紧密合作,[5]以产生经济效益与社会效益,英国自2018年开始研制知识转化评估框架,对高校的知识转化情况进行评估。

1. 知识转化框架的发展历程

早在2017年11月,高等教育与科研创新国务大臣委托高等教育基金会为公众、企业与社区提供更多关于高校在服务经济和社会方面所取得成就的信息。[6] 2018年4月,英国研究署(Research England)承担起研究知识转化框架(Knowledge Exchange Framework,KEF)的责任。11月,英国研究署就英国高

---

[1] HEFCE. Funding higher education in England [R]. 2002.
[2] Simon Marginson. 英国科研实力:一直在不断提高吗?[J]. 国际高等教育,2015(4):142—144.
[3] REF. Guidance on REF 2021 results[EB/OL]. (2022—05—12)[2022—05—28]. https://ref.ac.uk/guidance-on-results/guidance-on-ref-2021-results/#2021.
[4] 知识转化或包括公共活动,允许企业使用专业设备或设施,咨询或授权其知识产权,以便他人使用。
[5] 非学术伙伴包括或参与高校活动的个别市民,或与高校合作开发新药的跨国公司等。
[6] 2018年,英国高等教育管理机构进行了调整,高等教育基金委员会和高等教育公平入学办公室合并成为学生办公室,负责高等教育拨款等事务。

校聚类分析发布了一份技术报告,发布知识转化评估框架的进展情况。2019年1月,英国研究署针对知识转化框架的建议发布了咨询意见。其中包括邀请各界人士参加一系列知识转化评估框架试点研讨会。3月—5月,与来自各个领域的21所志愿高校举办了5场知识转化评估框架试点研讨会;8月,英国研究署发布了一份报告,该报告详细介绍了知识转化评估框架咨询和试点研讨会的成果。2020年1月,英国研究署发布了决策报告,陈列出知识转化评估框架的实现路径,使用数据源的详细信息以及呈现数据的方法。3月,发布了高校分类的最终细节,同时还发布了用于提交知识转化评估框架所需要材料的模板。举办了两场网络研讨会,以协助参与评估的高校进行准备工作。4月,英国研究署发布了一份关于知识转化评估框架修订时间表的通函,以应对突发的新冠肺炎疫情所造成的问题。10月底之前,参与评估的高校向英国研究署提交材料。2021年3月,英国研究署发布第一次知识转化评估结果。[①]

2.知识转化框架中的高校分类

高校分类研究由来已久,在世界范围内影响比较大的高校分类是美国卡耐基提出的分类方法,根据学校授予的学位类型将高校分为不同的类型。为了找出具有相似的知识转化特征的高校,剑桥大学的托马斯·科茨·乌里森(Tomas Coates Ulrichsen)通过建立知识转化概念框架,收集数据,之后进行聚类分析,把英国131所高等院校分为8个集群,并对每个集群学校的特征进行了描述。[②]知识转化评估框架正是建立在此集群基础上。

其一,基于知识转化的概念框架。

从高校知识转化的角度来看,区分不同高校主要有如下三个维度,一是知识储备(existing knowledge base);二是知识生产(knowledge generation),三是有形资产(physical assets)。这三个维度构成了对高校进行分类的概念框架,并通过各所高校每个维度所具有的规模和重心对高校进行聚类分析。在进行聚类分析时,所需数据主要来自英国高等教育统计署,还有少部分来自2014年的科研

---

① Research England. About the Knowledge Exchange Framework [EB/OL]. [2021-03-28]. https://kef. ac. uk/about.

② 如果不做特殊说明,此节关于英国高校分类的内容均来自如下报告,不再一一加注。Tomas Coates Ulrichsen. Knowledge Exchange Framework Metrics:A Cluster Analysis of Higher Education Institutions.

卓越框架评估。下面对这三个维度以及采用的具体变量进行阐述。

一是知识储备的规模和重心。该维度主要考察高校知识转化的现有基础。主要包括学术研究人员和学生的规模。不同类型的学术研究人员和学生可能拥有不同类型的知识，从而导致不同类型的知识转化机会。此外，在不同的经济社会中，不同学科知识有着不同的知识交流机会。因此，在这方面，重要的是捕捉学术研究人员和学生群体组成的差异，以及各高校知识储备的学科组合差异。所选的变量及详见表5-12。

表5-12　　　　　　　　知识储备的规模与重心的类别与变量

类 别	变 量
按职能划分的学术人员人数	教学/研究 仅教学 仅研究
按学科划分的学术人员情况 （共分为12个学科领域）	临床医学 联合健康医疗专业、牙医学 农业、林业和兽医学 物理学和数学 生物学 工程与材料学 计算机科学 建筑与规划 社会学与法律 商务管理研究 人文学、语言学和教育学 创作与表演艺术、设计学
高校的教育重心	本科生（全日制/非全日制） 授课型研究生（全日制/非全日制） 学术型研究生（全日制/非全日制）

二是知识生产的规模和强度。由于不同知识领域产生的知识交流机会不同，不同学科进行研究所需的资源规模可能存在较大差异，例如基于实验室的科学与工程研究和人文科学研究，因此，捕捉学科之间的差异非常重要。知识生产

的规模与强度是知识转化的重要体现。在类别和变量选择时,将知识生产规模与强度分开处理,部分变量和数据来源于 2014 年的科研卓越框架评估(详见表 5-13)。

表 5-13　　　　　　知识生产的规模和强度的类别与变量

类　别	变　量
按学科领域划分的知识生产规模	
不同知识领域中知识生产活动规模	经常性研究收入 STEM,SSB,AH[①] 研究补助金和合同收入 STEM,SSB,AH 研究质量(在 REF2014 中获得 4* 的全日制学术人员人数)
不同类型知识生产规模	来自不同渠道的研究资助和合同: 　英国研究委员会 　慈善机构 　政府机构/地方当局,卫生局/医院 　工业
国际合作研究规模	海外研究补助金
按学科领域划分的知识生产强度	
高校知识生产强度	2014 年科研卓越框架评估时提交的全日制学术人员比例 学术型研究生占比
学科知识生产强度	STEM,SSB,AH 每位学术人员的研究补助金和合同收入 REF2014 中在 STEM,SSB,AH 学科领域发表 4 篇论文的研究人员比例
知识生产类型强度	不同来源(研究理事会、慈善机构、政府、企业)的研究拨款和合同收入
国际化研究强度	每位学术人员海外学术研究补助金及合约收入

三是有形资产的规模和强度。高等院校的有形资产可能成为知转化机会的基础。有些知识转化机会是基于高校设施设备的使用,以实现特定的知识转化目标,如企业使用高校的风洞测试原型车的空气动力性能,或媒体公司使用高等院校数字媒体设施等(详见表 5-14)。事实上,将高校中与知识相关的有形资

---

① STEM(Science,Technologe,Engnieer & Mathematics)是指科学、技术、工程和数学,SSB(social sciences & Business)是指社会科学和商科,AH(Arts & Humanities)是指艺术和人文学科。

产和一般有形资产区分开来是很困难的，因此，乌尔里克森着重研究了高校对研究相关的资本基础设施的投资金额和强度发现，许多投资在知识转化方面具有溢出效应："来自资助的研究设施已经越来越多地提供给外部组织，这提高了知识转化活动的有效性。尤其值得注意的是，这种可用性的改善加强了工业与大学和学院之间的关系。"

表5—14　　　　　有形资产的规模和强度的类别与变量

类别	变量
有形资产的投资规模	与研究相关的基础设施的支出规模
有形资产的投资强度	有形资产的支出强度

其二，基于知识转化的高校分类。

在上述概念框架、变量和数据设计收集完成之后，乌里森对英国高校进行了聚类分析，聚类分析旨在揭示导致知识转化机会潜力差异的结构特征的系统差异，并不寻求某一类高等院校是否在某种程度上比另一类更好或更有价值做出价值判断；它们只是在结构上不同。因此，确定高校类型名称并解释所产生的聚类时，为尽量减少主观偏见的影响，如采用高研究密集型/低研究密集型等名称，该分类采用随机分配字母标记每种分类，并根据这些字母陈列其特征。

通过聚类分析，共形成了8类高校，其中综合型高校有5类，分别用E组、J组、M组、V组、X组来表示；专门院校有3类，分别是STEM专门学校、社会科学和商科专门学校以及艺术设计专门学校。在实际对高校知识转化评价的过程中，社会科学和商科专门学校类别数量较少，并且与其他类型有所重合，因此，根据学校的具体情况，将其分到了其他类别，如J组等，最后保留了5类综合型高校和2类专门类别高校。上述类别高校的主要特征与数量详见表5—15。

表5—15　　　　　基于知识转化的英国综合型高校分类

组别	特征	数量
E组	• 规模较大、学科宽泛，包含STEM和非STEM学科，有较多科研成果达到世界顶尖水平 • 大部分科研资金源于政府机构或医院；9.5%科研资金来自工业 • 非全日制本科生占比较大，并有少量课程硕士	29

续表

组　别	特　征	数　量
J组	• 规模中等,研究活动有限,有少量科研成果达到世界领先水平 • 设有STEM及非STEM学科,特别是健康科学、计算机科学、建筑与规划、社会科学和商科、人文艺术及设计学等 • 科研经费多来自政府机构及医院;13.7%科研资金来自工业	17
M组	• 规模较小,科研活动有限,有少量科研成果达到世界领先水平 • 学术活动覆盖所有学科,特别是健康科学及非STEM领域 • 科研资金多来自政府机构及医院;14.7%科研资金来自工业	18
V组	• 规模巨大,研究密集型,学科宽泛,有大量科研成果达到世界顶尖水平 • 科研资金广泛来自研究理事会、政府机构、慈善组织等,10.2%科研资金来自工业 • 学术活动明显集中于临床医学及STEM学科 • 有相当数量的课程硕士和学术型硕士	17
X组	• 规模较大,研究密集型,学科宽泛,有大量科研成果达到世界顶尖水平 • 科研资金多来自研究理事会、政府机构,8.5%科研资金来自工业 • 学术活动在STEM及非STEM学科之间保持平衡,没有或较少地进行临床医学研究 • 临床医学活动少或无 • 授课型硕士比例较高	20
艺术类	• 涵盖艺术、音乐、戏剧等学科的专门学校 • 拥有高度集中的相关学科学术人员 • 机构规模相对较小	21
STEM类	• 涵盖科学、技术、工程和数学等学科的专门学校 • 拥有高度集中的相关学科学术人员 • 在生物科学、兽医学和工程学领域拥有较强的研究实力	12

3.知识转化框架的主要内容

知识转化框架共包括7个一级指标、19个二级指标,分别从研究伙伴关系,与工商业合作情况,与公共部门和第三部门合作情况,技能、企业和企业家精神,地方发展与重建,知识产权和商业化,公共和社区参与7个方面对高校的知识转化情况进行评估。具体指标详见表5－16。

表 5—16　　　　　　　　　知识转化框架的指标体系[①]

一级指标	二级指标
研究伙伴关系	1. 合作研究拨款占公共拨款的比例
	2. 与非学术伙伴合作的收益占高校总体收益的比例
与工商业合作情况	3. 创新收入（包括知识转化收入和拨款）占研究总收入的比例
	4. 来自大型企业的研究合同收入
	5. 来自中小型企业的研究合同收入
	6. 来自大型企业的咨询和设施租赁收入
	7. 来自中小型企业的咨询和设施租赁收入
与公共部门和第三部门合作情况	8. 来自公共和第三部门的研究合同收入
	9. 来自公共和第三部门的咨询和设施租赁收入
技能、企业和企业家精神	10. 高校继续教育收入
	11. 教师从事继续教育教学的天数
	12. 毕业生创业人数占全日制学生数的比例
地方发展与重建	13. 参与地方重建和发展获得的收入
	14. 相关背景信息的陈述说明（第 1 年可选）
知识产权和商业化	15. 大学创新公司当前平均预估收入
	16. 大学衍生公司获得平均外部投资
	17. 授权许可和其他知识产权收入占研究总收入的比例
公共和社区参与	18. 基于标准的自我评估（第 1 年可选）
	19. 相关背景信息的陈述说明（第 1 年可选）

　　指标中的数据主要来自英国的一项关于高等教育－企业和社会互动调查，调查结果由高等教育统计署统一发布。知识转化评估框架在高校分类的基础上，以不同类别院校知识转化表现的平均水平为基准打分，并按 10 等分标准对大学各一级指标的绩效进行评级。每组指标的排名用雷达图表示。2021 年，英国研究署发布了第一次知识转化框架评估果。图 5—4 是牛津大学 2021 年知识

---

①　Research England. KEF metrics-data sources table [EB/OL]. [2021－05－13]. https://re.ukri.org/sector-guidance/publications/knowledge-exchange-framework-decisions-for-the-first-iteration/?_gl=1*1vbhu5e*_ga_68WFDT4956*MTYyNTcyNDA2NC4yLjEuMTYyNTcyNDIwMC4w.

转化评估情况。牛津大学在与工商业合作情况、与公共部门和第三部门合作情况、知识产权和商业化、公共和社区参与四个方面都在全国前10%行列,最弱的方面是地方发展与重建,排在全国高校的后30%。

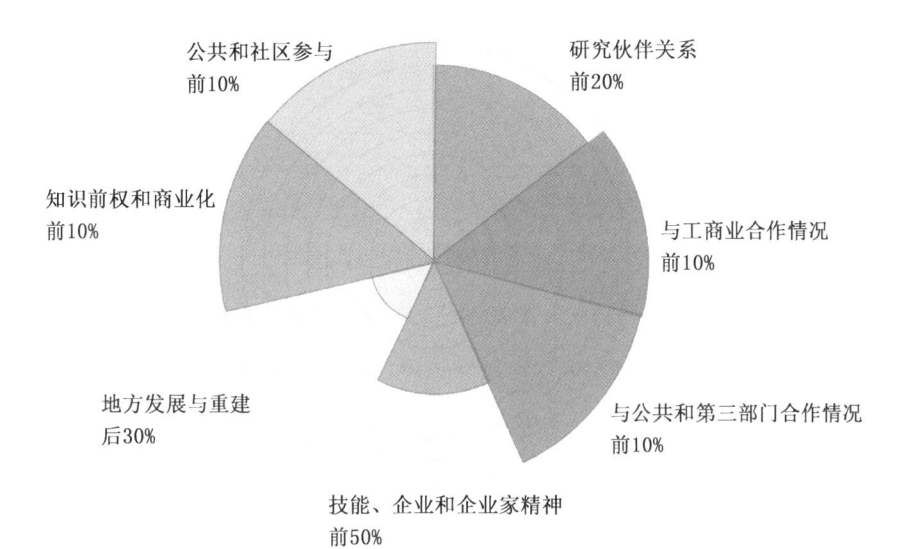

图 5-4 2021 年牛津大学知识转化框架评估结果

三、绩效管理机制

新管理主义带来的最主要的变化是,现在的组织更加关注结果和产出而非投入。因此,个人和组织的绩效成了管理者最关心的事情。政府期待能够发展出一套绩效指标以便对组织实现其预期目标的过程进行测量,这一过程的实施就是绩效管理。绩效管理最初主要运用于企业中,用来对企业的经济行为和业绩进行分析与测量。然而,自 20 世纪 80 年代以来,西方政府开始关注高校的活动结果与产出,绩效管理机制也逐渐引入对高等院校的管理中。绩效管理通过对高校的办学成果和学校工作的各个方面进行数量化测评,为高校了解自身的办学效益和状况提供了一种有效手段,它也成为政府评价高校办学效益的有效工具,在政府制定高等教育政策、分配经费以及加强对学校的管理方面发挥着越来越重要的作用,与此同时,绩效管理也为向利益相关者发布有关高校的各方面信息提供了一个平台。

1986年,英国大学副校长和校长委员会与大学拨款委员会联合编制了绩效指标体系,1987年,英国第一次发布高校绩效指标报告。之后,大学拨款委员会(1992年之后改为高等教育基金委员会)每年发布一次绩效指标报告。自2004年起,绩效指标报告发布改由英国高等教育统计署发布,至今每年发布一次绩效指标报告,并根据高等教育的发展不断调整绩效指标。

(一)绩效管理的含义

关于什么是绩效管理,不同的研究者给出的界定并不相同,到目前为止,人们对绩效管理含义的理解并没有达成一致的意见。下面,我们列出几种有代表性的观点。

经济合作与发展组织(OECD)在1995年提出,绩效管理是组织管理、绩效信息、绩效监控、评价和绩效报告的整合。[1]

卓越认为,公共部门绩效管理是指公共部门在积极履行公共责任的过程中,在讲求内部管理与外部效应、数量与质量、经济因素与伦理政治因素、刚性规范与柔性机制相统一的基础上,为获得公共产出最大化的过程。它由以下几个部分构成:对组织清晰和可测量目标的详细说明,系统利用组织绩效目标和标准对组织的产出进行评估,利用组织员工对组织绩效的评价使个人努力与组织目标达成一致,利用绩效激励奖励员工的额外支出,整合组织人力、财政资源,在每个规划周期结束时对目标达成程度、原因分析和改进分析进行回顾,这有助于得到推进新一轮绩效管理循环的反馈信息。[2]

班尼特(Bennett)和希尔(Hill)指出绩效管理包含了"战略计划、绩效测量、绩效评估、绩效预算过程",惠特克(Whittaker)也认为绩效管理由战略计划、目标设置和执行管理组成。[3]

另有一些研究者根据绩效管理的过程提出了绩效管理模型。玛维他(Mwita)提出了一个五因素模型,包括使命陈述、战略和计划、行动计划、绩效认知和管理信息系统等维度。兰卓姆(Landrum)和贝克(Baker)则在对美国公共卫生部门的绩效管理调查中提出了一个四因素模型,包含绩效标准、绩效测量、发展

---

[1] 孙骏.当代西方政府绩效与绩效管理理论研究综述[J].宁波党校学报,2005(4):14—16.
[2] 卓越.公共部门绩效管理[M].福州:福建人民出版社,2004:1—4.
[3] 孙骏.当代西方政府绩效与绩效管理理论研究综述[J].宁波党校学报,2005(4):14—16.

报告和质量改进。①

通过对上述几种定义的分析，我们发现研究者基本上都是从绩效管理的过程来对绩效管理进行界定，不同研究者根据其理解的不同，绩效管理的过程所分的阶段也有所不同，有分为三个阶段的，也有分为四个阶段的，甚至有的研究者将其分为五个或更多的阶段，将这些不同的阶段整合起来，就是我们所说的绩效管理。在本书中，我们拟从以下三个阶段来探讨英国高等教育的绩效管理机制：一是绩效指标与绩效指标体系的设计，二是收集与绩效指标相关的数据，三是绩效评估与绩效报告的发表。

（二）绩效指标与绩效指标体系的设计

设计绩效指标和绩效指标体系是进行绩效管理的第一步，也是关键的一步。原因在于，绩效指标与绩效指标体系的设计是否科学合理，将关系到绩效管理的结果是否真正反映了高等院校的办学效益与办学效果，是否能为政府和其他利益相关者提供真实可靠的信息，从而使利益相关者能够据此对高等院校进行问责。正如简·库瑞(Jan Currie)所说："一些问责措施曾经处于休眠状态，但在危机的时代它被激活了。绩效指标的运用就是如此。"②

1.绩效指标或绩效指标体系的含义

对于绩效指标或绩效指标体系(performance indicators 或 performance indicator system)的界定，主要有以下几种：

第一，1986年由英国大学副校长和校长委员会与大学拨款委员会的联合工作组提出来的："绩效指标体系是关于高等院校为达到某一具体目标而使用资源及所获成就之关系陈述，这种陈述通常是定量的。"③

第二，1988年由经济合作与发展组织提出的："绩效指标就是用以测量某一难以定量之物的数值。"据此，绩效指标体系就是"能测评出一个系统之绩效质量和数量的一系列数值"。④

---

① 孙骏.当代西方政府绩效与绩效管理理论研究综述[J].宁波党校学报,2005(4):14—16.
② Jan Currie,Richard DeAngelis. Globalizing Practices and University Responses:European and Anglo-American Differences[M]. London:Praeger Publishers,2003:138.
③ M. Cave,S. Hanney. performance indicators[A]. Burton R. Clark,Guy Neave. The Encyclopedia of Higher Education[C]. Pergamon Press Ltd,1992:1414.
④ M. Cave,S. Hanney. performance indicators[A]. Burton R. Clark and Guy Neave. The Encyclopedia of Higher Education[C]. Pergamon Press Ltd,1992:1413.

第三,1992年伦敦经济学院的努托尔(D. Nuttall)提出来的定义。他认为,绩效指标"应能反映一个教育组织的绩效或行为,能够为决策提供信息"。他还强调,并不是所有的教育统计数字都是绩效指标,能成为绩效指标的教育统计数据要"反映教育事业的关键方面","而且还必须提供参照,以便做出判断"。[①]

2.绩效指标体系设计所遵循的原则

1986年英国大学副校长和校长委员会提出的绩效指标设计原则包括:第一,指标体系应该与大学的目标相关,尤其应与教学、科研目标相联系;第二,指标应具体、量化和标准化,以便于比较;第三,指标应该简明扼要;第四,指标应该具有可接受性、可信度,避免偏见;第五,指标应该提供有关院校运作的有用信息,反映其中的问题;第六,指标必须系统地反映投入、过程和产出各方面的情况。[②]

凯芙(Cave)等人提出了另外一套绩效指标体系设计准则,共有7条,具体如下:第一,指标类别。被提出的指标究竟是测量投入、过程、产出还是最终结果的,是简单的数量指标还是对某种性质的反映。第二,适切性。被提出的指标究竟能在多大程度上准确反映与某一目标有关的绩效和活动,指标是否存在负面作用。第三,清晰性。指标能否清晰地反映某一现象其状况的好坏和价值的高低,而不至于模糊不清,比如,生均成本高既可以看成是浪费,也可以看成是质量高,因而在使用时就需要配合其他指标。第四,人为性。指标是否容易受人为因素的影响。第五,可比数据的可收集性和代价。有些可比数据可以从现有的政府或院校统计资料中收集,但另一些要花一定的代价,有的甚至很难收集。然而,比较性的数据是必需的,因为同一领域系科的绩效比较比一般的绝对价值报告更具指导意义。第六,统计的层次性。每个指标都有其适用的层次,如个人、系科、学科领域、院校或者整个高等教育系统,这些不同层次的指标数据混在一起,是难以进行分析和比较的。第七,与其他指标的关系。因为每一项活动的绩效都需要有多项指标去测评,因此,需要讲明指标的功能、局限以及与哪些指标发生关系。[③]

[①] 张民选.绩效指标体系为何盛行欧美澳[J].高等教育研究,1996(3):86—91.
[②] 代蕊华.高校办学效益研究[D].上海:华东师范大学,1999:118.
[③] 张民选.绩效指标体系为何盛行欧美澳[J].高等教育研究,1996(3):86—91;代蕊华.高校办学效益研究[D].上海:华东师范大学,1999:118.

此外,目前在各个领域比较通用的设计绩效指标体系的原则是 SMART 原则,SMART 是取每一条原则的首字母而组成的,这五条原则分别为:第一,明确性(Specific)。是指绩效指标要切中特定目标,不能笼统;第二,可衡量性(Measurable)。是指绩效指标是数量化或者行为化的,验证这些绩效指标的数据或者信息是可以获得的;第三,可接受性(Acceptable)。是指绩效指标在付出努力的情况下是可以实现的;第四,实际性(Realistic)。是指绩效指标是实实在在的,可以证明和观察的;第五,时限性(Timed)。是指要注重完成绩效指标的特定期限。[①]

除此之外,绩效指标体系设计还必须遵循下面这一原则:即指标的稳定性和指标运用的连续性,也就是说,绩效指标及绩效指标体系不能够经常变化,而是要保持其稳定性,只有这样,才能通过绩效指标体系看出高等院校某一方面的发展趋势。

3. 绩效指标体系的设计

(1)英国大学绩效指标体系的发展历程

自从英国政府削减了高等教育经费之后,政府就对高等院校以及整个高等教育系统的效率给予了极大的关注,政府资助了由亚历克斯·贾勒特(Alex Jarratt)勋爵领导的"效率研究筹划委员会"的工作,1985 年 3 月,委员会发表了报告。贾勒特报告将绩效指标分为三类:内部指标、外部指标和运行指标,其中内部指标反映学校方面的特征;外部指标反映高校所设置的学科适应社会的情况;运行指标主要指高校单位成本、教职人员的工作量、图书馆设备的利用率等教育工作运行的"生产率"情况。[②]

1986 年,英国大学副校长和校长委员会与大学拨款委员会根据其提出的绩效指标设计原则,联合编制了一套绩效指标体系(如表 5—17 所示)[③]。从 1987 年起,英国根据这套绩效指标体系,按时公布所有大学的效率与效益及其提高其

---

① (BPM)关键绩效指标(KPI)和 SMART 原则的设定及执行——再议绩效考核之方法和工具[EB/OL].[2005—12—25]. http://www.szaim.com/Article_Show.asp?ArticleID=1306.

② 代蕊华.高校办学效益研究[D].上海:华东师范大学,1999:117.

③ 这套绩效指标体系主要指各个高校的办学效率,也即将包括师生比率和按费用的主要类别计算的一系列单位支出;此外,根据 1987 年《高等教育——应付新的挑战》报告中所言,除了效率指标之外,还有效益指标,这一指标包括科研补助和根据科研合同而收入的金额、研究生与接受资助的学生人数、提交高级学位的比率、毕业生初次就业情况与学校对研究生教育和专业培训做出的贡献等。

效率与效益的措施,并对各个大学提出相关建议。

表 5—17　　　英国大学管理统计和绩效指标体系(第二次公布)

人均学生费用	计算机服务费用占一般费用的比例
人均教学人员费用	计算机服务人员占计算机服务费用的比例
人均教学人员的辅助人员费用	人均学生计算机服务费用
人均教学人员的设备费用	人均学生计算机服务人员费用
人均科研收入	房地产费用占总的一般费用的比例
科研研究生占学生的比例	房地产人员费用占一般费用的比例
教学研究生占学生的比例	取暖水电费用占总的一般费用的比例
所有研究生占学生的比例	清洁和保管服务费用占总的一般费用的比例
学生与教学人员的比例	修理和维护费用占总的一般费用的比例
学校管理费用占拨款总费用的比例	电话费用占总的一般费用的比例
学校管理人员费用占学校管理费用的比例	人均学生房地产费用
人均学生学校管理费用	人均学生房地产人员费用
人均教学人员学校管理费用	人均学生取暖水电费用
图书馆费用占一般费用的比例	人均学生清洁和保管服务费用
图书费用占图书馆费用的比例	人均学生修理和维护费用
图书馆人员费用占图书馆费用的比例	人均学生电话费用
人均学生的图书馆费用	人均学生就业指导费用
人均教学人员的图书馆费用	人均学生学生会和社团费用
人均学生图书的费用	六个月后毕业生的就业率
人均学生期刊的费用	

注:人均学生和人均教学人员中的人数分别指全日制等值学生和全日制等值教学人员。

资料来源:Cave et al,1988:40—41.转引自:代蕊华.高校办学效益研究[D].上海:华东师范大学,1999:119。

1990 年,英国大学副校长和校长委员会与大学基金委员会又分布了一套绩效指标体系,即《大学绩效指标体系和财政管理健康指标》,1992 年高等教育基金委员会取代大学基金委员会之后,还一直沿用这套指标体系作为大学的评价工具。①

(2)现行绩效指标体系的设计与发展

1992年之前的绩效指标体系一般来说是针对大学设计的,自1992年英国从二元制变为一元制之后,一直没有建立起一套统一的绩效指标体系来衡量高等院校绩效的各个方面直到1997年7月,全国高等教育调查委员会(狄林委员会)对其重要性进行了强调,政府才着手考虑重建一套适用于所有高校的绩效指标体系。1997年12月,教育与就业国务大臣与苏格兰和威尔士的国务大臣要求他们各自的基金委员会调查引入这项措施的可行性。②

绩效指标体系设计的整个过程是在绩效指标领导小组(Performance Indicators Steering Group,PISG)的领导下进行的。其成员来自政府的各个部门,包括英国的三个基金委员会、高等教育统计局、大学副校长和校长委员会中的大学和学院、校长常设会议。2010年,为了解决绩效指标设计过程中的技术问题,在PISG下面增设了一个绩效指标技术小组(Performance Indicators Technical Group,PITG),专门就绩效指标中存在的技术问题尤其是统计方面的问题向PISG提供建议。

1999年2月,PISG发布了有关绩效指标体系的第一个报告,一级指标有4个,分别是高等教育入学率、学生的辍学率、大学、学院的教学与学习成果及效率、研究成果③、就业结果。④ 2000年,在之前4个一级指标的基础上,增加了单位完成率⑤指标。⑥ 2001年,又增加了就业结果一级指标。⑦ 2005年将残疾学生入学率从原来的二级指标中单列出来,成为一级指标;高等教育入学率指标名称改为扩大参与指标。⑧ 之后虽然每年都会根据高等教育的实际情况进行一些修改,但总体来讲,绩效指标体系在指标方面的变化不是很大,从而在一定程度上保持了绩效指标体系的稳定性和连续性。

---

① 张民选.绩效指标体系为何盛行欧美澳[J].高等教育研究,1996(3):86—91.
② HEFCE. Performance indicators in higher education Overview[R]. Guide 99/67.
③ 研究成果指标不同于科研质量评估活动所提供的质量等级,它是对质量等级的补充,而不是替代。
④ HEFCE. Performance indicators in higher education in the UK[R]. 99/66
⑤ 单位完成率(module completion rates)指标仅用于威尔士高等院校的非全日制学生。
⑥ HEFCE. Performance indicators in higher education in the UK[R]. 1999—2000.
⑦ HEFCE. Performance indicators in higher education in the UK[R]. 2000—2001.
⑧ HESA. performance indicators in higher education in the UK[R]. 2004—2005.

高等教育绩效指标主要是从三个方面来设计的:输入指标、过程指标和结果指标。随着时间的推移,绩效指标体系越来越完善,一级指标的数量由最初的四个发展为七个,对英国高等院校的绩效衡量越来越全面。并且,根据绩效指标的变化,也可以看出英国高等教育政策侧重点的变化。例如,英国政府要求高等院校扩大非主流社会群体的入学机会,以增进社会公平。因此,评价高等院校绩效时,将"大学吸纳非特权的社会群体、少数种族或宗教群体的学生人数"作为主要的评价标准之一。随着人们对残疾人接受高等教育权利的关注,从2005年开始,英国政府将残疾人的高等教育入学率列为评价高等院校绩效的一级指标。

从1999年开始到2015年,绩效指标体系仅公布公立高等教育机构和白金汉大学的数据①,2015—2017年,私立教育机构(Alternative Providers)的绩效指标以独立的"实验统计"数据发布,从2018年开始绩效指标体系覆盖了英国所有地区的所有类型的高等教育机构。②

(三)收集与绩效指标相关的数据

绩效指标设计好之后,接下来的任务就是收集与绩效指标相关的数据。怎样才能收集到绩效指标中需要的数据,同时又不加重高等院校的负担? 这是绩效指标小组考虑最多的问题。为了解决这一问题,绩效指标设计小组并没有根据绩效指标需求要求高等院校每年提供大量的相关数据,而是决定从高等教育管理统计小组(Higher Education Management Statistics Group,HEMS)中提供的广泛领域的统计信息中提取所需要的信息。

HEMS是英国高等教育管理统计部门,每年都会发表有关高等院校在部门和院校层面上的大量高等教育管理统计数据,主要包括以下方面:③财政概况和单位支出统计、研究统计、学生人数统计、获得的学历资格、高校入学率、申请与入学人数统计等。这些数据为绩效指标提供了大量、丰富的信息,但并不是上述所有统计数据都可以作为绩效指标的数据。

一般而言,绩效指标中的数据来自发布绩效指标报告的前两个学年的统计

---

① 英国白金汉大学是全英唯一一所非营利性的私立独立大学,1976年以白金汉大学学院的名字创立,1980年获得英国女王的特许状后正式升格为大学。

② HESA. About the UK Performance Indicators[EB/OL]. [2022−02−12]. https://www.hesa.ac.uk/data-and-analysis/performance-indicators/about.

③ HEFCE. Performance indicators in higher education Overview[R]. 99/11.

数据,比如,2003年发布的绩效指标报告,所使用的数据就是2000—2001学年和2001—2002学年的统计数据。1999年在发表第一套绩效指标体系时,由于所收集信息的局限性,指标主要涉及的是全日制本科生,此后,又逐步增加了非全日制本科生的相关数据。绩效指标报告包括了英国所有受公共财政资助的高等院校,但并不是所有高等院校都适合所有的数据。

绩效指标指导小组在收集绩效指标数据时,采用了以下几个原则和程序:第一,应该最大限度地利用现存的数据,任何进一步收集数据的建议都应该进行仔细地核算成本并提出正当理由;第二,绩效指标中的数据有意见,如果高等院校对根据事实修正之前,不应该发表任何有关院校层面的绩效指标结果;第三,由高等教育基金委员会负责发表绩效指标。① 2004年开始至今,绩效指标报告改由高等教育统计署发表。

依据上述原则,迄今为止,除了要求高等院校检查绩效指标数据的正确性以及提供对绩效指标的意见和建议之外,绩效指标指导小组没有在数据收集方面增加高等院校的负担。

(四)依据基准进行绩效评估

1.基准设置

正如绩效指标指导小组所言,设置绩效指标的目的有以下五个方面:一是为英国高等院校的业绩提供更好、更多的可靠信息;二是为院校之间进行比较提供可能性;三是使高等院校能够依据标准对他们的绩效进行检查;四是获悉政策发展的信息;五是有利于对高等教育进行公共问责。② 事实上,这五个目标可以归结为一点,即根据绩效指标对高等院校的绩效进行评估,从而为院校发展、政策制定以及高等教育的利益相关者提供相应的信息。

现代高等教育系统是一个异常复杂的系统,有着不同的层次与类型,并且,不同院校在学科、学生的入学条件以及学生来源的区域等方面都存在着相当大的差异,因此,如何对复杂多样的高等院校的绩效进行评估,不同院校的绩效指标能否进行比较,如何比较,这是对高等院校进行绩效评估时必须先解决的问

---

① HEFCE. Performance indicators in higher education Overview[R]. 99/11.
② HEFCE. Performance indicators in higher education Overview[R]. Guide 99/67.

题。为此,绩效指标指导小组设置了进行绩效评估时所用的基准(benchmark)①。除此之外,还设置了"标准差",用以评价绩效指标与基准之间的差异是否显著,如果两者之间的差异不显著,或者差异小于3%,可以认为该绩效指标与"调整过的部门基准"一样。②

基准的作用主要表现在两个方面:第一,了解一所院校与高等院校整体相比较时,绩效如何;第二,决定两所院校是否能够进行比较。对两所差异很大的院校进行比较是很困难的,比如,一所院校的大多数学生的入学成绩都是 A 级水平(A-Level),而另一所院校的学生入学成绩不好,它们通常不能进行比较。同样的,医科院校和工程类院校之间也是不可比的。因此,如果两所院校有着非常不同的基准,就表明他们之间的差异非常大,以至于进行比较也不可能得出有益的答案。

设置基准时要考虑的因素具备以下三个特征:第一,应该与要测量的绩效相关;第二,这项因素在不同的院校间差异相当大;第三,这项因素不受院校控制,因此,也不是院校绩效的一个组成部分。前两个特征容易识别,但是第三个特征识别起来有一定的难度。③

根据所考虑因素的不同,可以将基准分为以下两类:第一,依据地点调整的基准(location-adjusted benchmarks),该基准考虑了院校学生的来源地域以及他们的学科和入学条件,试图测量不同的地域对入学指标的影响。如果院校的绩效与这一基准相比存在较小的差异,比如说不超过1%或2%,表明地域对其没有影响。如果差异较大则意味着院校受地理位置的影响很大。第二,就业指标基准(benchmarks for employment indicators),就业指标基准是通过一个复杂模型算出来的,其运用方式与依据地点调整的基准相同。

绩效指标指导小组采用两个象征符号来表示其意义:"+"表明院校的绩效指标明显好于基准;"-"表明院校绩效指标明显差于基准。如果是空白的话,表明院校的绩效指标与部门的平均水平相似。④ 如果院校的绩效指与基准相比相

---

① 基准的计算方法特别复杂,一是限于篇幅,二是我们在此主要阐述绩效评估的基本原理,因此具体的计算方法不再详述。

② HEFCE. performance indicators in higher education in the UK[R]. 99/66.

③ HEFCE. performance indicators in higher education in the UK:2000—2001,2001—2002[R]. 2003/59.

④ HEFCE. performance indicators in higher education in the UK:1999—2000,2000—2001[R]. 2002/52:4.

第五章 英国高等教育多元监控机制的建构 | 175

差较大的话,就应该仔细检查一下他们的数据,从而找出这种差异发生的原因。下面我们以表5-18为例对基准的运用进行简要说明。

表5-18 弱势群体高等教育入学率(全日制本科生人数 1997—1998)[①]

高等院校	来自公立学校或学院			来自熟练、半熟练、不熟练体力工人家庭			来自低参与率的社区		
	学生比例(%)	基准(%)	标准差(%)	学生比例(%)	基准(%)	标准差(%)	学生比例(%)	基准(%)	标准差(%)
英格兰								
英吉利多科技术学院	93	89	0.9	30	32	1.2	13	16	0.8
阿斯顿大学	85	82	1.1	29	23	1.2	12	11	0.9
巴斯大学	75	77	1.3	17	20	1.2	6	10	0.9
剑桥大学	52	63	0.9	8	11	0.6	4	7	0.4
苏格兰								
阿伯丁大学	76	80	1.1	22	24	1.1	11	12	0.8
敦提大学	85	78	1.2	24	24	1.3	19	12	0.9
爱丁堡大学	61	74	0.8	11	18	0.7	7	9	0.5
斯特灵大学	86	84	1.2	26	26	1.4	21	13	1.1
威尔士								
格拉摩根大学	93	88	0.9	35	31	1.3	23	16	0.7
卡迪夫大学	83	78	0.7	20	21	0.7	10	10	0.5
北爱尔兰								
贝尔法斯特王后大学	97	77	0.8	28	21	0.8	9	11	0.6
阿尔斯特大学	95	86	0.7	40	29	0.9	10	13	0.7

注:此表是从1999年发表的绩效指标报告T1b中截取出来,英格兰、苏格兰各选了4所大学,威尔士和爱尔兰随机各选了2所大学,并删除了一些本书不需要的信息。

表5-17中使用的基准是依据地点调整的基准,不同类型或层次的院校所使用的基准是不一样的,如剑桥大学的基准分别是63、11和7;英吉利多科技术

---

① HEFCE. performance indicators in higher education in the UK[R]. 99/66.

学院的基准则分别是 89、32 和 16。

总而言之，如果两所院校是相似的，才能对他们的指标加以比较。如果基准不一样或差别很大，那么，这表明院校的学科/学生的入学条件是不相同的，因此，指标之间的差异只能归因于两所院校的情况不同，而不能归因于他们的绩效指标不同。

2.绩效报告的发表

绩效管理的最后一个环节就是发布绩效报告，1999 年到 2003 年，绩效指标报告都是由高等教育基金委员会发布的，自 2004 年开始至今，报告改由高等教育统计署发布。每年的绩效指标报告一般来说包括三个部分：第一，绩效指标说明，比如，设置绩效指标的背景、绩效指标的描述、基准以及对不同表格的描述与说明。第二，正文，主要由各个绩效指标的表格与数据组成，这也是绩效报告的最重要的组成部分，通过这些表格和数据可以看出英国各所高校的绩效情况。第三，附录，包括对报告中一些概念的界定、基准的具体计算方法以及对各个具体绩效指标的补充说明。

第六章　英国高等教育管理机制改革对高等院校的影响

英国政府运用新公共管理思想,改革高等教育管理机制。管理机制改革迫使英国高等院校对其内部管理的诸多方面做出调整,以适应改革带来的变化。然而,新公共管理思想对市场、企业管理方式、企业文化的推崇,与英国高等院校中一直保持的学术文化之间存在着一定的冲突。在市场与政府的双重压力之下,英国传统的学术权威型高教系统开始走向衰退,"这是一个发生巨变的时期,毫无疑问,高等教育在此期间也取得了长足的发展,但是,这些成就是以大学自治和传统的教授共同掌权(collegiality)的牺牲为代价换来的"。[①] 布雷克莱(Bleiklie)在谈到新公共管理思想在高等教育领域中的运用时说:"在公共行政部门中运用新公共管理思想已经引起了诸多争议。院校自治和学术自由是高等教育的基本价值,改革政策的基本原理与实际执行改革的领域之间的兼容性问题,在高等教育中比在其他许多政策领域中表现得更加尖锐"。[②] 因此,在新公共管理思想指导下的英国高等教育管理机制变革,一方面使高等院校更加市场化的同时接受更多政府管制,另一方面,在高等教育管理机制改革过程中,也遭到了高等院校和部分学术团体的强烈反对。于是,自20世纪80年代以来,政府及教育行政部门与高等院校之间的关系一直处于一种不断调整的状态,试图在高等院校对学生、顾客和政府负责与院校的自我改进、提高和创新之间达到一种

[①]　Roger Brown. Quality Assurance in Higher Education the UK Experience Since 1992[M]. London and New York:Routledge Falmer,2004:Foreword, Ⅺ.

[②]　Roger Brown. Quality Assurance in Higher Education the UK Experience Since 1992[M]. London and New York:Routledge Falmer,2004:1.

平衡。尽管如此,英国高等教育管理机制改革已经对高等院校产生了相当大的影响,由此,高等院校也随之发生了诸多变化。在本章,我们将从以下三个方面来阐述管理机制变革对高等院校的影响。

一、市场机制作用下的英国高等院校

自20个世纪80年代以来,英国政府在大幅削减高等院校的公共支出之后,在高等教育领域中引入了市场运行机制,希望高等院校提高效率,降低运营成本,以改变政府所面临的严重的财政危机,提高其国际竞争力。为此,英国政府不断推进高等教育市场化改革,通过引入市场竞争机制和市场交易机制重塑英国高等院校。

(一)高等院校对市场需求的回应及其结果

英国高等教育市场化使得满足顾客需要成为院校的首要目标。目前,高等院校处于买方市场以及"顾客至上"的年代,如果作为服务提供者的高等院校满足不了消费者的需求,那么就不可能获得其赖以生存的资源。高等院校对市场需求的回应导致"一些需要数年甚至更长时间才可窥探教学及科研成果的学科、并无实时迫切性的创意研究及学科,在市场上不具备足够吸引力的学科、并不符合大众化需求的学科,被视为不够实际或应用的研究及学科等范畴,必须让路给那些可以实时量度回报率、广受欢迎的商品化科目"。[①] 英国高教司司长玛格丽特·霍奇(Margaret Hodge)在2002年召开的英国大学联合会年会上,对大学校长提出警告:大学必须进行彻底自由市场式的改革,在这样的机制下,好的大学可以继续生存并扩充,而办学差的大学则可能面临市场的竞争而淘汰关闭。虽然采用自由市场的机制可能引发更多的问题,不过如果学生和研究经费的赞助者都不喜欢大学所提供的东西,我们又为什么要继续给他提供经费呢?[②]

高等院校对市场需求的回应主要表现在教学与科研这两方面。具体而言,在教学方面,最突出的表现就是开设符合市场需要的课程。霍奇于2003年再次指出,"随意拼凑的米老鼠课程是不被接受的",当被询问哪些是米老鼠课程时,

---

① 戴晓霞,等.高等教育市场化[M].北京:北京大学出版社,2004:108.
② 黄霍.大学要走自由市场,教育部将公布补助新方案[J].英国文教辑要,2002(40):1.

霍奇并未明确解释，只道是"不够严格且并非劳动力市场需要的课程"。对于霍奇的这些言论，高等教育界纷纷提出批评。霍奇还认为有许多课程应该删除，不过她并未明确指出哪些课程，只说"等到有更充足的资料时，我们就能够断定哪些课程品质如何，哪些课程能够协助学生顺利找到工作"。① 霍奇的这番言论虽然有点过激，但是这也反映了当前英国高等院校所面临的困境。在激烈的市场竞争中，唯有"劳动力市场需要的课程"才是高校应该开设的课程，与此无关的都应该被删除或者重组。事实上，英国很多高校也是这样做的。

2004年12月初，埃克塞特大学宣布将化学、音乐、意大利语课程裁掉，以减缓其高达446万英镑的预算赤字，这样一来，预计将会有130个工作岗位流失，同时其他需要"重组"的学科领域包括：终身学习、工程、电脑科技、纯数学和统计等。校长史蒂夫·史密斯（Steve Smith）表示他只是"回应市场"的需求，因应2006年即将到来的高学费政策，使埃克塞特大学国际知名系科拥有更富裕的经费与其他大学进行竞争。埃克塞特大学这样做是在寻找其市场地位。以往为了使所有系科都能够有所发展，他们采取的方式是从比较富裕的科系中抽取一部分资金来支持收入较低的科系，但在高学费政策到来之时，这种不同课程间互相补贴的方式已经无法再继续下去。另外，英格兰多科技术大学也打算在2006年实施高学费政策前，将目前的2 000门课程，删减到400～500门，引进改良式的模块课程，以便征收3 000英镑的学费。② 据英国高校招生部门的数据显示，2012年英国高等院校将开设38 147门课程，这比目前的43 860个学位课程减少了近12%。负责招生工作的高校主管们把将被削减的课程瞄准了常年呈"亏损"状态的"软性学科"，包括"加勒比地区研究""高尔夫球场管理""电影艺术"等在内的非学术性课程，这些专业课程的就业前景通常并不乐观。以伦敦城市大学为代表的一些高校甚至削减了超过60%的课程，其中包括哲学、表演艺术、历史学等课程。③ 2020年以来，新冠疫情的巨大冲击使得英国高校财政愈发困难，在经济下行的年代，人们更加看重就业导向，因此，并非只有文科受到影响，事实

---

① 詹盛如. 高教司长"米老鼠课程"说，激怒大学校长[J]. 英国文教辑要，2003(43)：2.
② 詹盛如. 大学裁撤系所[J]. 英国文教辑要，2004(56)：4.
③ 刘一，吴晓洋. 英国高校大幅削减"软性学科"[EB/OL]. (2011—11—23)[2021—08—15]. https://news. sciencenet. cn/htmlnews/2011/11/255872. shtm.

上只要是就业表现不好、招生困难的专业都会面临裁撤。莱斯特大学的副校长尼尚·坎纳加拉贾(Nishan Canagarajah)教授声称：为了"造就卓越"，大学必须要裁掉无用的数学系，把资金花到更有价值的人工智能、计算建模、数字化和数据科学领域。①

在科研方面，也面临着同样的选择。由于科研经费拨款机制的改革，由大学自己任意支配的科研经费越来越少，一般而言，所获得的科研经费大多是有固定用途的，一方面来自国家的资金，所做的课题一般来说要符合国家利益需要，另一方面则是来自工商企业的课题，要满足工商企业对所做课题的要求。并且，由于科研经费拨款的选择性越来越强，很多学科即使其科研水平达到了国内先进水平，也不能得到很多科研经费。因此，很多高等院校开始关闭得不到充足的研究经费的系所，尤其是基础学科，或者对这些系所进行重组或改建。

2003 年，已经有许多有名的系所关门停止招生，这些系所包括伦敦大学国王学院的化学系、伯明翰大学的通信系以及德尔汉大学的东亚研究系。② 2004 年底，英格兰多科技术学院也决定裁掉化学系，改成犯罪科学系。该校表示该项决定并非突发，自六七年前开始，犯罪科学便日益茁壮成长，并且广受欢迎，相对而言，化学系越来越不受学生喜爱。这项决议只是跟着市场的趋势前进，这些科系比较容易从工业界吸引到研究经费。③ 2011 年，东安格利亚大学决定关闭其20 世纪 60 年代成立的音乐学院。④ 2021 年，尽管超过 4.2 万人签署请愿书要求谢菲尔德大学保留考古系，英国谢菲尔德大学依旧决定关闭其在全球排第 13 位的考古系，停止本科招生，同时解聘部分教师。⑤

一些不适合市场需求的课程的删减，以及那些得不到研究经费的系所的关闭，引起了英国高等教育界、学术界以及学生的强烈反对。这种做法将会导致那些具有非常重要的学术价值的学科和研究领域遭到削弱，若是长此下去，这些学

---

① 课窝教育.英国大学多项专业院系被裁撤取消！这些冷门专业或濒临淘汰[EB/OL].(2021-07-28)[2022-05-11]. http://www.kewo.com/article/15391.
② 詹盛如.知名学术团体反对研究经费集中[J].英国文教辑要,2003(51):3.
③ 詹盛如.大学裁撤系所[J].英国文教辑要,2004(56):4.
④ 刘一,吴晓洋.英国高校大幅削减"软性学科"[EB/OL].(2011-11-23)[2021-08-15]. https://news.sciencenet.cn/htmlnews/2011/11/255872.shtm.
⑤ 课窝教育.英国大学多项专业院系被裁撤取消！这些冷门专业或濒临淘汰[EB/OL].(2021-07-28)[2022-05-11]. http://www.kewo.com/article/15391.

科有可能会慢慢消失,这将对英国学术的多元化产生负面影响。

(二)竞争加大了高等院校之间的差距

正如英国政府所期望的那样,市场竞争机制的引入确实使英国高等院校的效率得到了相当大的提高,生均成本的不断降低以及单位成本的科研成果产出率增加就是很好的证明。

高等院校之间的竞争不外乎两个方面,一是竞争资金;二是竞争人,包括学生、教师和管理人员。从前述研究可知,英国政府引入竞争机制的突破口是财政拨款,通过改革财政拨款方式促使高等院校为获取更多的教学与科研经费而不断改进其质量、效益及管理。然而,这两个方面并不是相互分离的,而是互相交织、互相影响的。比如,在科研经费的竞争中,只有提高科研质量才能获得更多的科研经费,而科研质量的提高最终要靠拥有科研能力的教师,因此,高等院校要想获得更多的科研经费,就必定要为拥有更具科研实力的教师与科研人员而加强与其他院校竞争。此外,英国政府为了促使教师之间的流动,以利于高等院校之间的竞争,于1988年颁布《教育改革法》,废除了教授终身制,这为此后在高等教育中进一步引入竞争机制扫除了障碍。

市场竞争可以使高等院校不断提高其质量和办学效益,这也是英国政府引入竞争机制的初衷之所在。确实,英国高等院校的质量与效益在引入竞争机制之后得到了很大提高,就拿高等院校的平均单位费用来说,据统计从1980—1981学年至1986—1987学年实际上有所下降,英格兰大学下降5%,多科技术学院与隶属地方的其他学院下降15%,其他类型接受政府补助的学院下降大约25%,苏格兰的中心学院则下降了5%。

有竞争,就会存在差距。在市场竞争机制下,高等院校要根据其教育与科研质量的好坏来吸引学生、教师,从而争取更多的经费,但是由于高等院校之间原本就存在着差异,比如老大学与新大学、大学与学院等,即使同是老大学也有着相当大的差异,而当前的竞争机制正在进一步加大这种差距,于是就出现了"富者日富、穷者益穷"的趋势。

汇丰银行2003年所做的一项调查显示,英国各校的财政分配非常不均,大学的财政差距正在持续扩大。该报告指出,在英国大学中,有11所大学的财务情况非常脆弱,另外11所则负债累累。长此以往,将使学生人数减少,科系日益缩减,并且有可能被迫与其他较好的学校合并。虽然据称英国高校有高达100亿英镑的财政短缺,但事实上是有的学校盈余过多,有的学校长期借贷。根据调查,最富有的25所学校囊括了95%的盈余,另外最穷的25所学校,超过一半必须长期贷款。[①] 英国《卫报》于2005年4月收到英格兰高等教育基金委员会的一份秘密文件,文件显示英国有11所大学可能会有财务上的问题。该文件陈述了过去五年来遭逢财务困难的大学,相关的问题包括缺乏资金,招生不足,机构管理水平低下以及学校发展规划不合理等。[②] 高等院校之间的差距不仅表现在财政收入上,而且表现在高等院校的其他方面,如教学与科研质量、生源、教师水平等,这些差距最终会决定一所高校是"穷"还是"富"。

除此之外,还需要注意的是,自1986—1987学年在科研经费拨款中引入竞争机制之后,科研经费不再根据总项拨款一起下发,而是根据科研评估等级来确定科研经费的数量,科研评估等级越高,所得到的科研经费就越多。随着此后科研拨款的不断改革,科研经费发放的选择性和竞争性在不断增强,到2002年时,如果高等院校的研究评估等级处于3b之下的学科,将得不到科研经费,甚至高等教育司司长霍奇还指出,在未来几年内,还有可能进一步加强科研拨款的选择性和竞争性,科研评估等级即使得到了3a,也有可能得不到任何科研经费。2015年2月20日,英格兰高等教育基金会发布了高校科研经费调整方案的初步细节,在10亿英镑的科研经费预算下,要提高4星级研究的科研经费。科研经费的调整将使得科研资助进一步集中于顶尖大学。[③] 科研评估活动中受益最多的当属研究密集型大学。如最成功的罗素集团(即研究型大学俱乐部)和现代大学联盟中的二流大学(包括大部分原来的理工学院)之间的差距呈指数级上升,突出表现在研究的卓越性、学术质量以及财务的可持续性等方面。这会导致因高度依赖入学机会扩大才有生源的其他大学财政状况恶化,甚至由于学生市场的波动而出现金融风险。许多研究密集型大学已经把它们对财政拨款的依赖减到30%以下,一些较新的大学对它们的依赖则在70%~80%。[④]

[①] 詹盛如.大学财政差距扩大[J].英国文教辑要,2003(48):3.
[②] 詹盛如.大学财务危机[J].英国文教辑要,2005(58):2.
[③] 胡予.英国:科研经费调整方案惠及精英大学[J].国外研究生教育动态,2015(52):2.
[④] Michael Shattock.工党政府统治下的高等教育[J].国际高等教育,2008(1):25.

(三)学术资本主义:凸显知识的交易价值

资源依赖理论认为:被剥夺了重要资源的组织将会去寻求新的资源。英国高等院校在政府财政支出削减的情况下,不得不转向市场寻找新的资源,利用其所拥有的知识来换取发展需要的资金,以此弥补公共财政拨款的不足。斯劳特(Sheila Slaughter)等人将这种现象称为学术资本主义(academic capitalism),具体来说,就是院校和专业人员为了获得外部资金而进行市场或类市场的活动与行为[①]。在英国,高等院校及其专业人员在政府的鼓励下,通过与工商业合作、开发海外的留学生市场以及向本国学生收取学费,获取了大量资金。有研究者指出,在剑桥大学,校企合作关系不仅得到积极讨论,而且经历了重要变化,学校并不反对与企业建立合作关系。事实上,学者基本上可以自由地与企业建立合作关系,一些学者还试图与企业建立深层合作关系,他们从企业合作者那儿获得了大量支持。[②] 2010年,由英国19所研究型大学组成的1994集团(1994 Group)发表了报告《企业型大学:研究基础为商业添翼》,该报告认为"英国大学与商业界之间的合作研究明显上升",并注意到过去5年中大学从和商业合作中获得的研究收入已经从9.49亿美元增加到11.6亿美元。在1994集团中,由大学研究带动的大学附属企业的收入从0.71亿美元增加到1.61亿美元。同期,这些公司的雇员人数也从745人增加到1 200人。[③] 在这种情况下,"各大学都将自己视为商业市场中的参与者,但这个市场的经济是以知识为导向的。正如经济学家和商业刊物时常提醒我们的那样,大学今天是在作为知识经济开发人力资本投资的生意。这个市场中的知识明确地变得功利主义,对其交易价值极为重视。"[④]

凸显知识的交易价值,在为高等院校带来大量收入的同时,也为高等院校的发展产生了不良的影响。一方面,会导致学科发展的不均衡,不适应市场需求的知识或学科由于得不到资金或者招收不到学生而在不断萎缩,有些甚至濒临消

---

① Sheila Slaughter and Larry L. Leslie. Academic Capitalism[M]. Baltimore and London:The Johns Hopkins University Press,1997:8.
② Sachi Hatakenaka. 对校企合作的再思考:麻省理工、剑桥和东京大学的模式[J]. 国际高等教育,2008(创刊号):46.
③ 张蕾. 英国:大学与商业界的关系日趋密切[J]. 国外研究生教育动态,2010(8):10.
④ [美]埃里克·古尔德. 公司文化中的大学[M]. 吕博,张鹿,译. 北京:北京大学出版社,2005:14.

失的边缘;另一方面,大学的公共性会受到营利性动机的侵蚀,对于大学而言,知识具有公共性和无私利性,创新本身既是共同利益也是为了共同利益;一旦将大学的知识和创新与驱动经济发展紧密联系起来,在专利和知识产权制度下,大学的公共性就会受到营利性动机的侵蚀,共同利益就会让步于国家、企业或个人的私益。[1]

二、多元监控机制对英国高等院校的影响

在政府关注其财政支出的使用效果、消费者或顾客关注其投入能否购买到物有所值的产品的年代,高等院校的内部运作透明化和标准化也就成了一种必然。因此,各种各样的问责、评估和审核纷至沓来,一时间,高等院校变成了随时都有评估团体、审核团体光顾的机构,一个随时都要迎接检查的机构。这些名目繁多的评估与审核对于政府了解高等院校的资源使用情况、提供产品的质量、办学效益等确实发挥着重要作用,而且能使作为消费者和利益相关者的学生、家长和雇主等拥有更多的知情权。每次评估和审核,评估与审核机构都会发表大量的报告以及排名表,这些报告中的详细信息可以使人们了解到每所高校的质量与绩效。评估与审核小组还会针对高校的不足提出改进建议,并要求高校限期整改,从而使其质量得到保证等。

(一)高等院校办学质量不断提高

近二十年来,英国评估与审核机构对高等院校的教学与科研质量、办学绩效进行了大量的评估和审核,这种多维、全面的评估与审核方式,为英国整体高等教育以及单个高等院校各方面质量的提高起到了真正的促进作用。我们从高等院校历年来的评估结果中可以清楚地看到这一点。由于教学质量涉及面太广,并且评估机构及其评估过程发生了一些变化,对其先后评估结果进行比较时可能会存在着一定的困难,但是从其评估结果来看,高等院校的教学质量无疑是在不断提高的。科研评估机制是英国多元监控机制的重要组成部分,我们以科研质量评估为例,来说明科研评估活动对高等院校科研质量提升的影响。

首先,从高等院校整体的科研情况来看,科研实力有了显著提升。1996年

---

[1] 王建华.知识社会视野下高等教育的隐忧与超越[J].高校教育管理,2022(4):1-10.

高等院校的各类学科中,第一级到第七级科研评估等级(即 1~5＊)所占的百分比分别为:8%、16%、15%、18%、23%、14%、6%;而 2001 年的科研评估等级所占的百分比分别为:1%、5%、11%、19%、26%、28%、11%(见表 5-11)。2008年,接受评估的大学中 14%的科研成果被评为四星级,37%被评为三星级,这意味着 51%的科研评级表现良好。2014 年,被评为世界领先或国际优秀科研工作的比例猛增至 72%,其中 22%是四星级,50%是三星级。2021 年,研究产出被评为世界领先或国际优秀的比例增至 81%,其中 36%是四星级,47%是三星级。由此可以看出,英国高等院校的科研质量有了大幅度提高。

其次,从国际比较的维度来看,英国高等院校的科研实力处于世界领先地位。2013 年,英国商业创新与技能部委托 Elsevier 数据库对英国 2013 年的科研表现进行评估,并发表了一份题为《2013 年英国科研表现之国际比较》的评估报告。此次评估重点对英国和美国、加拿大、中国、法国、德国、意大利、日本、巴西、俄罗斯、印度 10 个国家的科研表现进行比较。报告显示,虽然英国只拥有全球 0.9%的人口、4.1%的学者,但是英国在科研上取得了重大成就。英国的期刊论文量占全球期刊论文总量的 6.4%,论文下载量占 9.5%,论文引用率占 11.6%,高被引论文数也占全球高被引论文总数的 15.9%。在科研合作与研究人员的流动上,英国亦表现突出。国际科研合作与科研人员流动紧密相连,通常科研合作率较高的国家,其科研人员的流动性也较强。报告显示,英国的科研合作论文产出率较高,这反过来也强化了英国在科研方面的世界领先地位。[1]

(二)公共问责对英国高等院校的影响

问责为高等院校自身及其利益相关者都带来了一定程度的有利影响,这主要表现在以下两个方面:首先,对利益相关者而言,问责为他们了解高等院校的资源使用情况及使用效果起到了重要作用。一直以来,高等院校自身的运行情况对外界而言是一种"黑箱",高等教育目标的多元化及其教育效果显现的滞后性也使人们很难对高等院校活动的好坏做出判断。而多种问责措施的执行,使高等院校的具体运作信息开始为外界所知,这为高等院校的利益相关者监督高

---

[1] UK Department for Business, Innovation & Skills. International Comparative Performance of the UKResearch Base—2013[EB/OL]. (2013-12-06)[2020-10-15]. https://www.gov.uk/government/publications/performance-of-the-uk-research-base-international-comparison-2013.

校提供了很好的机会。另外，高等院校各方面信息透明度的增强，也使利益相关者拥有了更多的信息知情权，有利于他们做出正确的选择和判断，如学生及其家长在选择高等院校时可以根据高等院校的教学质量和其他情况进行选择，另外，企业在选择与高等院校合作进行科研开发时，可以根据高等院校在科研评估活动中的质量评定等级情况来选择最适合的高校等等。其次，问责在高等院校自身发展过程中也发挥着关键作用。外部对高等院校的问责可以不断提醒高等院校关注其各方面的运作情况，及时发现运作过程中出现的偏离目标的行为，从而寻找原因并及时予以纠正。然而，问责不仅为高等院校及其利益相关者带来有利影响，而且会对高等院校的发展产生不利影响。由于不同类型利益团体的利益诉求相差甚远，他们对高等院校的问责要求并不一致。即使问责要求一致，有时也会出现难易程度不同的情况。为了对各种各样的问责要求做出回应，高等院校也付出了一定的代价。

高等院校不仅要向上级机构或对其资助的组织汇报其资源运用情况及效果，而且必须接受各种各样的外部评估和要求。外部审核的日益盛行则是英国高等教育问责的极端表现。"到20世纪90年代初期，大学经历了名副其实的全景敞视式（Panopticon）监督，一年是学院审核，另一年是竞争性的研究评估，再下一年是教学质量评估。"[1]如此频繁的评估为高等院校带来了很大的负担，这不仅表现在财政负担上，而且表现在大学员工的额外工作负担上。英国高校每年都要投入大量资金准备和迎接评估、审核，行政人员和教师也要花费大量的时间来准备不同审核所要求的各种各样的资料、数据。并且，由于不同的利益相关者的要求并不一致，他们要求大学进行解释或说明的事务也不一样，这就更进一步增加了大学的负担。鉴于大学负担越来越重，英格兰高等教育基金委员会委托PA管理咨询公司（PA Consulting Group）就问责对高等教育机构的影响进行调查，于2000年发表报告《为了高等教育更好的问责》，该报告对问责所产生的影响进行了测评。具体情况如下（见表6—1）。

---

[1] Cris Shore, Susan Wright. Coercive accountability: the rise of audit culture in higher education [A]. Marilyn Strathern. Audit Culture: Anthropological studies in Accountability, Ethics and the Academy [C]. London: Routledge, 2000: 70.

表 6—1　　　　2000年英国高等教育问责对利益相关者产生的影响①　　　　单位：英镑

	直接影响	间接影响	
估计成本 =0.7亿	可测成本 （譬如，可计算的行政时间和学术时间） 估计成本=0.45亿—0.5亿	行政成本 （譬如，信息制度的加强、最好的资助等） 估计成本=1亿	无法量化
	不可测成本 （譬如，无法计算的教师的时间和非人员成本） 估计成本=1亿	行为成本 （譬如，质量评估和参与投标、规划的不确定性、教师压力） 无法量化	

问责对高等院校所产生的影响包括两个部分，直接影响和间接影响。测评所得的结果为，问责每年为高等院校带来的可以量化的成本大约有2.5亿英镑，而无法量化的行为成本对高等教育机构的影响则更为深远。除了对高校产生影响之外，也使其利益相关者付出了不菲的成本，据PA管理咨询公司的测评，问责为利益相关者带来了大约有0.7亿英镑的成本以及大量无法量化的间接成本。

有效的问责制度既需要确保利益相关者的利益诉求得以实现，又需要减少服务提供者的负担。只有如此，问责制的初衷才能够得以实现。如何平衡这两个有冲突的目标，是英国高等教育问责面临的一大难题。也正是由于对此处理不当，才出现了高等院校负担过重的问题。为了减轻高等院校的负担，同时也能保障问责机构或个人的利益，《为了高等教育更好的问责》报告提出了有效问责的四项原则，以指导问责实践：一是权衡重要的事务；二是阐明关系；三是寻求共同利益；四是增加价值。

2004年，高等教育基金委员会再一次委托PA管理咨询公司对实施有效问责原则的高等院校进行调查，以检验其实施效果。公司于2004年6月发表了调查报告《更好的问责回访：问责成本的再调查》，该报告对两次测评的结果进行了比较（见表6—2）：

---

① PA Consulting Group. Better accountability for higher education[R]. 2000:6.

表 6—2　　　　2000 年和 2004 年高等教育问责所产生的影响比较[①]　　　　单位：英镑

		《为了高等教育更好的问责》—2000[②]	《更好的问责回访》—2004
直接影响	可测成本	0.56 亿	0.42 亿
	不可测成本	1.12 亿	0.79 亿
间接影响	行政成本	1.12 亿	0.90 亿
	行为成本	无法量化	
	总　　计	2.8 亿	2.11 亿

若不考虑无法量化的行为成本，2004 年问责为高等教育带来的总影响与 2000 年相比，各种成本减少了约 25%，大约有 0.69 亿英镑。由此也可以得知，有效问卷原则在高等院校问责中的贯彻实施确实发挥了相当大的作用，在减轻高等院校负担方面取得了显著的效果。

（三）多元监控机制下高等院校的强制性责任

多元监控机制的形成，使得英国高等院校无时无刻不处于英国政府与其他"消费者"或"顾客"的外部监督之中，这种"全景敞视式"的监控使英国高等院校的生存环境发生了相当大的变化。正如克里斯·晓（Cris Shore）和苏珊·怀特（Susan Wright）所言："被引入高等教育和其他领域的审核技术并不是简单的、不关痛痒的、中立的和合法合理的行为；相反，他们是实现新的统治和权力形式的工具。他们体现了一种新的合理性和道德规则，并被设计为用来在学者中产生新的一般行为标准和专业行为标准。简而言之，他们是创造一种新的主观性（subjectivity）的动因，即使自身是能被审核的自我管理的个体。"他们进一步指出："自战后英国高等院校扩张以来，在重塑英国大学的学术工作和思考环境方面，没有任何其他措施能与审核文化和关于问责的强制性技术相匹敌。"[③]

20 世纪 80 年代之前，高等教育的政府拨款从来没有被用来干涉大学内部

---

① PA Consulting Group. Better accountability revised: review of accountability costs 2004 [R]. 2004:15.

② 该表中的现金数字根据英国国内 2004 年的市场价格加以校正，事实上在 2000 年，其总影响约为 2.5 亿英镑。

③ Cris Shore, Susan Wright. Coercive accountability: the rise of audit culture in higher education [A]. Marilyn Strathern. Audit Culture: Anthropological studies in Accountability, Ethics and the Academy [C]. London and New York: Routledge, 2000:57.

自治的行为。在皇家特许状之下，大学设定他们自己的标准，并且是他们自己质量的唯一裁判。而之后进行的审核与评估则预示了政府对大学的学术自治原则的削弱。政府通过组建大量的中介机构，如高等教育质量委员会、高等教育质量保障署等，动员大学教师自身在这一过程中成为专业管理人员，积极地顺从政府制定的目标来掩盖政府干预大学的事实。

在接受评估和审核的过程中，为了达到评估或审核的要求，获得更好的质量或绩效等级，高等院校必须积极地把自己转变成为可审核的物品。因此，现在高等院校的教学与学习的过程必须被量化和标准化以致它能够被测量。衡量课程好坏所依据的主要是量化、可转让以及适于销售等标准，教师的教学有多好、他或她是否能够激发学生的热情已经变得不再重要。有些环节对于教学来说是至关重要的，但由于不符合质量评估和绩效审核规定的标准而被忽略。如古德曼（Gudeman）所言："在对教学时间进行量化测量之前的年代里，我认为好的教学或许发生在办公室里，或许发生在教室走廊里，或许发生咖啡馆里或者饭桌上，在这些场合通过几分钟或数个小时的交谈就能获得好的效果。但是这些场景和事件因为很难进行测量而不再被计算在资金分配之中。"[1]

上述过程的结果是创造了大量的"可审核的结构"和纸质档案向来访的审核者展示"高等院校所做过的事情的证据"。并且，为了使这种结构更加一目了然，高等院校不仅要求负责这一事情的管理人员花费大量时间来整理这些档案，并建立完善的质量保障体系，而且要求教师把他们的时间更多地花在整理可审核的记录上，这已经成为高校工作的一个新的主要方面。而对许多高校教师来说，所有这些活动对于他们真正的工作而言是多余的。全部的审核程序呈现一种人工和舞台成绩的感觉。例如，一些大学为迎接教学质量评估进行彩排。大多数教师和学生需要接受辅导，以便知晓关于他们学校质量的规定哪些该说，哪些不该说。[2] 对于创建可审核的书面档案和可见的制度的强调阐明了由波娃（Power）于1994年提出的一个主要观点："需要确保的是控制体系的质量而不是处于

---

[1] Cris Shore, Susan Wright. Audit Culture and Anthropology: Neo-Liberalism in British Higher Education[J]. Journal of the Royal Anthropological Institute, 1999(4): 567.

[2] Cris Shore, Susan Wright. Coercive accountability: the rise of audit culture in higher education[A]. Marilyn Strathern. Audit Culture: Anthropological studies in Accountability, Ethics and the Academy[C]. London and New York: Routledge, 2000: 72.

第一位的教学与科研活动的质量。在这样的背景下,责任通过展示此种控制系统的存在而得到履行,而不是通过展示好的教学水平、好的护理、好的生产或好的银行业务。"①

审核与评估所要求的是被审核与被评估对象对由审核者和评估者提出的标准和程序的顺从。审核与评估机构根据标准和程序对作为被审核和评估者的高等院校进行审查和评估,并将评估和审查的结果作为给予高等院校分配资源的依据,高等院校在这样一种机制的约束下,不得不顺从这种从外部对其加以规制的标准与程序,以此来获得其生存和发展所必需的资源。因此,审核与评估机制对高等院校带来了一种强制类型的责任。一所高校如果承认其达不到标准就等于承认失败,在对日益减少的公共财政拨款进行竞争性分配的机制之下,如果"优异"获得奖励的话,那么"失败"就必须得到处罚,其中最直接的处罚就是减少政府对它的财政拨款,除此之外,还会影响高等院校在整个高等教育系统中的排名,从而使其在学生、教师以及其他资源方面处于竞争劣势,而这将会为高等院校带来生存危机。因此,为了维护高等院校的利益,所有不利于高校的言行都将受到惩罚。大学在一种竞争性的名次排行表中保护和提高他们地位的需要正在日益对教师施加与大学保持一致的义务和责任。例如,一个教授在一个全国性的报纸上发表文章批评他所在的大学的主张:更大的班级规模和资源减少决不会降低标准。结果,这所大学给这个教授一个正式警告。教师不应该为他们所属的机构带来不好的名誉,如果这样做的话,这个过错就足以将他解雇。② 审核机制的运用,使得基于可见度和强制性责任的体系代替了之前基于自治和信任的体系,政府通过这种方式实现了对高等院校的控制。

(四)外部监控促使高校内部评估机制的形成

政府外部监控的目的之一是促使高校形成内部评估机制,从根本上保障高校教育质量。英国高等教育质量保障署自实施制度评估以来,开始重点审查大

---

① Cris Shore and Susan Wright. Coercive accountability:the rise of audit culture in higher education [A]. Marilyn Strathern. Audit Culture:Anthropological studies in Accountability,Ethics and the Academy [C]. London and New York:Routledge,2000:73.

② Cris Shore and Susan Wright. Coercive accountability:the rise of audit culture in higher education [A]. Marilyn Strathern. Audit Culture:Anthropological studies in Accountability,Ethics and the Academy [C]. London and New York:Routledge,2000:73.

学保证教学质量和授予学位标准的内部评估体系,在此背景下,英国大学的内部评估制度逐渐建立和完善起来。在此以伦敦政治经济学院(London School of Economics and Political Science)为例,对英国大学教学质量内部评估的目的、内容、评估小组的人员构成及作用、评估过程等进行探究。

1997年英国成立了高等教育质量保证署,负责审查大学的教学质量和学术标准的评估。当时,高等教育质量保证署的评估主要包括两方面的内容,对大学层面的评估和对院系学科层面的评估。在2001年夏季,高等教育质量保证署调整了它的审查方式,并在2002学年伊始进入一个被称为"制度评估"(institutional audit)的过渡阶段。新的评估流程更加依赖于高校自身的体制特别是内部评估体系,大大减少了高等教育质量保证署对学科的评估数量。制度评估主要审查大学保证教学质量和授予学位标准的内部评估体系。而大学内部评估体系的有效性是高等教育质量保证署审查的核心问题。

制度评估经过4年的过渡,2005年,英格兰高等教育基金委员会对制度评估进行了再评估,对先前的评估流程提出了改进意见。高等教育质量保证署也重新整理了制度评估的操作流程,并于2006年年初出版了《制度评估手册》,随之开始了2006—2007年度新一轮的评估。[1] 制度评估的实施促使英国大学逐渐形成和完善其内部质量评估体系,如威尔士的卡迪夫大学等。[2] 大多数高校都是依据高等教育质量保证署的评估流程,再结合本校的实际情况,设立了负责评估的机构,制定了评估流程,对学校的教学质量进行评估。制度评估的实施促使英国高学逐渐形成和完善其内部质量评估体系。

伦敦政治经济学院创建于1895年,是英国最早的以经济学和政治学等学科为核心的人文社科类大学。自成立以来,学院在"探知并了解事物发生的缘故"的校训指导下,致力于高水平的教学与研究工作,该校的教学水平与研究成就在全球久负盛名。伦敦政治经济学院内部曾有一套教学质量评估的体系。在1990—1991学年,伦敦政治经济学院的学术委员会就成立了内部学科审查小组(IAAU),并开始投入工作;1994—1995学年,内部学科审查小组由教学质量保

---

[1] The Quality Assurance Agency for Higher Education. Handbook for Institutional Audit:England and Northern Ireland[R]. Gloucester,2006:1.

[2] [美]约翰·布伦南,特拉·沙赫.高等教育质量管理——一个关于高等院校评估和改革的国际性观点[M].陆爱华,等译.上海:华东师范大学出版社,2005:95.

证委员会(TQAC)所替代。当时,评估工作分别由两个部门执行:本科生委员会负责执行本科教学活动的评估,研究生委员会负责研究生教学活动的评估。然而,自高等教育质量保证署调整其评估方式之后,伦敦政治经济学院于2002—2003学年调整了委员会组织,教学评估委员会(TLAC)取代了教学质量保证委员会,并负责学校内部的教学质量评估工作。从2003年开始,伦敦政治经济学院每年都会对部分系所进行评估,并规定在5年内对所有系所进行一轮评估。此外,每年评估结束之后,学院都会对评估流程进行再次审查,根据大家所提的意见和建议改进评估流程。伦敦政治经济学院在建立和完善大学教学质量内部评估的过程中,形成了如下四个特色:

一是建立专门评估机构,这是形成校内评估长效机制的第一步。学院建立了教学评估委员会负责校内教学质量评估事宜,此外,还在教务处下设教学质量保证与评审办公室,具体实施内部评估。

二是学院根据高等教育质量保证署的要求和规定,建立校内教学质量评估制度,并据此进行评估。这样既可以满足学校自身的需要,同时又为迎接高等教育质量保证署的评估做好准备,可谓一举两得。

三是学院每年在评估结束之后,都会征求参与评估人员的意见,对教学质量内部评估制度进行再评估,不断进行改进和完善。

四是在教学质量内部评估的过程中强调学生参与。从内部评估过程的很多细节可以看出学院对学生的重视。首先,学生代表是评估小组的必不可少的成员,并在评估过程中发挥着重要的作用。其次,在撰写系陈述报告时,各系会要求学生参与陈述报告的讨论和起草,以此增强学生对系评估事宜的关心以及加强学生对系教学情况的了解。

(五)高等院校工作人员压力与负担的加重

在多元监控机制之下,高等院校每年都要接受各种各样的外部评估与审核,布卢奈尔大学教育系主任罗伊·伊万斯(Roy Evans)教授说他所在教育系曾经有过在5年时间内接受了25次评估的记录,平均来看,每年要接受五次评估。正如前文所言,为了迎接评估,各个高校都要准备评估所需要的资料,同时,为了提高院校或学科的评估中等级和名次,还需要院校教职员工做出更多的成绩,从而为教学与科研赚取更多的经费,因此,在大量的评估活动和院校之间的竞争压力之下,高等院校工作人员的负担越来越重,有教师将自己形象地描述为"智力生产线"上的工人。下面所列的是历年来各个研究者或机构对英国高等院校中各类人员的压力和负担的调查和访谈结果。

1992年,费舍(Fisher)和史密斯(Smith)对英国大学学术人员的负担进行了调查,结果显示:在"学术人员是否感到负担过重"这一项中,总是感到负担过重的比例占27%,经常感到负担过重的占48%,偶尔感到负担过重的占16%,其他占9%。[1] 由此可以看出,在所有被调查的学术人员中,75%总是或经常感到负担过重。

1998年,奥尔沃(Olver.J)对6 000名英国高校管理人员调查发现:如果他们实现了他们自己的和部门的目标,那么就会既把他们自己又把他们的同事推向更艰难的境地。由此可知,管理人员的工作任务是在不断加码的,并且,他们的负担也是在不断加重的,不仅是工作负担,更重要的是在此过程中所承受的心理负担。[2] 同样,大学教师也在过度工作,据教育政策研究所(Education Policy Institute)2016年秋季的分析,英国一半的全职教师每周工作40~48个小时,1/5的教师每周工作至少60小时。[3]

1999年,剑桥大学商业研究中心为约瑟夫·让垂(Joseph Rowntree)基金会所做的报告指出,对不断加码的效率和利润的追求正在给工人施加无法承受的负担,这主要反映在:日益增加的工作不安全性、身体不健康和生活不幸福。报告中谈到,迄今为止,职业不安全性最大限度地增加已经发生在专业人员中间,在1986年,专业人员是工人中最安全的群体,而到1997年却成了最不安全的群体。[4] 正如克里斯·晓和苏珊·怀特所说,"用测量代替信任,用管理控制代替

---

[1] Shirley Fisher. Stress in Academic Life:The Mental Assembly Line[M]. Buckingham:Open University Press,1994:71.

[2] Cris Shore and Susan Wright. Coercive accountability:the rise of audit culture in higher education[A]. Marilyn Strathern. Audit Culture:Anthropological studies in Accountability,Ethics and the Academy[C]. London and New York:Routledge,2000:77.

[3] 康凯凝,郭妍汐.英国教师压力过大 生理心理双重受挫[EB/OL].(2017-04-18)[2022-03-24]. http://m.haiwainet.cn/middle/3540917/2017/0418/content_30866331_1.html.

[4] Cris Shore,Susan Wright. Coercive accountability:the rise of audit culture in higher education[A]. Marilyn Strathern. Audit Culture:Anthropological studies in Accountability,Ethics and the Academy[C]. London and New York:Routledge,2000:83.

学术自治,故意制造竞争和不安全的氛围,是新管理主义指导下的审核的所有特征"。① 虽然这种说法有点极端,但它真实地说明了专业人员不安全性产生的原因所在。

罗丝玛丽·迪姆(Rosemary Deem)对学术型管理人员(manager-academic)进行了访谈。她问到受访者的生活状况,受访者做了如下描述:充满了正式的和非正式的会见,从重要的委员会正式会见到一对一面谈;堆成山的文书工作和电子信函;寻找新的资源;最重要的是激励和说服同行。许多学术型管理人员认为,每周60～70个小时的工作时间,主要花在了行政管理而不是研究上面。②

2004年11月份,大学教师协会调查分析发现,高等院校的员工工作压力高于其他部门员工。调查结果显示:69%的大学教员表示他们的工作压力很大,并且有一半的人表示已经达到内心苦闷的边缘了。③

由历年来对英国管理人员、学术人员以及学术管理人员的调查、访谈可以看出,英国高等院校中多数工作人员都感受到了过重的压力与负担,这已经对学术人员的发展造成了一定的危害。因此,为了对大学教员的工作压力进行控制,据英国《泰晤士报高等教育副刊》2005年1月14日报道:英国健康与安全部已经对英国大学进行警告,如果他们员工的工作压力超过了健康与安全部规定的标准,就有可能被起诉。目前,健康与安全部已经对英格兰的迪蒙福特大学采取了行动。因为据迪蒙福特大学的员工报告,该校员工认为工作压力太大,使他们无法午休或年度休假。④

虽然在管理机制的作用下,英国高等院校的工作人员正在承受着前所未有的压力,但值得庆幸的是,英国政府已经认识到了这一问题的严重性,并且已经开始采取措施来改变这种状况。上面提到的健康与安全部的做法就是一例。英国政府的这些努力可能在会在不远的将来取得成效。

---

① Cris Shore, Susan Wright. Coercive accountability: the rise of audit culture in higher education [A]. Marilyn Strathern. Audit Culture: Anthropological studies in Accountability, Ethics and the Academy [C]. London and New York: Routledge, 2000:78.

② Rosemary Deem. Managing Contemporary UK Universities-Manager-academics and New Managerialism [EB/OL]. http://www.academicleadership.org/cgi-bin/document.cgi?file=3/manageunv.dhtm.2005-09-21.

③ 袁婷婷. 英国对大学教员工作压力进行控制[J]. 比较教育研究,2005(5):93-94.

④ 袁婷婷. 英国对大学教员工作压力进行控制[J]. 比较教育研究,2005(5):93-94.

三、高等院校中商业文化与学术文化的冲突和调适

早在20世纪初期,索斯坦·维布伦(Thorstein B. Veblen)写作《美国高等教育》时,就意识到现代大学正带着强烈的目标感向开发知识的新效率挺进。他写道:"人们谈论用更加商业化的方式组织和控制大学及其设备、人事和资源。这种主张高效率的思路是,学习的公司会按照良好的商业模式将其所有事务进行合理的排序。这样,大学就被当作一个处理有销路的知识的商业机构,由博学的统帅所控制,并将其手段转换成最大可能的产出……大学将会最终成为学习的公司和处理标准化学识的商业企业,其高级管理者必须统筹考虑这些不同的业务。"①在新公共管理的影响下,维布伦的预言在20世纪末期的西方发达国家的高等院校中变成了现实,当然,英国高等院校也不例外。商业文化的渗透对英国高等院校中的学术文化及其价值观形成了非常大的冲击。

(一)英国高等院校中商业文化的渗透

新公共管理在高等教育管理机制改革方面的体现,最终要落实到高等院校中来,毫无疑问,新公共管理思想中对商业和企业管理价值观及管理方法的推崇,也会通过各种方式渗透到高等院校的管理中。就英国高等院校而言,主要体现在以下几个方面:

1.商业价值观在高等院校中的渗透

在英国政府不遗余力的推动下,通过现行高等教育管理机制的作用,新管理主义价值观及企业精神不断渗透到英国高等院校中。这主要表现在以下几个方面:第一,"企业教育"被引入高校,企业精神得到提倡。1982年,英国政府制定"技术教育与职业教育议案",使得"企业教育"进入高校获得了政策上的支持。1987年12月,英国政府进一步通过了"高等教育中的企业精神"议案,直接倡议在高等教育中培养学生的企业精神。② 第二,效率与效益受到重视和强调。自大幅削减大学的公共拨款之后,英国政府越发重视高等院校的效率与效益。1985年,英国政府资助成立了"效率研究筹划委员会",对高等院校的效率开展

---

① [美]埃里克·古尔德.公司文化中的大学[M].吕博,张鹿,译.北京:北京大学出版社,2005:50.
② 姚晓蒙.英国高等教育改革中的一大争论——坚持学术价值还是企业价值取向[J].现代教育论丛,1995(3):28.

调查，自此以后，"经济、效率、效益"，即"3E"（Economy Efficiency Effectiveness）成为高等院校追求的目标。第三，商业价值观逐渐取代了传统的教育价值观。在市场机制的作用下，满足市场需求成为高等院校获得资源谋求发展的主要途径，市场强调顾客至上，它对高等院校的控制使得"以顾客或消费者为中心"的商业价值观在高等院校中大行其道。英国政府试图把学生放在"高等教育系统的中心"。因此，许多公立高等教育机构的文化正在改变。许多高校变得更具管理性且以"顾客"为导向。①

2. 商业术语在高等院校中的运用

语言是思维的反映，是表现人们思想与意识的一种工具。在商业价值观渗透到高等院校的过程中，最直接的表现就是高等院校从教育用语向商业术语的转变。约翰·麦克默里（John McMurry）在谈到北美洲的情况时曾说：北美"教育方面的语言已经经历了一次向商业术语的大转换"，这说明"教育过程已经被置于商业的目的和操作之下"。② 在英国，也同样经历了一次术语的转换。

在20世纪80年代之后的英国高等院校中，出现了一个新的术语群，它与以往所运用的有关学术文化的用语不同，而是新公共管理中的术语在高等院校的运用。总的来说，这个术语群中的语言包括："绩效""投标""绩效评估""问责""基准""最好的实践""质量保障""外部检验""利益共享者""授权"以及"审核"等。

这些术语被高等教育领域中的管理者、学术研究者、学生以及高等教育领域之外的人员广泛地运用。例如，有研究者把从一篇英国某高教机构负责人写的关于"高等教育质量"的文章中摘选的句子和从英国标准5750中摘选的句子进行了比较，从中可以看出企业术语是如何转换成高等教育用语的。

佩里（Perry）："这些学生就变成了我们必须出售给校外潜在顾客的产品。"

"所以，'对目标的适切性（fitness for purpose）'是一个极其重要的概念。"

BS5750③："（质量保证）要保证从你们工厂出来的产品能达到顾客的要求。"

---

① Claire Callender. 英国的"新型"私立高等教育[J]. 国际高等教育, 2016(4): 116-118.

② Marry Tasker, David Packham. Changing Cultures? Government Intervention in Higher Education 1987—93[J]. British Journal of Educational Studies, 1994(2): 157.

③ BS5750: BS 为 British Standard（英国标准）的缩写，是英国标准学会为产品标准化而制定的国家标准，国家标准对产品（或零件）的类型、性能、规格、质量、所用原材料和检验方法等规定了统一标准。

"(质量被定义为)对目标的适切性。"①

3. 企业管理方法在高等院校中的运用

英国政府通过采用市场与监控机制,要求高等教育系统追求效率、效益和质量,并以此为依据为高等院校拨发公共资金,高等院校为了达到政府的要求,同时也是为了增强自身的竞争优势,私营商业机构的管理经营模式成为高等院校的仿效对象。例如,战略规划,这一最初运用于公司企业长远规划的管理方法,如今已被英国高等院校完全接受了。当今的高等院校与外界的联系越来越多,所面临的环境也越来越复杂,高等院校也需要对其面临的环境加以严密的考察,制定出清晰而又明确的发展目标。同时,政府为了更好地控制高等院校,要求高校每年都要将其战略规划上报,然后,政府将战略规划作为对院校考核的一个重要依据。

又如"质量控制""质量保障"等管理方法与措施的出现,可以追溯到20世纪30年代工业制造业中对统计过程的控制。在制造业中,产品和消费者通常可以被精确地界定出来,人们希望能明确列举出产品所具有的性质,质量优劣的概念也就由此而产生了。质量控制与生产技术有关,比如测试就是要看产品是否达到要求,并把不合格的产品清除出去。质量保障则是指保证采纳和实施恰当的质量控制方法。② 这些术语及其具体的实践过程正在英国高等院校中进行运用,高等院校在政府所制定的质量标准要求下,设计本校的质量保障程序和具体的质量保障方法。其他的还有很多,在此不再一一详细讲述。对于高等院校中所采用的企业化管理方法埃里克·古尔德在《公司文化中的大学》一书中做了很好的总结:"从商业世界中得来的质量管理标准和战略;对市场、曝光度及公共形象宣传的重视;对边际收益和学习的常年成本效益的财务考量;通过衡量其收益分配收入的奖励机制分散权力结构;开发复杂的辅助性产品、专利和服务;用卓越这种模糊的措辞替代具体教育的准确细节;当然还有研究以及与商业世界的其他财务协作。"③

---

① Marry Tasker, David Packham. Changing Cultures? Government Intervention in Higher Education 1987—93[J]. British Journal of Educational Studies, 1994(2):157.

② Marry Tasker and David Packham. Changing Cultures? Government Intervention in Higher Education 1987—93[J]. British Journal of Educational Studies, 1994(2):154.

③ [美]埃里克·古尔德. 公司文化中的大学[M]. 吕博,张鹿,译. 北京:北京大学出版社,2005:63.

(二) 高等院校中商业文化与学术文化之间的冲突和调适

随着商业价值观、商业术语及其具体管理方法在高等院校中的渗透和入侵，商业文化也开始在英国高等院校中生根发芽，并且日益成为与学术文化相对抗的一种强大的文化力量。商业文化与学术文化能否并行不悖？学术文化能否借用商业文化中的部分价值观？换言之，商业文化中的部分价值观和管理方法能否为学术发展服务？如果可以的话，如何使它们服从于学术发展的要求？对于这些问题很难有一致的答案。我们试图从以下两个方面对这些问题进行解析。

1. 商业文化与学术文化之间的冲突

商业文化与学术文化来源于两种不同类型的组织，这两类组织所追求的目标存在着相当大的差异，前者目标比较单一，主要是追求利润，而后者目标则是多元的，但最根本的是教育学生和发展知识。因此，当以追求利润为宗旨的商业文化渗透到高等院校之中时，不可避免地会与学术文化发生冲突。这种冲突主要表现在知识的工具性价值与象征性价值之间。

一般而言，知识的价值表现在两个方面：一是工具性价值，二是象征性价值。当今高等院校中两种文化间的冲突正是由此而起。正如古尔德所言："每所高校中都存在的文化战争在两种主要学术力量中展开：一是商品知识，即能在工作中发挥作用的知识，包括职业培训和为职业做准备的培训、政策开发、发明及专利；二是象征性知识，即价值观判断、道德伦理、文化、审美、哲学思辨以及与思想科学相关的知识。"[1]

学术文化所信奉的是一种独特的、内在的、专有的知识概念，它受强有力的内部控制调节，坚持探究与实验、逻辑、运用证据、概念和理论的精确严密性、创造性的规范以及无私地追求真理的认识论原则。[2] 因而，它强调的是学术自由、学者人格的独立和学术活动的非功利性，强调知识的象征意义，把知识作为目的而不是手段，并把追求真理作为唯一的评判标准。而商业文化恰恰相反，它把"有用性"放在首要的位置，对知识加以评判的唯一标准就是知识是否有用。有用的知识就是有价值的，反之反是。市场对知识生产的内在价值毫不关心，它只

---

[1] [美]埃里克·古尔德. 公司文化中的大学[M]. 吕博,张鹿,译. 北京:北京大学出版社,2005:63.

[2] Mary Henkel and Brenda Little. Changing relationships between higher education and the state [C]. London and Philadelphia:Jessica Kingsley Publishers,1999:13.

对其货币价值有兴趣。因此,过分强调"市场化",讲求经济、效率与效益,会使教育变得更加急功近利,变得更加具有"工具性"。事实上,学术活动的独特和有价值之处,正是它没有直接受控于工具主义风气。学术人员不是着手生产顾客需要的东西,而是追求实现更高远的目标。① 但在商业文化日益盛行的今天,"为学术而学术"的认识论哲学已经处于弱势地位,而知识的工具主义价值却大行其道。在这种情况下,知识不大可能因其本身而受到重视,而是因为它们对社会有用才会受到人们的重视。正如玛丽·亨克尔(Mary Henkel)所言:"这是一个功利主义价值观取胜的时代,知识的意义取决于其交换的价值,而高等教育作为经济的子系统,其价值由其效率或'绩效'来判定。"②

彼得·斯科特(Peter Scott)把过去对待大学的态度与20世纪90年代盛行的态度相对比,注意到了市场所具有的腐蚀大学自由和完整的力量:"那时高等教育被视为某种值得的、应被追求的东西;现在它却越来越被当作某种被深谋远虑的人或幸运的人购买的东西。现在有一股强大的潮流,抛弃了把高等教育视为一种公共服务的观念。它不再被视为一个文化甚至道德机构,在那里,知识分子扮演着关键角色;相反,它被视为一个经济机构,顾客,无论是学生还是什么人,都能够在那里购买服务。"③

由上述分析可知,在商业文化与学术文化的对抗中,商业文化在当前明显处于上风,知识的工具主义价值凌驾于象征性价值之上,在市场中"无用"的学科由于被高等院校裁减而在不断萎缩。而这种现象也激起了英国学术团体的反对,他们已经开始采取行动来保护这些学科的利益。但会取得何种结果,我们将拭目以待。

2. 利用商业文化中的合理因素服务学术发展

虽然商业文化与高等院校一直存在的学术文化之间存在着冲突,但是商业文化在高等教育部门中的盛行说明了它肯定有其优势。那么,在处理商业文化与学术文化之间的冲突时,最好的办法莫过于充分利用商业文化中有利于学术

---

① [英]弗兰克·富里迪. 知识分子都到哪里去了[M]. 戴从容,译. 南京:江苏人民出版社,2005:12.
② Mary Henkel, Brenda Little. Changing relationships between higher education and the state[C]. London and Philadelphia:Jessica Kingsley Publishers,1999:13.
③ [英]弗兰克·富里迪. 知识分子都到哪里去了[M]. 戴从容,译. 南京:江苏人民出版社,2005:103.

发展的因素,摒弃不利于学术发展的因素,促使高校更好地发展。

其一,树立效率与成本意识,弥补传统高校中缺乏效率与成本意识的不足。

重视效率是商业文化所信奉的主要价值观之一,同时"经济、效率与效益"也是公共部门与高等教育领域新公共管理改革所提出的主要目标。这一理念与具体措施的采纳可以弥补传统学术文化中效率意识淡漠的不足。因为传统学术文化的效率意识淡漠,因而在其主导的大学组织中,不经济的行为也时有发生。这在国家能够为高等院校的发展提供充足资源的时候本无可厚非,并且这种宽松的经济环境可能还会有利于学者做出更有益于人类发展的研究成果。但是在英国经济与财政发生危机,高等院校的财政拨款明显减少的时候,而高等院校从其他渠道还不能获得足以支持其经费开支的收入时,树立效率意识并注意资源的使用效率对于高等院校的整体发展是至关重要的,否则高等院校如果因为没有足够的经费来维持其运转的话,也就不可能为学术研究和学术发展提供足够的保障了。

同时,大学作为一种组织,同其他任何组织一样,也是要注重其成本收益的,也即要注意资金使用效率。虽然这种成本收益的计算与企业组织不同,因为大学的收益除了少数可以得以测量的经济收益之外,更重要的是多数无法计量的社会收益,但不管怎样,树立成本意识并采用相关措施可以尽可能地减少高等院校运营过程中出现的大量浪费现象,从而实现以较少的投入获得较多的产出这一目标。近二十多年来,高等院校对于效率与成本收益的重视也为英国带来了不菲的收获。单从科研成果方面来说,如高等教育基金委员会所评价的那样:"全国范围内科研质量评估体系的推广,已经非常有效地改善了科研管理环境。而且英国科研活动的增长比率已经超过了科研拨款的增长指数,这表明了科研经费使用效率的提高"。[1]

其二,日益复杂的高等院校需要企业化的管理方法。

当今的高等院校不像中世纪大学那样是一个规模很小的学者团体,而是一个结构复杂、人员众多的现代化巨型大学。从经济流量方面看,现代高等院校不亚于一个大型的商业组织,而任何经济活动的开展都不能离开成本和效益核算,高等院校也不例外。而且,随着高等院校职能的不断增加,他们与外界的联

---

[1] HEFCE. Funding higher education in England [R]. 2002:4.

系也越来越多，从而需要应对瞬息万变的社会环境。而在这两个方面，企业中很多成功的管理方法值得借鉴。因此，大学管理人员在经营大学时，必须随着时代的变化来掌握新的管理方法，并且具备新的管理能力。下面，我们以英国大学副校长这一职位能力要求的变化对此加以说明：一般来说，原来的英国大学副校长具备学术能力就足以胜任这一职位，然而，目前他们不仅需要拥有学术能力，而且必须具有高级管理和筹措经费等方面的能力。从以下两则英国老大学的聘任要求就可以清楚地看到这一变化：①

"应聘者必须能够证明他们能成功地领导和管理组织的变化，在这一点上，未来的副校长和院长应该具备战略上的创新能力和想象思维，同时又必须信奉大学的文化精神，这至关重要。"

"大学将任命一个具备提供学术领导和执行领导突出才能的人作为未来的副校长……大学是一个复杂的组织……所以需要一位一流的拥有财政管理能力和增加收入能力，并能在不稳定的环境下领导组织的首席执行官。"

即使是英国最古老的大学之一的剑桥大学也开始采用现代化的管理计划，这一计划的主要内容是：由教师会选出委员会的委员，计划由行政专业人士去领导一些新的部门并且直接对高层行政长官负责，校长将会加重其权责，副校长则将由原来的两位增加为四位。财务长将以财务发展、资产的获利及开发为重点并且对校长提出报告。另外，秘书长也必须向校长报告教学相关事务。剑桥大学采用现代化的管理计划主要是考虑到他们早期的管理模式常有资源不足的窘境。②这个现代化的管理计划中的大部分管理方法都是从企业中借鉴而来的。

由此也可以看出，现代高等院校的日益复杂化使得企业化的管理思路与做法日益被高等院校所借鉴，高校通过采用此种方式使其原有的管理方法得到改进，取得更好的管理效果，从而为高等院校的学术发展提供保障。

值得注意的是，商业文化的价值观与学术文化的价值观从本质上来说是存在冲突的，因此，在运用商业文化中的部分有利因素来促进学术发展的过程中，一定要注意"度"的把握，如果过分依赖商业管理方法而不考虑高等院校的特殊

---

① Mary Henkel, Brenda Little. Changing relationships between higher education and the state[C]. London and Philadelphia: Jessica Kingsley Publishers, 1999: 285-286.
② 郭玉菁. 剑桥教授警告现代化管理计划影响学术自主[J]. 英国文教辑要, 2001(32): 3.

性,势必会使大学的学术发展陷入危机。大学不是公司也不是企业,而是一个学术组织。大学的管理者应该在充分尊重大学学术特性的基础上,适当考虑采用商业的管理方法来弥补传统学术文化的不足,从而促进其发展。

第七章　英国高等教育管理机制改革的特点与启示

作为20世纪末和21世纪初在世界范围内产生广泛影响的一种思潮，新公共管理在英国等西方发达国家高等教育的发展走向上起着至关重要的作用。本书从新公共管理这一视角入手，深入研究了英国高等教育管理机制的改革历程及其对英国高等院校产生的影响。本章在对英国高等教育管理机制改革的特点进行总结概括的同时，将结合我国国情探究我国高等教育管理机制改革的相关问题，并讨论英国高等教育管理机制改革对我国高等教育改革所具有的启示借鉴意义。

一、英国高等教育管理机制改革的特点

在英国政府的主导下，新公共管理逐渐渗透到英国高等教育领域中，使得高等教育管理机制发生了很大变化。英国高等院校，尤其是大学，一直以来保持着自治传统，学术力量在高等教育的管理过程中发挥着重要作用，尽管政府是高等教育经费的主要来源，但它并不直接掌管大学。然而，新公共管理对市场力量的推崇，对绩效、问责和质量的强调以及对外部监控的重视，使得市场逻辑开始在英国高等教育中发挥作用，同时，政府也逐渐加强其在高等教育领域中的权力。正如任何一种改革都是对利益的调整一样，英国高等教育管理机制改革从本质上来说也是对政府与高校之间以及高校内部各种力量之间利益进行的调整。与此同时，高等教育管理机制改革使得英国高等院校之间的竞争越来越激烈，高等院校为了在市场竞争中求生存，他们仿效商业组织的管理方法来增强其竞争力，

这就使得商业文化不断渗透进入高等院校中,从而对高等院校的发展产生重要影响。

(一)冲突、妥协与平衡:英国高等教育管理机制改革的发展历程

通过考察英国高等教育管理机制改革历程,可以看出冲突与妥协贯穿始终。在高等教育管理机制改革初期,学术力量在英国高等教育领域占主导作用,市场力量的引入和政府对高等教育的干预并不是一帆风顺,然而政府拥有的特殊权力及独特地位使它在改革过程中发挥着关键作用。因此,当政府与市场力量试图控制高等教育的发展时,这些外部力量与英国原有的对高等教育系统产生重要影响的学术力量之间产生了一定的冲突,为了缓解这种冲突,各方都需要做出一定的妥协。值得注意的是,高等教育的发展有其自身的逻辑,即使政府处于高等教育管理改革的强势地位,由于改革的最终目的是使高等教育得到更好的发展,因此,政府所实施的高等教育管理机制改革也必须遵循高等教育发展的内在逻辑,从而使改革能够顺利进行,真正实现其初衷。这一冲突与妥协的特点可以从以下两个例子中得到说明。

在将市场竞争机制引入英国高等教育管理的过程中,为了使高等院校在经费以及招生人数方面相互竞争,以降低高等院校的生均成本,大学基金委员会最初采用了激进的完全市场化的措施,即招标制度,促使大学相互竞争。然而,由于高等教育的市场只是一种"准市场",并非真正的自由市场,完全市场化的措施并不适合于大学,全盘引进竞争机制会导致高校招生人数的急剧波动,同时大学自身也担心生均成本的降低影响学生培养质量,因而考虑到招生人数的稳定和大学教育教学质量的保障问题,很多大学联合抵制招标制度。他们基本上都是根据大学基金委员会制定的指导价进行报价,大学基金委员会很少收到低于指导价的生均成本价格。这一制度最终因违背大学发展必须遵循的内在规律而以失败告终。之后,大学基金委员会对其拨款制度进行了一定的调整,将招标制度改变为"基数加发展"的拨款机制。这是一种有限竞争机制,基数是指大学上一年的招生名额,大学基金委员会以其为依据下拨教学资金,保证大学有稳定的收入维持日常教学,除此之外,还留出一部分招生名额,由各个大学根据其实际情况来进行竞争,大学要获得这部分名额,所报的生均成本价格要低于基数部分学生的生均成本,通过这种竞争机制使得大学的生均成本不断降低,从而实现了政

府"以更少的投入培养更多的学生"这一目标。由于这种管理机制在一定程度上保证了高等院校的正常教学,高等院校对于留出部分学额进行竞争也做出了妥协,进而接受了这一拨款机制。虽然之后高等教育基金委员会又对教学拨款度制度进行过两次改革,但其实质与"基数加发展"的拨款制度一样,都属于有限竞争机制。随着高等教育市场化的不断推进,英国私立高等教育机构不断增加,私立高等教育机构希望获得与公办高等教育机构同等的公平竞争地位,如学费贷款、学位授予权等,高等教育机构的市场准入问题越来越突出。在政府推动与各方力量的协调下,2017年《高等教育与科研法案》公布,新的高等教育市场准入制度出台,私立高等教育机构获得了与公立高等教育机构公平竞争的机会。

另一个例子是关于问责机制的改革。随着英国高等院校收入来源越来越多元化,高等院校的资金提供者对其所投经费的使用情况及使用效果要求有更多的知情权,因此,资金提供者要求高等院校对其资金使用情况进行说明,这便是公共问责机制形成的原因。除了要求高等院校对其资金使用情况和效果进行说明之外,政府还通过其他途径对高校进行监督,检查其资源使用效用。比如,成立外部的评估和审核机构对其教学和科研质量进行评估和审核,依据评估标准对高等院校的教学和科研质量评定不同的等级。这些问责方式为高等院校的利益相关者提供了一个了解高等院校各类信息的渠道,使他们可以依据充足的信息做出选择与判断。但是,过于频繁的问责、评估与审核为高等院校带来了相当大的负担。除了高等院校为应对各种问责不得不承受直接的经费损失之外,教职员工也需要付出大量的时间和精力做准备迎接各类检查,这在一定程度上为学术人员增加了工作量和压力,并且占用了大量科研和教学时间。因而这些问责措施在满足高等院校利益相关者的需求的同时,却为高等院校带来了不必要的负担,从而使外部问责与高等院校的主要任务之间出现了冲突。高等院校开始对连续不断的问责提出反对意见。为了解决这个问题,高等教育基金委员会对此开展调查,并在调查结果的基础上,提出有效问责的四个原则,即权衡重要的事务、阐明关系、寻求共同利益和增加价值。显然,这四个原则的提出就是高等院校与其利益相关者之间的一种妥协。问责还是必要的,但是只有在尊重高等院校自身发展逻辑的基础上进行问责才会为高等院校及其利益相关者带来共同的好处。

改革本身就是一个利益冲突与调整的过程,上面两个改革措施就是很好的例证。在英国政府对高等教育管理机制改革的过程中,处处都存在着各方利益的冲突。随着政府和市场的力量日益渗透进入英国高等教育领域,在高等教育管理过程中发挥着越来越重要的作用,同时,高等教育中的学术力量也不甘示弱,坚强地捍卫着自己的领域。三种力量在改革中经过相互妥协,在变化了的环境中逐渐形成一种新的平衡。

(二)集权中的权力下放:英国政府与高校以及高校内部关系的调整

在新公共管理的理论渊源中,新自由主义理论主张"小政府、大社会",强调政府应尽可能地将权力下放,使政府干预减少到最低限度,从而使市场机制在各个部门的运作过程中发挥重要作用。新保守主义者虽然并不反对市场机制的作用,但他们主张政府应该拥有权威,这种权威主要体现在:在放手让市场对经济与其他部门的微观运行进行调控的同时,加强政府对这些部门的宏观控制。安德鲁·甘布尔把上述两者的结合称之为"自由的市场,强大的国家"。这些思想在高等教育领域中也得到了贯彻。英国政府在新公共管理思想指导下通过对高等教育管理机制进行改革,使政府与高校以及高校内部关系得到了重新调整。

自20世纪80年代英国政府首次在三年时间内将高等教育的公共财政拨款削减17%之后,公共财政拨款在高等院校经费收入中所占的比例越来越低,迫使高等院校必须寻求其他经费来源,在"准市场"内部通过竞争与交易机制获取大量外部资金,以弥补财政拨款之不足。从英国大学副校长职位要求的变化可以看出高校管理者需要承担越来越多的责任。目前,英国大学副校长除了需要拥有传统的学术领导必备的品质之外,还需要具有战略上的创新能力、资金筹措能力、管理经验以及高级管理成就等等。大学副校长已不再是单纯的学术与行政领导者,而成为首席执行官。早期魅力型与学院型的大学领导模式已被一种既注重科层管理技巧又注重企业管理技巧的大学领导模式所取代。[①]

在减少对高等院校资金供应的责任的同时,英国政府也通过各种措施加强对大学的外部监控,通过采用公共问责机制、质量保障机制以及绩效管理机制对高等院校的资源使用情况及使用效果进行监督,并根据评估与审核结果对高等

---

① [英]玛丽·亨克尔,布瑞达·里特.国家、高等教育与市场[M].谷贤林,等译.北京:教育科学出版社,2005:5.

院校进行资源分配。这些机制的运行使得高等院校必须为获得更高的评估等级和更好的绩效而努力。应对评估与审核的具体事务主要由高等院校的管理层负责,由他们整理问责、评估以及审核所需要的各种材料,根据政府在评估与审核过程中提出的各种要求和程序对学院或系里的事务进行具体安排。虽然高等院校的教学与科研质量的提高更多依赖于教师和科研人员的努力,但在评估和审核越来越受到重视的情况下,英国院校以往属于学者团体的决策权力逐渐缩小,出现了权力向院校行政管理部门集中的趋势。

对于英国政府与高校之间以及高校内部各种力量间关系的这种变化,玛丽·亨克尔将其概括为"集权中的权力下放"(centralized decentralization),这一概念是她于1997年在《学术价值与作为法人企业的大学》一文中提出来的。[①]具体而言,政府逐渐减少其资金供应责任,同时通过拨款、评估与审核等间接手段对大学的各类活动加以监督,确保政府与其他资金提供者投资于大学教育的资金能够用得其所,响应和满足社会对大学的期望,并向公众做出交代。政府在高等教育中所扮演的角色由服务供应者转变为服务购买者,质量评价的结果在某种程度上左右着政府对院校进行拨款的决定。院校必须为各自的教研表现负责,否则便会失去政府的财政支持。在这一过程中,学者及其团体在参与校内决策与享有管理权方面的主导性逐渐缩小,相关决策和管理权更加集中于大学管理层手中。大学在社会中的定位不再是纯粹的文化和学术机构,而是向着更加企业化的公共服务机构转型。[②]

在这种情况下,英国政府、市场与高等院校之间的联系越来越紧密,高等院校既要考虑国家利益,为国家服务,还要为了争取更多的资金而为工业或公司的利益服务。国家为了保持其经济在全球市场中的竞争力,制定各种政策要求高校的科研更多地服务国家战略,并且通过引入市场机制,使高等院校更敏感地感受到市场需求的变化。

(三)企业化管理方法在英国高等院校管理中得到广泛运用

在英国高等教育管理机制的改革过程中,私营部门管理理论和具体管理措

---

① Mary Henkel. Academic values and the University as Corporate Enterprise[J]. Higher Education Quarterly,1997(51):134—143.
② 戴晓霞,等.高等教育市场化[M].北京:北京大学出版社,2004:131.

施不断被运用到高等院校的管理中来,这也是在新公共管理思想指导下英国高等教育管理机制改革为高等院校所带来的一个重要变化。这些新的观念、理论和方法及其所代表的企业文化与高等院校原有的学术文化之间存在着冲突,从当前的现状和发展趋势来看,企业文化在大多数大学中处于优势地位。这一原因在于,首先,高等院校的外部环境与自身条件自20世纪后半叶以来发生了巨大变化,高等院校目前所面临的环境日益复杂,大学管理中的不确定性因素越来越多,高等院校需要通过自身实力在与其他院校的竞争中获得生存资源,这就需要高等院校采取各种措施提高自己的竞争力,企业化的措施成为提高竞争力的有效选择。其次,在高等教育大众化乃至普及化的今天,更多的各种类型的学生寻求入学机会,更多的劳动力部门需要受过高水平专业化训练的大学毕业生,旧的和新的资金赞助人对高等教育寄予更大的期望,因此,以市场和顾客为导向的企业管理模式和思路受到高等院校的青睐,大学不得不采取最有效率的方法来对教学、科研、后勤等各方面实施管理。

在高等院校使用的诸多企业化管理方法中,在此选择两种运用广泛、产生较大影响的方法加以说明。第一种是进行成本核算。为了使资金提供者准确了解资金的使用情况,同时也有利于高等院校对其经费支出进行管理,应政府的要求,高等院校采用了成本透明核算法,使高校的资金使用透明化。这种企业常用方法进入高等院校中,使得高校每一笔资金的运用都很明确,这在高校经费收入相当紧张的今天,最大限度地避免了浪费,提高了资金的使用效率。第二种是采用质量保障体系。20世纪80年代之前,英国高等院校的学术质量主要由学术人员进行控制,在这个探究高深学问的场所里,只有学者才有资格对教学与科研质量做出判断。但是自英国政府开始对高等教育实施监控之后,对高等院校质量的控制权逐渐转移到了英国教育行政部门及由他们提议成立的第三部门手中,质量保障体系开始在英国高等教育中形成。为了迎接政府部门的质量审核与评估,高等院校需要根据自身的实际情况设定内部质量控制系统,并在质量控制过程中对高校内部事务建立可审核的记录,以迎接审核与评估部门的检查。这种保障体系的建立对于高等院校的质量保障确实起到了显著作用。不过需要指出的是,在高等院校的教育与科研过程中,很多过程并不能进行量化,也无法形成可审核的记录,因此,如何将这些过程考虑进去,是质量保障系统需要进一步加以完善的地方。

除此之外,还有很多企业化的管理思路和操作方式在英国高等院校中得以广泛运用。这些方法对于高等院校改革其管理过程、增强其竞争优势确实效果显著,但是随着企业化的管理思路与操作方式在高等院校中的运用,为高等院校带来与学术文化相冲突的商业文化,从而对学术的发展产生一定程度的负面影响。

二、对我国高等教育管理机制改革的思考

对英国高等教育管理机制改革的背景与动因、改革历程、现行管理机制运作及其对高等院校产生影响的分析,我们了解了 40 余年来英国高等教育在新公共管理思想影响下所走过的道路,以及管理机制变革对英国高等教育发展所带来的巨大影响。近些年来,新公共管理作为世界上具有广泛影响力的一种管理思想已经传入我国。有相当多研究者撰文,依据新公共管理思想对我国高等教育管理所面临的问题提出解决思路和解决办法。新公共管理是在西方发达国家背景下产生的一种思潮与政策实践,它的产生和发展与西方发达国家所面临的政治、经济与社会问题密切相关。英国作为新公共管理的发源国之一,在改革过程中取得了相当多的成功经验,但也走了不少弯路。我国自改革开放以来,高等教育管理体制与机制都在不断地进行改革,并且取得了不菲的成就。但是由于我国社会处于转型时期,高等教育所面临的问题很多,高等教育管理机制改革不可能一蹴而就。因此,我们在改革过程中既借鉴西方发达国家高等教育管理中的先进经验,也要吸取他们在改革过程中失败的教训,促进我国高等教育的发展。本书正是通过对英国高等教育管理机制改革过程中成功经验和失败教训的研究,借鉴经验,吸取教训,为我国在高等教育管理机制改革过程中少走弯路做出一些努力。在此,本书将结合我国的实际情况,对我国高等教育管理机制改革进行思考,并提出一些政策性建议。

(一)改革资源配置机制,提高高等教育资源的配置效率和使用效率

资源配置与利用是高等教育管理中的一个重要问题,如何使高等教育资源得到合理、有效的配置与利用是各国高等教育管理部门所要解决的一个难题。20 世纪 70 年代末以来,英国政府在新公共管理思想的指导下,大幅削减高等院

校的公共财政拨款,与此同时,对高等教育的资源配置机制进行改革,一方面鼓励高校拓宽收入来源渠道,利用知识和技术通过市场交易机制获取经费收入;开拓高等教育国际市场,自1980年开始对除欧盟之外的所有留学生收取全额成本学费;国内大学生从1990年开始实行缴费上学,2012年学费标准提升至9 000英镑。另一方面,英国政府对原来的一次性总项拨款机制进行改革,将教学与科研经费分开划拨,并先后在教学与科研拨款中引入竞争机制,同时还将拨款与评估审核结果挂钩,使高等院校凭其教学、科研质量及较低的生均成本等来竞争教学与科研经费。上述资源配置机制的运用,使英国高等教育的资源来源渠道实现多样化,在很大程度上减轻了政府的财政负担,同时,在竞争机制作用下,英国高等教育的资源利用效率也得到了很大提高。

改革开放以来,我国政府对高等教育的投入总量在不断增加,但在高等教育经费中所占比例却在逐渐减少。1985年以前,政府对高等学校的事业费是按照"基数加发展"的模式拨付的。1985年,教育主管部门提出"综合定额加专项补助"的高等教育经费分配方法。与此同时,高等院校开始通过各种渠道拓宽经费来源。1993年的《中国教育改革和发展纲要》是20世纪90年代教育改革和发展的纲领性文件,其中正式宣布将"收取非义务教育阶段学生学杂费"作为多渠道筹措教育经费的投资体制。[①] 1998年颁布的《高等教育法》,将国家建立以财政拨款为主、其他多种渠道为辅的高等教育经费筹措方式写入法律,确立了以财政拨款为主、其他多种渠道筹措教育经费为辅的体制的合法性。从1990年到2000年,政府财政性经费投入占整个高等教育经费的比例从98.3%下降到57.5%;其中预算内拨款从88.6%下降到47.3%;校办产业、勤工俭学和社会服务收入用于教育的经费所占的比例也从8.2%下降到6.8%;而事业收大幅度增加,特别是学杂费收所占比例从1.7%猛增到20.7%。[②] 高等院校的经费多元投入体制已经形成。

2015年11月,财政部、教育部联合颁发了《关于改革完善中央高校预算拨款制度的通知》(以下简称《通知》)。《通知》指出,将原有的预算支出体系调整为

[①] 丁小浩,李锋亮,孙毓泽. 我国高等教育投资体制改革30年——成就与经验、挑战与完善[J]. 中国高教研究,2008(6):1—5.

[②] 范文曜,马陆亭. 国际视角下的高等教育质量评估与财政拨款[M]. 北京:教育科学出版社,2004:232.

基本支出和项目支出两大部分。基本支出预算拨款的改革方向是在现行生均定额体系的基础上，逐步建立中央高校本科生均定额拨款总额相对稳定机制。项目支出在原有项目的基础上，重构项目支出体系。新的项目支出体系分为六类，分别是中央高校改善基本办学条件专项资金、中央高校教育教学改革专项资金、中央高校基本科研业务费、中央高校建设世界一流大学（学科）和特色发展引导专项资金、中央高校捐赠配比专项资金、中央高校管理改革等绩效拨款。每类项目支出要进一步改进分配管理方式，主要采取按照因素、标准、政策分配资金的方法。

根据英国高等教育资源配置改革过程中所取得的经验，本书结合我国的实际情况提出如下建议：

第一，强化绩效理念，优化财政资金支出结构，提高资金使用效果。深入推进管办评分离，利用社会第三方评估机构，运用严格的高校评估机制，对高校教学与科研效果进行令人信服的评估；将评估结果与财政资源配置挂钩，将教学质量、科研水平、社会贡献率等作为财政资源配置的主要依据，建立以绩效为导向的财政资源配置机制，它有利于减少资源配置中的浪费，推动资源的有效配置，提高教育财政资源的使用效率。[①]

第二，鼓励并促进高等院校科研成果的开发与转化。我国在产学研合作方面虽然已取得不少成绩，但来自知识转化获得的收益在高校经费收入中所占比例并不高。在知识经济和知识社会中，知识的确可以创造价值，但知识本身并不必然创造价值；知识能否创造价值取决于外部的社会条件和制度安排。[②] 因此，需要进一步从体制机制上为科研成果转移转化松绑，进一步激发高校科研工作者的积极性，利用高校的知识和技术获取更多的经费收入。

第三，开拓高等教育国际市场，完善来华留学生学费制度。近年来"一带一路"沿线国家的来华留学生人数比例逐年上升，意味着我国高等教育资源的对外吸引力不断增强。而国际市场的开拓，则为我国高等教育由仅注重内向发展向开拓境外市场转变提供了可能。[③] 我国在不断提升高等教育教学质量的同时，

---

① 陈坤杰.英国高等教育财政资源配置市场化改革研究[D].湘潭：湘潭大学，2018：45.
② 王建华.知识社会视野下高等教育的隐忧与超越[J].高校教育管理，2022(4)：1—10.
③ 高耀丽，应望江.迈向教育现代化之路：上海市教育综合改革进展报告（2014—2019）[M].上海：上海教育出版社，2021：149.

需要完善来华留学生学费制度,指导高校依据市场供需规律调整学费水平。

(二)完善公共问责机制,增强高校的责任感和信息透明度

自1999年以来,我国高等教育规模大幅度扩张,高等教育进入大众化阶段,大学城和新校区建设如雨后春笋。然而,在规模不断扩张的过程中,由于监督不力,存在着大量问题。2004年,审计署对杭州、南京、珠海和廊坊四城市高教园区开发建设情况进行了专项审计调查。此次调查的四城市现有9个新建高教园区,即杭州下沙高教园区、小和山高教园区、滨江高教园区、浙江大学紫金港校区、南京仙林大学城、江宁大学城和浦口大学城、珠海大学园区和廊坊东方大学城。审计调查表明,高教园区建设增加了高等教育资源,对解决"扩招"瓶颈制约、拓展办学空间起到了积极作用,但存在违规审批、占用土地和银行贷款比重高等问题。① 这次大学城审计使得对我国高等院校进行问责这一问题日益受到人们的重视。

随着高等院校收入来源日益多样化,政府以及其他资金提供者对高等院校的经费使用情况和使用效果也越来越关注,如何使高等院校更有效率地、负责任地使用这些资源,高等院校的资金提供者如何获得高等院校资源使用情况及使用效果的信息,如何使利益相关者拥有更多知情权等,这些都是我国当前高等教育发展中所面临的亟待解决的问题。近些年来我国学者对国外新公共管理进行了大量的介绍与研究,"问责"一词在我国政府部门也得到了广泛的运用,在高等教育实践中也出现了问责倾向,如大学城审计等,但是由于问责制度还没有完全建立起来,因而问责路径还不太明确,高等院校内部信息还不够公开和透明。

英国高等教育的问责机制在不断的改革中,已经形成了一些较为成功的经验。从英国高等教育发展的历程来看,问责是必要的,它可以通过监督高等院校资源的使用情况以及所产生的效果,避免资源的浪费,并让公众获得更多关于高等院校各个方面的信息。英国高等教育的问责机制相当健全,如在资金使用方面,运用成本透明核算法清楚地说明每个高校的各类资金使用情况;在教学与科研质量方面,有高等教育质量保障署和科研评估活动的定期评估与审核,为公众提供大量公开发表的关于高等院校教学与科研方面的信息与报告;在办学绩效

---

① 刘世昕. 审计署通报"大学城"审计结果,三类问题突出[EB/OL]. http://hlj.rednet.com.cn/Articles/2005/06/700411.HTM. 2005-06-02.

方面,有绩效评估审核机制,每年由高等教育基金委员会和高等教育统计署根据相关统计数据,公开发表关于高等院校的办学绩效情况报告。

问责有三个要素组成:问责者、应负责任者和责任的内容,也即谁来问责,谁来负责以及所问和所负的责任是什么。具体到高等教育领域,问责者是指高等教育机构的利益相关者,负责者是指高等院校自身,责任的内容则是指高等院校的利益相关者的利益诉求。利益诉求的内容很多,有研究者曾对英国高等院校的利益相关者的利益诉求进行过梳理,主要包括14项,其中与经济或财务管理相关的就有6项,分别是财务廉洁、资金投入情况、财务安全、风险管理、成本/竞争力、物有所值。上述利益诉求在我国也同样适用。为满足利益相关者对大学经济或财务方面的利益诉求,实现利益相关者对大学的问责,我国大学需要逐步提高财务透明度,建立风险评估和风险管理制度,不断完善绩效评估与绩效拨款制度。

为了增强我国高等院校的责任感和信息透明度,建立和完善我国高等教育的问责机制是非常有必要的。

1. 建立多样化的问责方式,完善问责机制

高等院校的工作涉及范围相当广泛,不同的利益相关者对它提出的问责要求也不尽相同。单一的问责方式不可能满足众多利益相关者的需求,因此需要设置多元化的问责方式。除了前面提到的我国政府定期进行的大学本科教学质量评估制度以及其他评估、大学城审计之外,还需要改进高等院校的成本核算方式,使高等院校的经费使用情况得到很好的监控。另外,还应根据我国的实际情况,设置合理的绩效指标,采用适当的方式对高等院校的办学情况进行绩效评估和审核。

2. 逐步提高财务透明度,强化信息公开

信息公开是利益相关者对高等院校进行监督和问责的前提,因此,一方面高等院校要尽可能地公开有关信息;另一方面,政府对高等院校进行评估或审核形成的报告也要公开发表,从而使利益相关者获得更可靠的信息,拥有更多的知情权,做出更好的选择和决策。大学的财务透明度包含两层含义:一是财务信息公开,我国已经制定出台了相关法规,关键在于落实;二是实施大学成本透明核算,这是我国大学努力的方向。

大学的财务信息公开对于提高大学资金使用效率、加强社会监督和预防腐败、促进高校民主管理和科学决策等方面有着重要作用。我国自2010年9月1日开始施行《高等学校信息公开办法》，该办法规定高等学校应当主动公开12个方面的信息，其中与经济和财务相关的有两个方面：一是收费的项目、依据、标准与投诉方式；二是财务、资产与财务管理制度，学校经费来源、年度经费预算决算方案，财政性资金、受捐赠财产的使用与管理情况，仪器设备、图书、药品等物资设备采购和重大基建工程的招投标。在该办法实施一年之后，中国政法大学教育法研究中心发布《2010—2011年度高校信息公开观察报告》显示，财务信息公开情况在所有高校信息公开中最不透明。教育部"211工程"中的112所大学中，没有一所向社会主动公开学校经费来源和年度经费预算决算方案，也没有一家高校公布其财务资金的具体使用情况。法规的实施关键在于落实，这一调查结果表明我国高校在落实财务信息公开方面还需要努力。一方面，各级教育行政管理部门要加大监管力度，切实履行《高等学校信息公开办法》中赋予的监督和保障高校信息公开的职能，使各类信息尤其是财务信息公开成为高校的必须工作之一；另一方面，社会媒体可以通过舆论的方式监督高校，促使高校逐步提高财务信息透明度。

除了公开大学财务信息，更重要的是建立大学成本透明核算制度。英国自1997年开始探索实施大学成本透明核算，如今该制度已经被英国高等院校广泛接受，并且成为包括英国财政部在内的政府机构和其他主要利益相关者进行财政问责的重要路径。成本透明核算方法以作业成本法为基础，确定大学三类核心活动，即教学、科研和其他活动作为成本透明核算的基本对象；通过选取成本动因将间接成本分配至大学的核心活动，使成本分配更加科学；通过成本调整计算，将基础设施成本和资本成本计入各类活动，从而更全面地反映各类活动的发生成本；通过计算间接成本率，可以得出大学课程单元和研究项目的估算成本，为大学的教学和科研活动进行定价奠定了基础，同时也为项目资助方补偿高校的间接成本提供了合理依据。今后，我国大学应在当前成本核算的基础上，借鉴英国高等教育成本透明核算的经验，开发符合我国大学实际的成本透明核算方法。

3. 建立风险评估与风险管理制度

我国自 20 世纪 90 年代末期实施的高校"扩招"和"合并"政策,在推动高等教育跨越式发展的同时,也带来了高校负债筹资这把"双刃剑",近些年高校财务困境和财务风险逐步显现。2007 年,吉林大学自曝负债 30 亿元;在 2008 年的全国两会上,有代表指出全国仅 72 所部属高等院校的负债已经达到 360 亿元,平均每所高校的欠债就有 5 亿元;2013 年,广东省两会由民进广东省委提交的材料显示,截至 2012 年,广东 50 所省直公办高校贷款为 98.69 亿元,每年需向银行支付利息 7 亿元。针对高校存在的财务风险,2012 年我国颁布《高等学校财务制度》,在高等学校财务分析指标中提出财务风险管理指标,下设两个子指标——资产负债率和流动比率,其中:资产负债率=负债总额/资产总额×100%,反映高校的资产中债款筹资的比重;流动比率=流动资产/流动负债×100%,反映高校的短期偿债能力。[1] 此举表明我国政府已经关注到大学存在的财务风险,开始要求大学在财务管理中树立风险管理意识。

除了盲目扩张导致的债务风险之外,大学还存在其他风险。英格兰高等教育基金委员会认为,如果大学在如下十项中有一项或多项存在重要风险,那么这所大学就处于高风险:财务状况或财务前景;招生和学生体验;高校财务控制系统的使用情况;教学质量或研究质量的评估;学生非持续就学率或未毕业率;管理和治理过程;风险管理;组织基本架构的管理和可持续性,包括学校的资产和信息系统;总体市场定位和战略方向;未遵守财务备忘录的要求,包括根据预定目的使用资金、提供符合有效管理和质量保障的数据以及满足年度财务方针等。[2] 上述风险最终都会表现为财务风险。上述多数风险对我国大学中也同样适用。英格兰高等教育基金委员会认定大学的良好财务状况是:年度盈余要大于收入的 3%,储备金大约占收入的 20%,多于 30 天支出的现金存量,流动资产大于流动负债;每年贷款偿付额要低于收入的 4%,员工工资支出不能超过收入的增长速度,实际结果和大学的预测相符。[3]

---

[1] 财政部,教育部. 高等学校财务制度[EB/OL]. [2013-07-12]. http://baike.baidu.com/view/3083231.htm.

[2] HEFCE. Model Financial Memorandum between HEFCE and institutions(2008/19)[EB/OL]. [2009-06-25]. http://www.hefce.ac.uk/pubs/hefce/2008/.

[3] 范文曜,David Watson. 高等教育治理的国家政策——中英合作研究项目文集[M]. 北京:高等教育出版社,2009:8.

根据我国当前的情况,要管控大学的财务风险,政府和大学必须共同努力,建立大学风险评估和风险管理制度。首先,政府要对大学进行风险评估,通过要求大学提交相关材料,由政府组织专业人员对大学的风险状况进行评估,并对确认处于高风险的大学采取相应的措施并给予一定的支持。其次,大学要在外部风险评估的推动下,建立大学内部风险管理体系。大学要梳理和确定学校面临的重大风险,并且要明确各项重大风险的负责人,负责人需要思考一旦出现风险要采取何种应对策略。此外,大学还需要定期进行内部风险评估。最后,政府尤其应该关注目前已经债务累累的高校,采取有力措施逐步降低其财务风险,如严格审核和限制已经负债的大学继续进行贷款等。

4.不断完善绩效评估和绩效拨款制度

大学绩效评估和绩效拨款制度在西方发达国家已经实施多年,如英国高等教育的科研质量评估与拨款制度、美国各州的绩效评估与绩效拨款制度,它是政府对大学进行绩效问责的重要措施,也是政府合理配置日益紧缺的教育资源的重要方式。

《国家中长期教育改革和发展规划纲要(2010—2020年)》提出,高等教育要"实行绩效评估","完善学校目标管理和绩效管理制度",保障经费投入要"建立经费使用绩效评估制度",这是我国在纲领性文件中首次提出"绩效评估和绩效管理"的概念。纲要还指出:"促进高校办出特色。建立高校分类体系,实行分类管理。发挥政策指导和资源配置的作用,引导高校合理定位,克服同质化倾向,形成各自的办学理念和风格,在不同层次、不同领域办出特色,争创一流。"我国绩效评估的实践活动自21世纪初开始开展,最初主要是针对专项项目的建设绩效,如2003年中央财政教育专项项目的绩效评估;后来逐步开展了针对高等院校的整体绩效评估,如2009年中央教育科学研究所采用"投入—产出法"对教育部直属大学进行绩效评估;自2002年由教育部学位与研究生教育发展中心开展首次全国学科评估以来,迄今已经开展了三轮一级学科评估,在全国大学中产生了很大影响。2010年,上海市开始实施高等教育内涵建设工程("085"工程),决定对市属高校的"085"工程建设情况开展绩效评估,并将后续拨款与绩效评估结果挂钩,该项目还在实施过程中。[①] 2011年,江苏省教育评估院发布《关于"江苏

---

① 王奇,冯晖.高等教育绩效评估研究[M].北京:高等教育出版社,2012:42.

省省属高校内涵建设绩效评估指标(征求意见稿)"征求意见的函》,决定对省属高校的人才培养质量开展绩效评估,并根据评估结果进行绩效拨款。上述实践为我国进一步完善大学绩效评估和绩效拨款奠定了基础。

2015年,教育部、国家改革发展委、财政部《关于引导部分地方普通本科高校向应用型转变的指导意见》,明确提出要"确立应用型的类型定位和培养应用型技术技能型人才的职责使命",并提出要落实省级政策统筹责任,建立高校分类体系,实行分类管理,制定应用型高校评估标准。同年,教育部发布《关于深入推进教育管办评分离 促进政府职能转变的若干意见》,并确定了12家试点单位,其中,全国教育管办评分离改革综合试点单位有8家,包括上海市教育委员会、浙江省教育厅、山东省青岛市教育局等,单项改革试点单位有4家。2017年,教育部出台《关于"十三五"时期高等学校设置工作的意见》,提出"以人才培养定位为基础,我国高等教育总体上可分为研究型、应用型和职业技能型三大类型。各地要结合国家高等教育分类体系框架和本地区高等教育事业发展实际,因地制宜地构建符合本省(区、市)情和发展需要的高等教育分类体系,积极探索建立不同类型高等学校的拨款标准、质量评估、人事管理、监测评价等管理制度,充分发挥资源配置和政策引导作用,逐步形成不同类型高等学校之间各安其位、相互协调,同类型高等学校之间有序竞争、争创一流的发展格局"。

在国家政策指导下,各省进行了分类管理和分类评价的探索。2015年,上海市印发《上海高等教育布局结构与发展规划(2015—2030年)》,提出二维分类。按照人才培养主体功能和承担科学研究类型等差异性,将高校划分为"学术研究、应用研究、应用技术和应用技能"四种类型;按照主干学科门类(本科与研究生)或主干专业大类(专科)建设情况,将高校划分为"综合性、多科性、特色性"三个类别。2017年,上海编制《上海高校分类评价指标》,采用"学术研究型、应用研究型、应用技术型、应用技能型"四种分类,确定了分类评价指标体系,并于2018年首次正式进行分类评价,目前已经进行了3次分类评价。2016年8月,浙江省教育厅印发《浙江省普通本科高校分类评价管理改革办法(试行)》的通知,省属本科高校按二维结构,根据人才培养、学科建设、师资队伍等,分为研究为主型、教学研究型、教学为主型;根据学科门类、专业数量等分为多科性和综合性;2019年印发《浙江省普通本科高校分类评价管理改革办法(试行)》,将高校分为具有博士生培养高校、具有硕士生培养高校、学士学位授予型高校和独立学院四种类型。并编制高校分类评价管理指标体系,提出将分类考核结果作进一步的运用。2019年,山东省出台《山东省本科高校分类考核实施方案(试行)》,将高校分为博士学位授予权高校、硕士学位授予权高校和其他本科高校。①,首次对省属公办本科高校实施分类考核。

各省市根据评价结果对高校进行绩效管理。上海则将评价结果作为经费投入、基建规划、招生计划、人事编制、学科评审等教育资源分配和高校党政负责干部绩效考核的重要依据,从而,实现高校"类型不同,要求不同,评价不同,支持不同"。浙江省级财政安排分类管理评价绩效奖补经费。此外,浙江省教育厅进一步扩大分类评价考核结果的运用。在综合评价高校、进行高等教育资源配置时把分类评价结果作为重要因素考虑。山东省从评优与改进两个方面对分类评价结果进行应用,一方面,考核结果将作为评先树优、干部选拔任用、物质奖励、机构编制管理、财政预算管理等政策支持和资源配置的重要依据;另一方面,专业考核委员会将考核情况通报各高校,指出问题和不足,明确改进工作要求,以评促改、以评促建,推进高校不断提高办学质量和水平。

在部分地区和机构先行先试的基础上,推进更多的省份进行分类绩效评估和绩效拨款。为进一步完善绩效评估和绩效拨款制度,目前最为关键的是打造大学基本状态数据平台、推进省域高校分类评价、不断优化评估指标体系、探索与创新绩效评估方法和评估技术,提高绩效评估结果的科学性、合理化和可接受程度,使绩效评估和绩效拨款制度能真正帮助高校优化资源配置和提高资源利用效率,最终促进大学提高办学水平和办学效益。

(三)充分利用市场机制和监控机制,调整我国政府与高校之间的关系

高等教育管理机制是指高等教育系统中各组成要素之间的相互关系,以及它们相互作用的过程和方式,管理机制改革即是对这些要素间的相互关系及其相互作用方式的改变。英国政府通过对高等教育管理机制进行改革,使高等教育系统内部诸因素之间的关系得以改变,在这一改革过程中,政府、市场与高等

---

① 中国教育在线.山东省教育厅发布《山东省本科高校分类考核实施方案(试行)》[EB/OL].(2019-11-05)[2021-03-26]. https://www.eol.cn/shandong/yuanxiaochuanzhen/201911/t20191105_1691099.shtml.

教育之间的关系发生了重大变化。如前所述,首先,英国政府在高等院校的资金提供方面减轻了责任,引入市场机制,通过市场这只"看不见的手"促使高等院校的资金来源渠道多样化;其次,通过市场竞争的方式,使财政拨款成为宏观调控高等教育的一个重要手段,从而使英国政府与高等院校之间的关系发生转变。最后,为了保障高等院校的质量和办学效益,英国政府又建立了外部监控机制,对高等院校的质量和办学效益进行监控,虽然政府在实现监控的过程中受到了高等院校的抵制,但在此过程中,双方都进行了妥协,最终使政府的监控机制更符合高等院校的内在逻辑。通过这两大管理机制的运用,英国政府既实现了对大学的宏观控制,又使市场在高等教育发展中发挥着越来越重要的作用。

在计划经济体制下,我国受高度集权的教育体制影响,政府对高等教育管得过多,统得过死。自20世纪70年代以来,经过二十多年的改革,高等教育管理体制和机制已经发生了很大变化,高等院校拥有了更多的自主权。我国政府在给予高等院校更多自主权的同时,需要对高等院校进行宏观控制,但是如何在加强对高等院校宏观控制的同时,又避免对其自主权进行干预,这个问题并没有得到很好的解决,致使我国政府在高等教育管理过程中"缺位"与"越位"现象依然存在。

而英国正好相反,英国大学一直保持着自治传统,政府的干预力量相对较弱。但是经过二十余年的发展,英国政府在宏观控制方面做出了很多努力,取得了非常显著的效果,而且,由于英国大学的自治传统,使得它对英国政府的任何不合理的入侵都会加以抵制,双方在相互冲突与妥协的过程中达成一种新的平衡。虽然我国与英国在政府与高校之间的关系上存在很大差别,改革的具体路径也会有很大差别,但是英国政府所采用的这两种管理机制调整它与市场、高等教育之间的关系值得我们借鉴。

在我国高等院校要求更多自主权的呼声越来越多、越来越急迫的同时,政府已经认识到要对高等院校实施宏观控制,给予高校更多自主权,但是具体的改革过程因为牵涉到方方面面的问题而步履维艰。要想改变我国政府在高等教育管理中的"越位"与"缺位"现象,使其真正成为高等教育发展的"掌舵者",有必要在高等教育的管理机制方面做以下改革:第一,建立健全高等教育的宏观监控机制,如公共问责机制、质量保障机制和绩效管理机制,这些管理机制的建立与健全会使政府以及高等院校的利益相关者对高等院校的办学质量及效益进行了解和监督,而将具体的管理与决策权交由高等院校自身负责,也即将"划桨"的权力留给高校;第二,在政府进行宏观监控的基础上,充分发挥市场机制的作用,使高等院校依据自身情况和市场需求调整其教学、科研与管理。

在知识经济社会,高等教育从社会的边缘走向了社会的中心,成为社会的核心组成部分,高等教育的发展与国家的发展之间的关系日益密切。高等院校有其自身发展逻辑,如果不给高等院校以足够的空间和自治权力,反而会起到不好的作用。克拉克·克尔曾经指出:"一个具有高度竞争性的真正的国际学术界正在涌现,这在历史上是第一次。如果你想要走进那个圈子,必须凭功绩进入。你不能依赖政治或者任何别的东西。你必须给大学大量的自治,让它们成为能动的,并在国际竞争中迅速前进。"[①]因此,政府在对高等教育进行宏观监控的过程中,要尽量避免对高等院校内部事务过度干预,使高等院校拥有充分的自主权。只有这样,高等教育才能为我国经济与社会发展做出更多、更大的贡献。

---

① [美]伯顿·克拉克.建立创业型大学:组织上转型的途径[M].王承绪,译.北京:人民教育出版社,2003:167.

附录一　第二次世界大战之后英国执政政党及首相

年份	执政党	首相
1945—1951年	工党	克莱门特·艾德礼（Clement Richard Attlee）
1951—1955年	保守党	温斯顿·丘吉尔（Winston Leonard Spencer Churchill）
1955—1957年	保守党	安东尼·艾登（Robert Anthony Eden）
1957—1963年	保守党	哈罗德·麦克米伦（Harold Macmillan）
1963—1964年	保守党	道格拉斯·霍姆（Alexander Fredrick Dougles-Home）
1964—1970年	工党	哈罗德·威尔逊（James Harold Wilson）
1970—1974年	保守党	爱德华·希思（Edward Richard George Heath）
1974—1976年	工党	哈罗德·威尔逊（James Harold Wilson）
1976—1979年	工党	詹姆斯·卡拉汉（James Callaghan）
1979—1990年	保守党	玛格丽特·撒切尔（Margaret Hilda Thatcher）
1990—1997年	保守党	约翰·梅杰（John Major）
1997—2007年	工党	安东尼·布莱尔（Anthong Charles Lyrton Blair）
2007—2010年	工党	戈登·布朗（Gordon Browh）
2010—2016年	保守党、自由民主党	戴维·卡梅伦（David Willam Donald Cameron）

2016—2019 年	保守党	特蕾莎·梅(Theresa Mary May)
2019—2022 年	保守党	鲍里斯·约翰逊(Boris Johnson)
2022.9.6—2022.10.25	保守党	伊丽莎白·特拉斯(Elizabeth Truss)
2022—	保守党	里希·苏纳克(Rishi Sunak)

附录二　图表索引

表 3—1　英国 18 岁青年的人数（1938—1980 年）
表 3—2　2000 年英国大学与学院数量及其分布表
表 3—3　英国高等教育学生人数一览（1965/66—1995/96）
表 3—4　英国大学 1980—1984 年预期削减经费情况
图 3—1　从 1980/1981 年到 2000/2001 年间的高等教育公共经费指数图
图 4—1　1988—1992 年英国高等院校财政拨款过程略图
图 4—2　1992 年以后英国高等教育拨款过程
表 4—1　教学拨款的价格等级及其价格
表 4—2　2017—2018 学年各价格组每名全日制同等学生（FTE）的高成本学科教育拨款额度（未结合调节系数）
表 4—3　2017—2018 学年英国高等院校定向拨款经费
表 4—4　1998 年和 2002 年科研评估等级与拨款权重对照表
表 4—5　2017—2018 学年经常性科研质量拨款情况
表 4—6　英国高等院校留学生数（1980—2020 年）
表 4—7　2012 年改革前后英国高等教育学费与资助制度比较
表 5—1　问责的类型及其价值观取向和行为期望
图 5—1　英国高等教育部门中的利益相关者
表 5—2　利益相关者在高等院校的管理与绩效中的利益诉求
图 5—2　成本透明核算中的成本分配全过程
图 5—3　成本透明核算体系示意图

表5—3　高等教育基金委员会对处于高风险中的高校的支持策略 …………

表5—4　2007—2008学年高校的成本透明核算数据 ……………………

表5—5　1992—1995年学科评估等级分布比例 …………………………

表5—6　教学卓越框架修订前后比较 ………………………………………

表5—7　1996年—2001年和2008年科研评估等级标准 …………………

表5—8　每个评定单位在科研评估活动中应提交的信息 ………………

表5—9　2014年和2021年科研评估单元 …………………………………

表5—10　2014年和2021年科研评估等级标准 ……………………………

表5—11　1996年与2001年科研评估活动结果比较 ………………………

表5—12　知识储备的规模与重心的类别与变量 …………………………

表5—13　知识生产的规模和强度的类别与变量 …………………………

表5—14　有形资产的规模和强度的类别与变量 …………………………

表5—15　基于知识转化的英国综合型高校分类 …………………………

表5—16　知识转化框架的指标体系

图5—4　2021年牛津大学知识转化框架评估结果 …………………………

表5—17　英国大学管理统计和绩效指标体系（第二次公布） ………………

表5—18　弱势群体高等教育入学率（全日制本科生人数1997—1998） ……

表6—1　2000年英国高等教育机构的问责所产生的总影 ………………

表6—2　2000年和2004年高等教育问责所产生的影响比较 ……………

参考文献

一、中文参考文献(以作者拼音为序)

(一)专著、译著类

1.[英]阿伦·斯克德,克里斯·库克.战后英国政治史[M].王子珍,秦新民,译.北京:世界知识出版社,1985.

2.[美]埃里克·古尔德.公司文化中的大学[M].吕博,张鹿,译.北京:北京大学出版社,2005.

3.[挪/荷]K.A.埃里亚森,简·克伊曼.公共组织管理——当代欧洲的经验和教训[C].王满船,等译.2版.北京:国家行政学院出版社,2003.

4.[英]安东尼·吉登斯.第三条道路:社会民主主义的复兴[M].郑戈,译.北京:北京大学出版社,2000.

5.安文铸.学校管理辞典[Z].北京:中国科学技术出版社,1991.

6.[加]本杰明·莱文.教育改革——从启动到成果[M].洪成文,译.北京:教育科学出版社,2003.

7.[美]伯顿·克拉克.高等教育新论——多学科的研究[M].张继平,张民选,译.杭州:浙江教育出版社,2001.

8.[美]伯顿·克拉克.建立创业型大学:组织上转型的途径[M].王承绪,译.北京:人民教育出版社,2003.

9.[美]戴维·奥斯本,等.改革政府:企业精神如何改革着公共部门[M].上海市政协编译组,东方编译所,编译.上海:上海译文出版社,1996.

10.[美]戴维·奥斯本,等.政府改革手册:战略与工具[M].谭功荣,译.北京:中国人民大学出版社,2004.

11.戴晓霞,等.高等教育市场化[M].北京:北京大学出版社,2004.

12. 范文曜,等.国际视角下的高等教育质量评估与财政拨款[M].北京:教育科学出版社,2004.

13. 范文曜,David Watson.高等教育治理的国家政策——中英合作研究项目文集[M].北京:高等教育出版社,2009.

14. [英]弗兰克·富里迪.知识分子都到哪里去了[M].戴从容,译.南京:江苏人民出版社,2005.

15. 傅殷才.新保守主义经济学[M].北京:中国经济出版社,1994.

16. [德]格尔哈德·帕普克.知识、自由与秩序[M].黄冰源,等译.北京:中国社会科学出版社,2001.

17. 顾明远,薛理银.比较教育导论——教育与国家发展[M].北京:人民教育出版社,1996.

18. 国家高级教育行政学院.中国高等教育体制改革世纪报告[M].北京:人民教育出版社,2001.

19. 国家教育行政学院.高等教育论纲[M].天津:南开大学出版社,2003.

20. [英]哈罗德·托马斯.高等院校财政资源管理[M].刘孙渊,译.南京:江苏教育出版社,2010.

21. 韩延明.大学理念论纲[M].北京:人民教育出版社,2003.

22. 何秉孟.新自由主义评析[C].北京:社会科学文献出版社,2004.

23. 贺国庆,等.外国高等教育史[M].北京:人民教育出版社,2003.

24. [英]简·莱恩.新公共管理[M].赵成根,等译.北京:中国青年出版社,2004.

25. 金含芬.英国教育改革[M].北京:人民教育出版社,1993.

26. [美]克拉克·克尔.大学的功用[M].陈学习,等译.南昌:江西教育出版社,1993.

27. [英]肯尼斯·哈里斯.撒切尔首相传[M].冯义华,郑芮,译.北京:职工教育出版社,1989.

28. 康宁.中国经济转型中高等教育资源配置的制度创新[M].北京:教育科学出版社,2005.

29. 李方.现代教育研究方法[M].广州:广东高等教育出版社,2004.

30. 李翼.教育管理辞典[Z].2版.海口:海南出版社,2002.

31. 林荣日.教育经济学[M].2版.上海:复旦大学出版社,2008.

32. 吕达,等.当代外国教育改革著名文献(英国卷·第二册)[M].北京:人民教育出版社,2004.

33. [美]罗伯特·B.登哈特.公共组织理论[M].3版.扶松茂,丁力,译.北京:中国人民大学出版社,2003.

34. [英]罗杰·斯克拉顿.保守主义的含义[M].王皖强,译.北京:中央编译出版社,2005.

35. [英]玛丽·亨克尔,布瑞达·里特.国家、高等教育与市场[M].谷贤林,译.北京:教育科学出版社,2005.

36. [美]N.G.曼昆.经济学原理(上册)[M].梁小民,译.2版.北京:生活·读书·新知三联书店,2001.

37. 毛锐.撒切尔政府私有化政策研究[M].北京:中国社会科学出版社,2005.

38. [英]玛格丽特·撒切尔.唐宁街岁月:撒切尔夫人自传[M].李宏强,译.北京:国际文化出版公司,1999.

39. [美]米尔顿·弗里德曼,罗斯·弗里德曼.自由选择:个人声明[M].胡骑,席媛,安强,译.北京:商务印书馆,1982.

40. [加]R.米什拉.资本主义社会的福利国家[M].郑秉文,译.北京:法律出版社,2003.

41. 闵维方.高等教育运行机制研究[M].北京:人民教育出版社,2002.

42. [英]诺曼·弗林.公共部门管理[M].曾锡环,译.北京:中国青年出版社,2004.

43. [澳]欧文·E.休斯.公共管理导论[M].张成福,马子博,等译.北京:中国人民大学出版社,2001.

44. 潘飞.管理会计[M].上海:上海财经大学出版社,2003.

45. 潘飞,童卫华,等.基于价值管理的管理会计——案例研究[M].北京:清华大学出版社,2005.

46. [英]皮特·斯科特.高等教育全球化:理论与政策[M].周倩,高耀丽,译.北京:北京大学出版社,2009.

47.戚业国.民间高等教育投资的跨学科研究[M].上海:复旦大学出版社,2001.

48.钱剩旦,许洁明.英国通史[M].上海:上海社会科学院出版社,2017.

49.[美]E. S.萨瓦斯.民营化与公私部门的伙伴关系[M].周志忍,等译.北京:中国人民大学出版社,2002.

50.眭依凡.大学校长的教育理念与治校[M].北京:人民教育出版社,2001.

51.孙霄兵.教育的公正与利益——中外教育经济政策研究[M].上海:华东师范大学出社,2005.

52.谭力文.伦敦学派[M].武汉:武汉出版社,1996.

53.王承绪,徐辉.战后英国教育研究[M].南昌:江西教育出版社,1992.

54.王承绪.英国教育[M].长春:吉林教育出版社,2000.

55.王方华,黄沛.市场营销管理[M].上海:上海交通大学出版社,2004.

56.王奇,冯晖.高等教育绩效评估研究[M].北京:高等教育出版社,2012.

57.汪翔,钱南.公共选择理论导论[M].上海:上海人民出版社,1993.

58.文建东.公共选择学派[M].武汉:武汉出版社,1996.

59.席恒.公与私:公共事业运行机制研究[M].北京:商务印书馆,2003.

60.夏征农.辞海(缩印本)[Z].上海:上海辞书出版社,2002.

61.徐辉,郑继伟.英国教育史[M].长春:吉林人民出版社,1993.

62.徐辉.高等教育发展的新阶段:论大学与工业的关系[M].杭州:杭州大学出版社,1990.

63.杨玉生.理性预期学派[M].武汉:武汉出版社,1996.

64.易红郡.战后英国高等教育政策研究[M].长沙:湖南师范大学出版社,2012.

65.尹伯成,华桂宏.供给学派[M].武汉:武汉出版社,1996.

66.俞可平.治理与善治[C].北京:社会科学文献出版社,2000.

67.俞可平.权利政治与公益政治[M].北京:社会科学文献出版社,2005.

68.[美]约翰·S.布鲁贝克.高等教育哲学[M].徐辉,张民选,译.杭州:浙江教育出版社,2001.

69.［美］约翰·斯通.高等教育财政:问题与出路[M].沈红,李红桃,译.北京:人民教育出版社,2006.

70.中国社会科学院语言研究所词典编辑室.现代汉语词典[Z].4版.北京:商务印书馆,2002.

71.张泰金.英国的高等教育:历史·现状[M].上海:上海外语教育出版社,1995.

72.张瑞璠,王承绪.中外教育比较史纲(现代卷)[M].济南:山东教育出版社,1997.

73.周远清.世纪之交的中国高等教育——大学本科教学评估[M].北京:高等教育出版社,2005.

74.卓越.公共部门绩效管理[M].福州:福建人民出版社,2004.

(二)论文类

1.曹堂哲.新公共管理面临的挑战、批评和替代模式[J].北京行政学院学报,2003(2).

2.戴建兵,钟仁耀.英国高等教育改革新动向:市场中心主义[J].现代大学教育,2012(4).

3.［美］戴维·G.马希尔森.新公共管理及其批评家(上)[J].张庆东,译.北京行政学院学报,2001(1).

4.［美］戴维·G.马希尔森.新公共管理及其批评家(下)[J].张庆东,译.北京行政学院学报,2001(2).

5.方鸿琴.英国高等教育质量保障署的院校审核[J].高等教育研究,2005(2).

6.方慧,钟志强.英国高校教育成本的核算——透明成本计算法[J].经济研究导刊,2013(6).

7.冯磊.基于风险监管的注册制——英格兰高等教育治理新框架的构成与特征[J].外国教育研究,2021.

8.郭锋.英国高等教育发展的新特点[J].国家教育行政学院学报,2011(10).

9.郭玉菁.剑桥教授警告现代化管理计划影响学术自主[J].英国文教辑要,

2001(32).

10. 娄成武,董鹏. 多维视角下的新公共管理[J]. 中国行政管理,2016(7).

11. 黄霍. 大学要走自由市场,教育部将公布补助新方案[J]. 英国文教辑要,2002(40).

12. 黄霍. 英公布高教白皮书,大幅调涨学费[J]. 英国文教辑要,2003(43).

13. 黄霍. 英大学研究经费筹措面临危机[J]. 英国文教辑要,2003(44).

14. 黄健荣,杨占营. 新公共管理批判及公共管理的价值根源[J]. 中国行政管理,2004(2).

15. 黄文秀. 新公共管理运动对高校内部行政管理的借鉴意义[J]. 浙江师范大学学报:社会科学版,2004(2).

16. 李振兴. 英国研究理事会的治理模式研究[J]. 全球经济科技瞭望,2016(11).

17. 李作章,单春艳. 从"社会福利"到"面向市场":英国高等教育学费政策的变迁[J]. 现代教育科学,2011(5).

18. 刘佳. 金融危机背景下英国大学学费与资助政策变革及启示[J]. 高教论坛.2012,(08).

19. 刘杰. 战后英国共识政治研究综述[J]. 世界历史,2000(1).

20. 欧岩. "新保守主义理论学术讨论会"侧记[J]. 欧洲,1993(4).

21. 刘绪,胡小芃. 英国学生事务办公室与科研创新办公室概览[J]. 世界教育信息,2017(5).

22. 任文隆,李国俊. 英国高等教育拨款委员会拨款方法详解及启示[J]. 清华大学教育研究,2014(1).

23. 孙贵聪. 西方高等教育管理中的管理主义述评[J]. 比较教育研究,2003(10).

24. 宋懿琛. 英国留学生政策的演进及发展趋势[J]. 大学:学术版,2010(7).

25. 孙骏. 当代西方政府绩效与绩效管理理论研究综述[J]. 宁波党校学报,2005(4).

26. 王刚. 英国私立高等教育机构类型及其质量保障体系探析[J]. 中国高教研究,2010(7).

27. 王皖强. 现代英国保守主义的嬗变[J]. 史学集刊, 2001(1).

28. 王皖强. 新右派思潮及其在英国的传播和影响[J]. 求索, 2001(2).

29. 王皖强. 斯克拉顿的新保守主义政治哲学[J]. 学海, 2001(2).

30. [英]G. L. 威廉斯. 英国高等教育财力资源形式的变化[J]. 侯琪山, 沈剑平, 译. 华东师范大学学报: 教育科学版, 1990(2).

31. 王建华. 知识社会视野下高等教育的隐忧与超越[J]. 高校教育管理, 2022(4).

32. 王雁红. 英国政府绩效评估发展的回顾与反思[J]. 唯实, 2005(6).

33. 温松岩. 我国高等教育投资体制改革的成效、问题及对策[J]. 辽宁教育研究, 2004(4).

34. 许明, 黄孔雀. 英国高校学位授权审核制度改革: 背景、举措与特征[J]. 研究生教育研究, 2021(02).

35. 许惠英. 英国产学研合作的经验与教训[J]. 中国科技产业, 2010(11).

36. 徐小洲, 江增煜. 效能优先: 英国高校科技创新治理体系变革新趋向[J]. 比较教育研究, 2022(1).

37. 姚晓蒙. 英国高等教育改革中的一大争论——坚持学术价值还是企业价值取向[J]. 现代教育论丛, 1995(3).

38. 易红郡. 英国大学与产业界之间的"伙伴关系"[J]. 清华大学教育研究, 2004(1).

39. 袁连生, 李茜. 美国和英国高校科研项目间接成本的计量[J]. 教育财会研究, 2009(4).

40. 袁婷婷. 英国对大学教员工作压力进行控制[J]. 比较教育研究, 2005(5).

41. 臧日霞. 从高等教育基金委员会看英国高校治理模式的创新[J]. 比较教育研究, 2009(7).

42. 赵倩. 财政信息公开与财政透明度: 理念、规则与国际经验[J]. 财贸经济, 2009(11).

43. 曾晓东. 研究大学类企业行为提升大学管理的专业化水平[J]. 比较教育研究, 2002(4).

44.詹盛如.高教司长"米老鼠课程"说,激怒大学校长[J].英国文教辑要,2003(43).

45.詹盛如.大学财政差距扩大[J].英国文教辑要,2003(48).

46.詹盛如.大学空缺仍多[J].英国文教摘要,2003(50).

47.詹盛如.知名学术团体反对研究经费集中[J].英国文教辑要,2003(51).

48.詹盛如.高等教育法案惊险通过[J].英国文教辑要,2004(52).

49.詹盛如.大学裁撤系所[J].英国文教辑要,2004(56).

50.詹盛如.大学财务危机[J].英国文教辑要,2005(58).

51.张红峰.英国高等教育基金委员会拨款方法的变迁研究[J].中国高教研究,2017(5).

52.张丽英."全球化"所引发的"新管理主义""学术资本化"和"大学企业化"思潮[J].高等师范教育研究,2003(2).

53.张民选.绩效指标体系为何盛行欧美澳[J].高等教育研究,1996(3).

54.张民选.英国大学生资助政策的演进与启示[J].比较教育研究,2007(5).

55.张民选.英国大学生资助政策的演进与启示[J].比较教育研究,2007(5).

56.赵景来.新公共管理若干问题研究综述[J].国家行政学院学报,2001(5).

(三)学位论文类

1.曹云杉.基于泰特勒翻译三原则的法律文本汉译策略研究——以英国《高等教育与科研法案》为例[D].济南:济南大学,2019.

2.陈坤杰.英国高等教育财政资源配置市场化改革研究[D].湘潭:湘潭大学,2018.

3.崔艳丽.20世纪80年代以来英国高等教育治理研究[D].南京:南京师范大学,2014.

4.代蕊华.高校办学效益研究[D].上海:华东师范大学,1999.

5.龙献忠.从统治到治理——治理理论视野中的政府与大学关系研究[D].武汉:华中科技大学,2005.

6. 田凌晖. 利益关系的调整与重塑——新公共管理影响下的教育管理机制研究[D]. 上海：华东师范大学，2005.

7. 颜丙峰. 高等教育办学体制研究——基于新公共管理理论的视角[D]. 杭州：浙江大学，2005.

8. 张建新. 英国高等教育从二元制到一元制变迁的研究[D]. 北京：北京大学，2004.

9. 闫玲玲. 英国1944年教育法述评[D]. 上海：华东师范大学，2006.

10. 左小娟. 科研卓越框架(REF)：英国高校科研评估改革及其拨款模式研究[D]. 天津：天津理工大学，2017.

二、英文参考文献(以英文字母为序)

（一）著作类

1. Alberto Amaral. *The Higher Education Managerial Revolution*. London：Kluwer Academic Publishers，2003.

2. Brian Salter，Ted Tapper. *The state and higher education*. the Woburn Press，1994.

3. Burton R. Clark，Guy Neave. *The Encyclopedia of Higher Education*. Oxford：Pergamon Press Ltd，1992.

4. Harold Silver. *Higher education and opinion making in twentieth-century England*. Portland：WOBURN Press，2003.

5. Heather Eggins. *Globalization and Reform in Higher Education*. Buckingham：Open University Press，2003.

6. Helen Smith，Michael Armstrong and Sally Brown. *Benchmarking and Threshold Standards in Higher Education*. London：Kogan Page Limited，1999.

7. Jan Currie. *Globalizing Practices and University Responses：European and Anglo-American Differences*. London：Praeger Publishers，2003.

8. Lesley Pugsley. *The university challenge：higher education markets and social stratification*. Aldershot：Ashgate，2004.

9. Marilyn Strathern. *Audit Culture：Anthropological Studies in Account-*

ability, *Ethics and the Academy*. London: Routledge, 2000.

10. Mary Henkel, Brenda Little. *Changing Relationships between Higher Education and the State*. London: Jessica Kingsley Publishers, 1999.

11. Mary Henkel. *Academic Identities and Policy Change in Higher Education*. London: Jessica Kingsley Publishers, 2000.

12. Maurice Kogan, Stephen Hanney. *Reforming Higher Education*. London: Jessica Kingsley Publishers, 2000.

13. Merle Jacob, Tomas Hellstrom. *The future of knowledge production in the academy*. Buckingham: Open University Press; 2000.

14. Owen E. Hughes. *Public Management and Aderministration: An Introduction*. 3rd ed. 北京: 中国人民大学出版社, 2004.

15. Patrick McGhee. *The Academic Quality Handbook*. London: Kogan Page Limited, 2003.

16. Paul Gibbs, Michael Knapp. *Marketing Higher and Further Education*. London: Kogan Page, 2002.

17. Peter Scott. *The Globalization of Higher Education*. Buckingham: Open University Press, 1998.

18. Roger Brown. *Quality Assurance in Higher Education the UK Experience Since 1992*. London and New York: Routledge Falmer, 2004.

19. Sheila Slaughter, Larry Leslie. *Academic Capitalism*. Baltimore and London: The Johns Hopkins University Press, 1997.

20. Shirley Fisher. *Stress in Academic Life: The Mental Assembly Line*. Buckingham: Open University Press, 1994.

(二)论文类

1. B. S. Romzek. Dynamics of public sector accountability in an era of reform[J]. International Review of Administrative Sciences, 2000. 66 (1).

2. Chris Barnett. Building the Knowledge-based Economy——the Role of University, Business and Government Partnership[J]. "促进高等教育发展的法制环境建设"中英研讨会论文, 2004.

3. Colin Campbell. The Legal Framework of Higher Education in the UK [J]."促进高等教育发展的法制环境建设"中英研讨会论文,2004.

4. Cris Shore and Susan Wright. Audit Culture and Anthropology: Neo-Liberalism in British Higher Education[J]. Journal of the Royal Anthropological Institute,1999(4).

5. Haroon Chowdry,Lorraine Dearden,Alissa Goodman & Wenchao Jin. Distributional impact of the 2012－13 higher education funding reforms[J]. FISCAL STUDIES,2012(2).

6. JCPSG. TRAC Guidance-Annex 6 [EB/OL]. http://www.jcpsg.ac.uk/guidance/Annex_6.htm#routine_testing.

7. Mary Henkel. Academic values and the University as Corporate Enterprise[J]. Higher Education Quarterly,1997(51).

8. Marry Tasker,David Packham. Changing Cultures? Government Intervention in Higher Education 1987－93[J]. British Journal of Educational Studies,1994(2).

9. Marques Marcelo,Powell Justin JW,Zapp Mike,et al. How does research evaluation impact educational research? Exploring intended and unintended consequences of research assessment in the United Kingdom, 1986—2014[J]. European Educational Research Journal,2017,16(6).

10. Michael W. Apple. Schooling,Markets,and an Audit Culture[J]. Educational Policy,2004(4).

11. Rosemary Deem. Globalisation,New Managerialism,Academic Capitalism andEntrepreneurialism in Universities:is the Local Dimension still Important? [J]. Comparative Education,2001(1).

12. Rosemary Deem. Managing Contemporary UK Universities-Manager-academics and New Managerialism[EB/OL]. http://www.academicleadership.org/cgi-bin/document.cgi?file=3/manageunv.dhtm.

(三)英国的政策文件、法律法规和报告

1. Code of practice for the assurance of academic quality and standards in

higher education[EB/OL]. http://www.qaa.ac.uk/academicinfrastructure/codeOfPractice/default.asp.

2. Committee on higher education. Robbins Report[R]. London: H. M. Stationery Office, 1963.

3. Department for Education. Teaching Excellence and Student Outcomes Framework Specification [EB/OL]. (2017-10-01)[2021-03-26]. https://assets.publishing.service.gov.uk/government/uploads/system/uploads/attachment_data/file/658490/Teaching_Excellence_and_Student_Outcomes_Framework_Specification.pdf.

4. HEFCE. Funding for 1994-95: Council Decisions[R]. Circular C2/94.

5. HEFCE. report on Quality Assessment 1992-1995[R]. M18/95, 1995.

6. HEFCE. Funding Method for Teaching[R]. Consultation Paper CP 1/96.

7. HEFCE. Funding Method for Research[R]. Consultation Paper CP 2/96.

8. HEFCE. Funding Method for Teaching from 1998-99[R]. Circular 21/96.

9. HEFCE. Dearing Report: Higher Education in the Learning Society[R]. 1997.

10. HEFCE. Funding Method for Research from 1997-98[R]. Circular 4/97.

11. HEFCE. Funding Method for Teaching from 1998-99: Additional Decisions[R]. Circular 10/97.

12. HEFCE. Funding Method for Teaching 1998-99: Allocation of Additional Student Numbers[R]. Consultation Paper CP 2/97.

13. HEFCE. Performance indicators in higher education Overview[R]. Guide 99/67

14. HEFCE. performance indicators in higher education in the UK[R]. 99/66; 1999-2000, 2000-2001; 2000-2001, 2001-2002.

15. HEFCE. Higher Education in the United Kingdom 1999－2000[R]. 2001.

16. HEFCE. Higher Education in the United Kingdom[R]. London: Northavon House,Coldharbour Lane,BRISTOL,2001/56.

17. HEFCE. Funding higher education in England[R]. 2002.

18. HEFCE. Funding Higher Education in England: HEFCE Guide[R]. 2002.

19. HEFCE. Higher Education in the United Kingdom 2002－2003[R]. 2004.

20. HEFCE. Higher education in the United Kingdom[R]. London: Northavon House,Coldharbour Lane,BRISTOL,2005/10.

21. HEFCE. Guide to Funding 2017－18:How HEFCE Allocates its Funds[R]. 2017.

22. HEFCE. Model Financial Memorandum between HEFCE and institutions(2008/19)[EB/OL]. http://www.hefce.ac.uk/pubs/hefce/2008/.

23. HEFCE. 'Single conversation' annual accountability returns: Outcomes for 2008(2009/26)[EB/OL]. http://www.hefce.ac.uk/pubs/hefce/2009/09_26/.

24. HEQC and HEFCE. HEQC/HEFCE joint statement on quality assurance[R]. M1/94,1994.

25. HESA. All Students by Institution,Mode of Study,Level of Study, Gender and Domicile[R]. 1995/96,1996/97,1997/98,1998/99,1999/2000, 2000/01,2001/02,2002/03,2003/04.

26. HESA. performance indicators in higher education in the UK[R]. 2002－2003;2003－2004.

27. PA Consulting Group. Better accountability for higher education[R]. 2000.

28. PA Consulting Group. Better accountability revised:review of accountability costs 2004[R]. 2004.

29. QAA. Handbook for institutional audit：England[R]. 2002.

30. QAA. A brief guide to quality assurance in UK higher education[R]. 06/03.

31. QAA. Annual Report and Financial Summary 2000－2001[R]. 2002.

32. QAA. Handbook for institutional audit：England[R]. 2002.

33. RAE. A Guide to the 2001 Research Assessment Exercise[R]. 2001.

34. RAE. 2001 Research Assessment Exercise：The Outcome[R]. 4/01.

35. Research England. About the Knowledge Exchange Framework [EB/OL]. [2021－03－28]. https：//kef. ac. uk/about.

36. UFC. Recurrent Grant and Student Numbers for Academic year 1992－1993[R]. Circular 4/92.

37. Tomas Coates Ulrichsen. Knowledge Exchange Framework Metrics：A Cluster Analysis of Higher Education Institutions[R]. 2018－11－01.

三、与本研究相关的网站

1. 英格兰高等教育基金委员会：www. hefce. ac. uk

2. 苏格兰高等教育基金委员会：www. shefc. ac. uk

3. 威尔士高等教育基金委员会：www. wfc. ac. uk/hefcw

4. 北爱尔兰高等教育协会：www. nihec. ac. uk

5. 高等教育质量保障署：www. qaa. ac. uk

6. 科研评估活动：www. rae. ac. uk

7. 英国大学协会：www. universitiesuk. ac. uk

8. 英国高等教育统计署：www. hesa. ac. uk

9. 英国高等教育与研究机会：www. hero. ac. uk

10. 英国留学生事务委员会：www. ukcosa. org. uk

11. 英国文化委员会：www. britishcouncil. org

12. 英国大学研究与工业界联系协会：www. auril. org. uk

13. 英国成本核算与定价联合指导小组：www. jcpsg. ac. uk

14. 沃里克大学：www. warwick. ac. uk

15. 经济合作与发展组织：www. oecd. org

16. 联合国教科文组织:www. unesco. org
17. 英国学生办公署:www. officeforstudents. org. uk
18. 英国研究与创新署:www. ukri. org
19. 英国大学生事务办公室:www. officeforstudents. org. uk
20. 研究卓越框架:www. ref. ac. uk